EDITORA DO CONHECIMENTO

Auxiliando a humanidade a encontrar a Verdade

Umbanda um Novo Olhar
O que todo espiritualista gostaria de saber

© 2011 — Conhecimento Editorial Ltda

Umbanda um Novo Olhar
O que todo espiritualista gostaria de saber

Maria Teodora Ribeiro Guimarães

Todos os direitos desta edição
reservados à
CONHECIMENTO EDITORIAL LTDA.
Rua Prof. Paulo Chaves, 276 - Vila Teixeira Marques
CEP 13480-970 — Limeira — SP
Fone/Fax: 19 3451-5440
www.edconhecimento.com.br
vendas@edconhecimento.com.br

Nos termos da lei que resguarda os direitos autorais, é proibida a reprodução total ou parcial, de qualquer forma ou por qualquer meio — eletrônico ou mecânico, inclusive por processos xerográficos, de fotocópia e de gravação —, sem permissão, por escrito, do editor.

Projeto gráfico: Sérgio Carvalho
Ilustração da capa: Banco de imagens

ISBN 978-85-7618-257-3 — 1ª Edição - 2011
• Impresso no Brasil • Presita en Brazilo

Produzido no departamento gráfico da
CONHECIMENTO EDITORIAL LTDA
Fone: 19 3451-5440
e-mail: conhecimento@edconhecimento.com.br

Dados Internacionais de Catalogação na Publicação (CIP)
(Câmara Brasileira do Livro, SP, Brasil)

Guimarães, Maria Teodora Ribeiro
Umbanda um Novo Olhar - O que todo espiritualista gostaria de saber / Maria Teodora Ribeiro Guimarães – Limeira, SP: Editora do Conhecimento, 2011.

ISBN 978-85-7618-257-3

1. Umbanda 2. Umbanda esotérica 3. Mediunidade 4. Ritualística I. Título.

11-   CDD – 133.93

Índice para catálogo sistemático:
1. Umbanda : Ritualística 133.93

Maria Teodora Ribeiro Guimarães

Umbanda um Novo Olhar
O que todo espiritualista gostaria de saber

EDITORA DO
CONHECIMENTO

Obras do autor

- *Terapia de vida passada*
Curso de formação de terapeutas – vol. I
Sociedade Brasileira de Terapia de Vida Passada
EDITORA DO CONHECIMENTO

- *Terapia de vida passada*
Curso de formação de terapeutas – vol. II
Sociedade Brasileira de Terapia de Vida Passada
EDITORA DO CONHECIMENTO

- *Terapia de vida passada*
Uma abordagem profunda do Inconsciente – autores diversos
Summus Editorial

- *Viajantes*
Histórias que o tempo conta
EDITORA DO CONHECIMENTO

- *Tempo de amar*
A trajetória de uma alma
EDITORA DO CONHECIMENTO

- *Os filhos das estrelas*
Memórias de um capelino
EDITORA DO CONHECIMENTO

- *Apometria hoje*
Coletânea de artigos — autores diversos
EDITORA DO CONHECIMENTO

- *Terra dos Ay-Mhorés*
A saga dos últimos atlantes na Terra das Estrelas – o Baratzil
EDITORA DO CONHECIMENTO

- *Umbanda — um novo olhar*
O que todo espiritualista gostaria de saber
EDITORA DO CONHECIMENTO

Esta pequena obra é dedicada ao nosso orientador espiritual e primeiro babalaô da Fraternidade do Grande Coração, Roger Feraudy. Mestre que nos passou seu profundo conhecimento sobre umbanda e teosofia. Ensinou-nos sobre a necessidade do amor desinteressado baseado no pensamento de nobre espírito oriundo de orbe superior, Payê-Suman, que por amor aos homens da Terra foi um dos muitos que vieram em seu auxílio, desde a antiga Aumpram.

Seu singelo, mas dificílimo refrão era sempre: serve e passa.

Este livro, baseado nesses ensinamentos e atendendo seu desejo pessoal, tentará apresentar a umbanda ancestral numa linguagem mais simples e acessível, cumprindo à risca a proposta inicial do sublime espírito que iniciou a volta da umbanda sobre o planeta, Thamataê, o Caboclo das 7 Encruzilhadas, que era levar a um maior número de pessoas, num menor espaço de tempo possível, as informações sobre o novo culto.

A Fraternidade do Grande Coração – Aumbandhã foi fundada com esse propósito e continua até hoje como uma umbanda escola, levando de forma *on line*, simples e gratuita, seus cursos a milhares de pessoas, não apenas no Brasil, mas ao menos para mais duas dezenas de países.

Imperativo ainda lembrar da permanente colaboração de nossos companheiros Rosa Forchesatto, Márcia Oliveira e Rafael Fagionato, todos da FGC, e em especial a de José Roberto Aragão, cujo bom senso sobre a vida e sobre o existir, além de profundo conhecimento sobre física quântica e da paciência beneditina com que sempre conduziu nossas discussões, tornaram possível completar este trabalho.

Salve a nossa umbanda!

Obras de Roger Feraudy publicadas pela Editora do Conhecimento:

A TERRA DAS ARARAS VERMELHAS
Uma história na Atlântida (1999)

CYRNE
História de uma fada (2000)

A FLOR DE LYS
Nos bastidores da revolução francesa (2001)

O JARDINEIRO
Uma fábula moderna (2003)

BARATZIL, A TERRA DAS ESTRELAS
Nossa herança atlante e extraterrestre (2003)

UMBANDA, ESSA DESCONHECIDA
Umbanda esotérica e cerimonial (2004)

O CONTADOR DE HISTÓRIAS
João Só e a rosa azul (2005)

ERG - O DÉCIMO PLANETA
A pré-história espiritual da humanidade (2005)

UM ANJO ESTÁ NAS RUAS
Não estamos sós (2006)

SABEDORIA OCULTA
A origem do homem e das religiões (2011)

A umbanda leva a luz sem retribuição, o amor sem recompensa, a caridade sem prêmio, o conhecimento sem vaidade.

É preciso que os consulentes sejam evangelizados e o mesmo se dá conosco, obviamente; via de regra, o que acontece nas casas umbandistas é o retorno eterno daquele consulente que nada obtém, ou o oposto, pois aparece a vaidade do médium que acha que tudo pode com sua magia autoritária e ineficiente.

Muitas vezes, sucessos aparentes estão apenas modificando os acontecimentos de forma temporária, pois os comprometimentos divinos ou universais de cada indivíduo se restabelecem na dança da vida, naturalmente, mais cedo ou mais tarde.

Ninguém deixará de passar o que precisa se não aprender a reconhecer a razão de seu sofrimento e sua posição na natureza.

Casas de umbanda não são fábricas de sonhos e de promessas descabidas.

Agradecimentos especiais à Rosana Brolezzi Rosário, babalaô da Fraternidade dos Ay-Mhorés, cuja incansável dedicação na revisão dos textos, finalização dos gráficos, tabelas e figuras mostrou-se essencial. Além disso, seu ilimitado amor à obra de mestre Feraudy e grande entusiasmo por esta proposta contribuíram para que este pequeno livro pudesse ser terminado.

Após a Fraternidade do Grande Coração, a Fraternidade dos Ay-Mhorés vem se mostrando como a continuadora mais tangível desta obra, permitindo que as pessoas percebam a possibilidade da evolução de uma casa de umbanda na direção das metas traçadas pelos veneráveis espíritos que reintroduziram a Aumpram no planeta.

Mas que ninguém se preocupe por demasiado, pois ao final o que importa mesmo é a caridade prestada.

Sumário

Prefacio, 13
Introdução, 17
Capítulo 1 - História da umbanda, 23
Capítulo 2 - Origens do homem no planeta, 38
Capítulo 3 - Hierarquia cósmica, 54
Capítulo 4 - Mediunidade, 61
Capítulo 5 - Ritualística, 92
Capítulo 6 - Características e relações dos orixás, 133
Capítulo 7 - Seres no astral, 151
Capítulo 8 - Agentes mágicos ou exus, 161
Capítulo 9 - Pontos e mantras cantados, 179
Capítulo 10 - Pontos riscados, 193
Capítulo 11 - Trabalho de cura espiritual, 210
Capítulo 12 - Um novo olhar, 236
Anexo 1 - Perguntas e respostas, 272
Anexo 2 - Livros e endereços, 330

Prefácio

"Sim, Pai Velho vai falar porque a sua sinceridade é autêntica, seus propósitos são nobres e, finalmente, chegou a hora de você saber, de levantar uma ponta do véu. Você não tem ouvido dizer, uma porção de vezes, que os tempos são chegados? Chegou o momento, porque aquele que tiver ouvidos de ouvir, ouvirá."

Estas foram as palavras ditas décadas atrás por Pai Tomé através de Roger Feraudy para todos aqueles que tivessem ouvidos para ouvir, isto é, para aqueles com mentes e corações abertos para compreender os conhecimentos que, pela bondade e ordem dos dirigentes deste planeta, nos são revelados.

De tempos em tempos, obedecendo ao plano traçado por estes dirigentes, a ponta do véu da ilusão é erguida, deixando transparecer ensinamentos milenares sobre verdades ocultas para que a humanidade possa assimilá-los e dar mais um passo na sua evolução.

Estes ensinamentos chegam até nós trazidos por instrutores, seres de alta estirpe espiritual que, amorosamente, permanecem no plano astral do planeta se tornando consciências disponíveis a espíritos encarnados comprometidos com o desenvolvimento de toda a humanidade. Para estes mentores não existem diferenças raciais ou religiosas; eles atuam onde se fizer necessário plantar sementes, carregando uma única bandeira, a do amor universal.

Desde o início do século XX ensinamentos milenares têm chegado até nós sob a orientação de um destes instrutores, o venerável Thamataê, filho do planeta Vênus que, há milênios, uniu seu destino espiritual ao nosso temporário lar no universo, a Terra.

Desde o primeiro momento de manifestação, aproveitando nossa herança indígena, utilizou a roupagem de simples caboclo, passando a se comunicar através do médium Zélio Ferdinando de Moraes, humildemente, como o Caboclo das 7 Encruzilhadas; com esse singelo nome introduzia a alusão de que não existiam caminhos fechados para ele e para todos os que lançassem as sementes do amor desinteressado que não conhece fronteiras e obstáculos.

Sua mensagem era de fraternidade; esclareceu desde a primeira ocasião que o novo culto que começaria a ser implantado acolheria toda e qualquer entidade que quisesse ou precisasse se manifestar para trabalhar na prática da caridade em benefícios dos necessitados, independente de cor, raça, credo ou posição social.

No dia 15 de novembro de 1908, ao se comunicar pela primeira vez, aproveitando a oportunidade do médium escolhido estar numa sessão espírita, declarou que ali estava faltando uma flor. Em transe mediúnico o médium então se levantou e saiu para o quintal; voltou logo em seguida trazendo uma rosa branca que colocou no meio da mesa; agindo assim a entidade já ensinava os princípios básicos do culto que viria a fundar, mostrando que aos homens faltava a simplicidade, a pureza e a humildade.

Desde então, o árduo trabalho de reintroduzir o culto baseado nos antigos rituais atlantes, não cessou mais. Muitos outros iluminados, oriundos dos mais diferentes orbes siderais, se uniram a este projeto planejado por séculos incontáveis, apenas por amor desinteressado a esta jovem e ainda claudicante humanidade. Nas décadas que se seguiram os ensinamentos de simplicidade, humildade e pureza por ele trazidos continuaram a ser passados através de outro médium, o médico conhecido como dr. Silvio. Depois disso, há quase meio século, começaram a ser ministrados através de Roger Feraudy, sensitivo de apurada percepção.

Novamente é chegada a hora de erguer a ponta do véu e, a partir daí, começar o trabalho de esclarecimento sobre a verdadeira umbanda. Embora tida como uma religião que abraça os desfalecidos e desesperançados que peregrinam em busca de alivio para suas dores, mantém uma aura de desconhecimento quase suspeito; por falta da palavra escrita é ainda um culto mal interpretado, onde as mais diversas versões sobre suas origens, assim como estranhos rituais, convivem com insipientes lampejos de luz; costuma até ser temido ou ridicularizado por muita gente e, por isso tudo, até mesmo o vínculo à umbanda chega, por vezes, a ser ocultado por seus adeptos.

A semente permaneceu na obscuridade da terra até o momento de brotar transformando-se em arbusto. No futuro poderá transformar-se em uma árvore frondosa que dará muitos frutos.

Assim, durante décadas, Roger Feraudy trabalhou incansavelmente para trazer à luz os ensinamentos de Thamataê no corpo de ilusão do Caboclo das Sete Encruzilhadas, entre outras roupagens utilizadas pela entidade. Cuidou a cada dia da sementinha que esclarece as verdadeiras origens da umbanda e resgata os antigos rituais dos Templos da Luz, revelando os porquês do comprometimento do povo brasileiro com o Projeto Terras do Sul.

Como mestre e babalorixá da Fraternidade do Grande Coração mostrou o caminho da seara do Senhor e espalhou a semente de amor com esta umbanda, que não é mais desconhecida.

Mesmo hoje, quando já é parte da grande consciência universal, trabalha junto aos instrutores do grande projeto para que a umbanda seja vista com mais nitidez e despida de crenças fantasiosas.

Seu legado continua a ser trabalhado e divulgado. Através do tempo a dirigente espiritual da FGC, sua amiga e discípula, com o aval da espiritualidade, tornou-se depositária fiel dos conhecimentos que foram deixados em livros, manuscritos ou passados oralmente pelo mestre. Tendo assumido com ele o compromisso de tornar estas informações mais acessíveis, mostra-as agora numa linguagem simplificada; todos os que puderem ou quiserem enxergar, como disse um dia Pai Velho, terão a possibilidade de ter por esta umbanda um novo olhar.

Inverno de 2011
Rosana Brolezzi Rosário
Babalaô da Fraternidade dos Ay-Mhorés

Introdução

Muitos milênios se passaram nesta incrível trajetória da umbanda em nosso planeta. Uma história coberta de acontecimentos memoráveis; fatos verídicos, que deixaram sinais na topografia do planeta, agora estudados por arqueólogos, paleontólogos, exploradores, historiadores e cientistas das mais diversas áreas. Fatos que deixam para trás a época da aceitação simplista de dogmas ou lendas religiosas ocorridas pela vontade de Deus, sem que deles se tivesse qualquer notícia baseada na razão. E menos ainda deduções históricas baseadas em fatos de registro recente, mais singelas ainda, como, por exemplo, a suposição de que os escravos africanos trouxeram com eles a umbanda e tudo o que se sabe dela, no bojo de seus cultos tribais.

Este livro pretende, além de passar os conhecimentos ancestrais da umbanda, no que diz respeito a magia e sua fenomenologia, o que, geralmente, é o que interessa ao umbandista comum, falar da própria umbanda.

Suas origens, sua história extraterrestre, que se confunde com a história da própria civilização do planeta, seus dirigentes cósmicos; falar sobre as entidades que realmente militam nesse movimento, aquela enfeixdas nas verdadeiras linhas de umbanda e muito mais.

Pedimos um pouco de paciência ao leitor ansioso por adentrar os meandros da magia quando, em alguns capítulos, nos detivermos no entendimento maior do que é a umbanda e na sua história; nos detivermos na compreensão de quem somos nós, seres perdidos neste pequenino planeta azul, poeira cósmica neste universo; quando pararmos um instante para pensar no tempo, que de fato parece não existir da forma linear como nós sempre pensamos; e ainda considerar o conceito de uma grande consciência cósmica, onde todos os reinos, com todos seus habitantes, se tornam um só nisto que chamamos natureza, nos conclamando ao amor universal para com todos os seres, posto que são partes de nós mesmos.

Achamos necessário situar o umbandista no universo como ser eterno para que ele possa então compreender melhor a própria umbanda e sua responsabilidade para com ela: todo espiritualista de hoje, mesmo que apenas um simpatizante, mexeu com magia no passado. Necessário então compreender as origens planetárias da magia. A magia negra e sua consequência necessária, a magia branca. Como e porquê a magia negra grassou na Terra com tanta força e por qual razão seus resquícios ainda respingam em cima de nossos ombros até hoje?

Existiriam ainda muitos magos negros no astral, como dizem alguns? Têm os umbandistas condições de ainda fazer frente a eles? De onde vieram e por quais razões? Mas, será que êles existem mesmo? Sem dúvida muitas perguntas interessantes, que geram discussões acaloradas.

Quais as condições para o umbandista poder fazer frente ao conjunto de necessidades, tanto mediúnicas como espirituais, além de outras morais, principalmente, que o habilitem a se dizer um umbandista, com conhecimento para não interferir no carma alheio e ainda assim não se omitir de suas obrigações milenares? A necessidade premente do candidato de promover urgente reforma intima, que o liberte das garras das entidades das sombras; aquelas que com sua fala mansa e aparentemente coerente, sim, porque eles também sabem muito, enganam os incautos aprendizes de feiticeiros atuais.

A cada passo deste livro iremos introduzindo textos de outros livros, de leitura mais que recomendada, a maioria de autoria de Roger Feraudy, por cuja mediunidade, lapidada em seus mais de 50 anos de umbanda, as entidades responsáveis pela umbanda na Terra trouxeram as notícias e os ensinamentos históricos da milenar Aumpram.

Não é pretensão deste livro discutir a umbanda, pois ela é uma só, apesar das distintas maneiras como é compreendida.

Da mesma maneira não se coloca a Fraternidade do Grande Coração como a detentora da verdade ou de todas as informações disponíveis sobre o assunto, tendo em vista a vastidão do mesmo. Também não se trata de colocar uma versão da umbanda ou uma corrente de pensamento ou um tipo de umbanda, como gostam alguns de dizer, pois, como já dissemos, a umbanda é uma só. Nomeamos à vezes o rito da FGC como umbanda ancestral ou esotérica, apenas como uma maneira didática de diferenciá-lo de outros ritos de orientação africanista ou similar, conhecidos como umbanda popular. Existem ainda outros com forte influência do candomblé, onde conceitos milenares se confundem com outros de pajelança tribal.

A constatação, todavia, é que através dos milênios suas origens e seus ensinamentos foram se perdendo ou se confundindo ou ainda se miscigenando com outros ritos e cultos, trazendo desta forma para os dias atuais, uma colcha de retalhos de informações e crenças das mais diversas matizes. Não se trata, portanto, de criticar este ou aquele tipo de ritual ou cultura. Entendemos que cada modelo de pensamento serve para um determinado grupo de pessoas durante um determinado tempo e como tal tem sua utilidade e deve ser respeitado.

É apenas chegado o tempo de resgatar para o umbandista as origens cósmicas e ancestrais deste movimento, tal como era em seus primeiros dias, tal como foi introduzido no planeta há 700.000 anos atrás.

Está em curso no astral o Projeto Terras do Sul, congregando milhares de espíritos iluminados, oriundos das mais diversas pátrias celestes, onde o Brasil aparecerá, um dia, como o centro da espiritualidade planetária. Alguns estudiosos confundiram essa informação com um pensamento um pouco distorcido, de que a umbanda será a religião universal, o que não pode, obviamente, ser lógico. Quando por aqui existir a orientação maior planetária, é de se pensar que não sejam mais necessárias religiões ou cultos, pois apenas o amor prevalecerá. Inclusive essa é a proposta do nobre espírito que reintroduziu a umbanda no planeta.

E por tudo isso, umbanda não se discute. Umbanda se aprende; aprende-se com a humildade genuína dos aprendizes ávidos e atentos às novas, embora antigas, notícias trazidas pelos mestres siderais, conscientes sempre que devemos ser de nossa pequenez e nossa ignorância latente frente aos fenômenos monumentais, imponderáveis e mágicos deste universo no qual estamos inseridos. Consciência esta que, por uma questão simples de lógica, impede quem quer que seja de dizer que nada tem a aprender. Aliás, antigo provérbio diz que aquele que acha saber tudo não vai mesmo aprender nada.

Importante também o aprendiz se dar conta que nada ou quase nada sabe sobre magia de fato. Sabe, geralmente, fazer algum tipo de magia, muitas vezes até sem se dar conta disso ou então sem se interessar pelo fenônemo em si, o que o torna apenas um mero executor de magias, mas bem longe de poder vir a se tornar um mago da luz de fato: aquele que trabalha por amor e com conhecimento. É antiga a assertiva de que o inferno está cheio de boas intenções. E desta forma o médium acaba, muitas vezes, interferindo no carma de outras pessoas e ganhando para si mesmo pesado carma, que, de certo, necessitará de reparação em vida próxima.

Um dos grandes problemas a ser enfrentado nesses casos, desde o princípio, é a nossa vaidade; como umbandistas costumamos ser vistos, em nossos alvos uniformes brancos, quase como semideuses por toda uma legião de confiantes consulentes que nos procuram, diuturnamente, carregando trêmulos suas dores; eles as depositam, esperançosos, em nossas mãos a espera de um milagre que, muitas vezes, fazemos mesmo acontecer. Esquecemos, todavia, que cada um recebe apenas na medida de seu merecimento e, na maioria das vezes, com ou sem a nossa interferência; e o que é pior: muitas vezes terminamos por nos achar mesmo ungidos pelos deuses e donos de extraordinários poderes mediúnicos, como se mediunidade fosse um dom e não um compromisso cármico.

E o maior problema de todos é que jamais nos colocamos na condição de aprendizes. O problema costuma se agravar quando já temos uma posição de chefia ou de dirigente dentro da casa umbandista. Aí então achamos que sabemos tudo mesmo, pois temos muitos anos de experiência nas lides umbandistas. Perguntaríamos: o que são muitos anos frente à eternidade? Quando pensamos em 700.000 anos de umbanda e também nos fenômenos científicos que transitam, por exemplo, pela física quântica para a explicação da magia ou pela teosofia e vedanta para compreensão do homem enquanto ser universal, deveríamos nos recolher à condição de meros neófitos nesta vida e, quem sabe, em muitas após esta. Hoje aprendizes e num novo tempo, quem sabe, mestres. E neste intervalo nos preparamos, levando com coragem para dentro das nossas casas de umbanda, para nossos irmãos umbandistas, na medida da possibilidade de assimilação e compreensão de cada um, os novos conhecimentos. É preciso que se lembre que lidamos com consciências milenares e que cada indivíduo despertará no seu tempo em particular. Por estas razões é indispensável, antes de tudo, caridade, para que nossas certezas não se transformem em motivo de angústia para outras pessoas.

Muitas vezes não será possível e nem necessário, convencer o velho umbandista, de mãos rápidas no manuseio do fumo de corda que prepara com carinho para o preto velho que por ele se manifesta há décadas, que a entidade talvez não seja de fato um preto velho; talvez um oriental de grande conhecimento, humildemente usando esse tipo de corpo de ilusão. Provavelmente a caridade que ele presta é maior que a nossa, os estudiosos.

E além da caridade é preciso respeito. Respeito pelo trabalho desinteressado que muitos umbandistas fazem dentro de suas crenças e rituais; respeito pela ajuda que prestam aos corações sofridos dos consulentes com seus conselhos e mirongas, desde muito antes de muitos de nós pensarem em se tornar umbandistas.

E nunca é demais lembrar que umbanda é, simplesmente, amor!

Como se vê, este livro não é um curso de desenvolvimento mediúnico e tampouco um curso para formação de babalaôs, pois para tanto seria necessário que o candidato tivesse um compromisso cármico nesse sentido, além de outros requisitos. Trata-se apenas de um curso complementar de umbanda, visando não só preparar umbandistas para a organização e direção espiritual de uma casa, através de um conhecimento aprofundado da umbanda ancestral, como também levar ao estudioso da espiritualidade informações que possam trazer alguma luz sobre antigas crenças.

Como o próprio nome diz, a intenção é apenas lançar o modelo de um novo olhar sobre a umbanda e sobre a espiritualidade como um todo, desde seus conceitos básicos, passando pela caridade e indo até considerações mais sofisticadas sobre assuntos como quem somos nós, de onde viemos e para onde vamos.

Venha conosco nesta jornada.
Campinas, inverno de 2011

Capítulo I

História da umbanda
Origens cósmicas

Umbanda, essa desconhecida...
Enganam-se aqueles que pensam que a umbanda é uma religião africana. Na verdade, o conhecimento desse culto milenar foi levado à África por povos atlantes durante as grandes migrações que tomaram lugar depois da terceira sub-raça originada na Atlântida. Este foi o continente desaparecido nos mares do Atlântico, cujos picos mais altos hoje remanescem desde o arquipélago de Cabo Verde, entre outras ilhas do noroeste da África e também a nordeste do Brasil, em lugares como Fernando de Noronha.

Um dos povos que habitava o antigo continente era a negra, a etíope, que assim como outros povos, migraram para diversas partes do globo por conta dos grandes cataclismos que se aproximavam, desde o antigo Egito até as Américas. Naqueles tempos, alguns povos quando se mudavam, levavam consigo o nome de sua terra. Então os etíopes levaram para a África seu nome original, não sendo, todavia, originários daquele continente.

Esta raça levou consigo para a África o entendimento da magia e da luz divina, a Aumpram. Mesclando-se com as tradições religiosas dos povos locais e com seus feiticeiros, deu origem a cultos que se utilizavam precariamente dos conhecimentos ancestrais, que foram naturalmente se perdendo com o tempo, junto a outros rituais.

No Brasil, com a vinda dos escravos africanos, que não podiam exercer seus cultos tribais livremente por conta da pressão da igreja católica, surgiram cultos modificados, como o candomblé, por exemplo. Transformaram em santos cristãos tanto as divindades africanas como o entendimento que tinham dos orixás, pois foi o que restou da ancestral cultura etíope, numa inteligente estratégia para driblar as dificuldades da época. Ogum foi chamado de S. Jorge, Oxossi de S. Sebastião e assim por diante. Como se vê, o sincretismo teve a ver com uma necessidade temporária dos escravos para continuarem a exercitar sua fé e não com a umbanda.

Por todo o planeta a saga dos atlantes em busca de novos lares espalhou o conhecimento trazido pelos homens das estrelas; aqueles que há milhões de anos, por amor ao homem da Terra, aportaram um dia com suas vimanas na Lemúria, o continente perdido cujas altas montanhas hoje formam a Austrália. Posteriormente se transferiram para a Atlântida, enquanto os grandes cataclismos que mudavam a face geológica do planeta iam se sucedendo.

Surgido originalmente como um movimento hermético e fechado nos Templos da Luz, nas academias iniciáticas, a original Aumpram era denominada Aumpiram e através de sucessivas corruptelas foi se transformando em Aumpram, Aumbandhã, até finalmente ser conhecida como Umbanda, já aqui no Brasil. Teve sua função maior revelada quando precisou se transformar num culto gerido por magos brancos para combater o então emergente movimento de magia negra que se espalhava.

Apareceram nessa época os egos chamados de Senhores da Face Tenebrosa, os magos negros; espíritos dominadores egressos de planeta desaparecido, numa história ancestral, muito anterior às civilizações de nosso planeta. A famosa Cidade das Portas de Ouro da Atlântida se torna o centro da magia negra.

As histórias desse planeta, de nome Morg, que ocupava o mesmo espaço, em outra dimensão, de um outro planeta chamado Erg, assim como a deste último, estão intimamente ligadas ao nosso planeta e à umbanda. Da mesma forma que espíritos venusianos trouxeram às primeiras raças terráqueas o mental, isto é, a capacidade de se compreenderem de forma individual, os ergs levaram aos venusianos o desenvolvimento de suas raças. Os morgs, seres malévolos e intelectualmente avançados, tinham seu planeta em vias de desaparecimento e tentaram então se apossar do mental, da consciência dos ergs para promover uma invasão. Desta luta resultou a fuga dos ergs para o planeta Vênus e uma explosão nuclear que destruiu ambos os planetas. Com o passar do tempo os morgs se viram exilados no astral da Terra e começaram mais tarde a reencarnar na Atlântida, com muitos se transformando em magos negros. Os fatos relativos a esses planetas, ocorridos há milhões de anos, foram trazidos a Roger Feraudy, antigo babalaô e orientador da Fraternidade do Grande Coração, pelo antigo imperador de Erg, venerável espírito de nome Hylion, hoje habitante de planeta luminoso no centro da galáxia, Colope.

Do planeta Erg resta hoje um cinturão de asteroides entre Marte e Júpiter, bastante conhecido dos astrônomos. Em tempo futuro os asteroides se reunirão novamente para formar um planeta, o único de características físicas como a nossa Terra, por onde nossa civilização passará na próxima cadeia de evolução. Falaremos mais deste assunto no capítulo sobre as origens do homem no planeta.

Voltando à história ancestral da umbanda, ao mesmo tempo que a magia negra surgia, nos Templos da Luz três tipos de entidades se manifestavam na antiga Aumpram:

— encantados - espíritos não reencarnantes na Terra; entidades que vieram de outra cadeia de evolução e que se tornarão adeptos, como a maioria dos que fazem sua evolução no planeta.
— nyrmanakayas - espíritos já libertos do carma ou já em fase de libertação e chamados de jivamupticas.
— iniciados - espíritos sem resíduo de carma.

Apresentavam-se nos rituais, respectivamente, como instrutores, anciãos e puros, da mesma forma que hoje temos caboclos, pretos velhos e crianças.

É traçado nessa época o primeiro Triângulo Fluídico no astral sobre os céus da Atlântida e se inicia então a Aumpram, que no idioma sagrado dos deuses, que eram os homens vindos das estrelas, o devanagari, quer dizer: a luz divina ou a lei divina.

Umbanda um Novo Olhar 25

Isso tudo se passa há mais de 700.000 anos atrás. Triangulo fluídico é o triangulo vibratório da forma, aquele que representa a síntese do movimento da umbanda; cada um de seus lados representa uma das formas de manifestação das entidades, isto é, os hoje caboclos, pretos velhos e crianças. Falaremos mais sobre esse assunto em capítulo apropriado.

Com o decorrer de milhares de anos, sua trajetória e seu entendimento ficaram velados através dos tempos e da história, assim como um dia também foi velada a palavra sagrada umbanda. Em função da palavra sagrada ser velada surgiu o cumprimento de bater de ombros da umbanda, que explicaremos com detalhes mais a frente.

Ressurgido no astral por ordem dos maiorais sidéreos, o projeto Terras do Sul inicia, em terras americanas, o resgate do antigo culto, quando então, novamente, o Triângulo Fluídico é traçado sobre os céus do Brasil.

Centenas de entidades, de diferentes cadeias de evolução que, desde o princípio, trabalharam arduamente no desenvolvimento da raça humana no planeta, se engajam espontaneamente no projeto, alijando-se novamente de desfrutar dos paraísos cósmicos de seus planetas de origem, apenas por amor ao homem da Terra.

No final do século XIX, com o trabalho das entidades que abririam caminho para o Caboclo das 7 Encruzilhadas, a antiga Aumpram começa a renascer finalmente em solo brasileiro. Conta-se da grande assembleia preparatória que tomou lugar no astral do planeta no final do século XIX, quando centenas de espíritos foram convocados. Dos fatos captados por Feraudy através da mediunidade de pesquisa psíquica, transformados em livro, do qual falaremos ao final do capítulo, entre outros, foram retirados os textos abaixo:

"Hoje, enfileiram-se infinidades de provas da existência dos continentes da Lemúria e Atlântida e da civilização de Paititi no interior do Brasil, e também de que fomos visitados constantemente por inteligências extraterrenas, que muito contribuíram para a evolução da humanidade."

"Após a verticalização do eixo da Terra, está prevista a Idade de Ouro nas terras brasileiras."

"Tudo o que aqui foi narrado era parte integrante do milenar Projeto Terras do Sul, planificado, orientado e manipulado pelas grandes inteligências cósmicas."

"Todos os Mestres da Grande Confraria Cósmica expressaram seus conceitos sobre o importante Projeto e foram unânimes ao afirmar que o solo brasileiro estava vibrado, magnetizado e devidamente preparado para abrigar a futura raça. A outra proposta analisada teve a aprovação de todos: era necessária a implantação de um movimento espiritual, cópia do cerimonial mágico da Atlântida, que reunisse o maior número de adeptos no menor espaço de tempo e, para que se concretizasse essa deliberação, foi imediatamente traçado no plano astral do Brasil um triângulo equilátero de vibração magnética."

"A Confraria Cósmica dava início ao movimento mágico, preparatório para novamente estabelecer entre os homens a Sabedoria universal, a religião ciência do terceiro milênio..."

"... Onde existe um dos chacras do Planeta Azul, na região central do Brasil, onde outrora se localizava Ibez, no plano etérico existe a chamada Cidade dos Templos de Cristal Rosa, dirigida pelo Sumo Sacerdote da Ordem de Melchisedec, Sa-Hor, cujas vibrações estendem-se para os quatro pontos cardeais de todo o território brasileiro. São emanações de luz de cor violeta, com harmonização tonal fá, nota vibratória do planeta em perfeita eufonia com essa terra, já anteriormente preparada para receber a mensagem do III Milênio, a Luz ou Lei Divina, a milenar Aumpram."

Um espírito venusiano, de nome Thamataê, cujo nome esotérico significa "A sombra do oriente na exaltação e na graça do milagre da vida", pupilo do primeiro que veio para o antigo continente de Mu, em tempos imemoriais, Aramu-Murú e que presidiu a Grande Assembleia, é designado para trazer o comunicado aos homens, se apresentando então pela primeira vez, no início do século XX, através da mecânica da incorporação.

E o mundo da umbanda sagrada conhece então seu fundador, que se apresenta humildemente como o Caboclo das 7 Encruzilhadas, numa alusão aos sete planos da manifestação, aproveitando a herança xamânica de nosso povo, acostumado aos índios e pretos velhos, para criar um corpo de ilusão que

Umbanda um Novo Olhar 27

fosse facilmente compreendido e aceito. Como se pode compreender não existem realmente índios e pretos velhos na umbanda. Suas figuras foram apenas aproveitadas como manifestações formas para os futuros rituais. Da mesma maneira não existem crianças, no sentido cronológico da palavra. Falaremos mais desse assunto em capítulo próprio.

Junto com ele, para comandar os agentes mágicos, conhecidos popularmente como exus, mas que na verdade são seres de origem e forma desconhecida que transmutam a magia, veio seu irmão gêmeo Kalami. Espírito ainda mais adiantado, ele usou como veículo para se comunicar um exu guardião que ficou conhecido com o nome de Exu das 7 Encruzilhadas; o mesmo se apresentava num corpo de ilusão através da mecânica da intuição.

Kalami havia governado anteriormente a cidade das pedras, Itaoca, onde a magia negra grassava em profusão, sendo o local depois conhecido com o nome de Sete Cidades, cujas ruínas permanecem até hoje no estado do Piauí. Esta história também é contada em livro por Feraudy.

Como muitos desses seres celestiais, Kalami, cujo nome esotérico significa "A serpente da sabedoria da tríplice potencia" se tornou uma lenda, um dos muitos deuses dos antigos. Ele foi Manco-Capac para os habitantes dos Andes. Outro exemplo foi Hermes, no Egito, que ninguém mais era que Toth, o venerável espírito oriundo de Órion, que comandou a migração dos atlantes para o Egito. E como eles, muitos outros.

Thamataê, por sua vez esteve por mais de 3.500 anos no império de Paititi, no alto Amazonas e depois em Ibez, na atual Serra do Roncador, com a missão de instruir o povo e fazer florescer uma nova raça. Ele e Kalami eram dois dos 25 pupilos de Aramu-Muru, espírito venusiano, último Grão Mestre dos Templos da Luz Divina da Lemúria. Esses templos foram abandonados para os magos negros, já que o continente desapareceria; enquanto isso outros templos eram fundados na Atlântida.

Quantos mistérios estiveram perdidos ou ocultos na cultura umbandista em função de sua história milenar e de sua proposta em fazer um maior número de adeptos num menor tempo possível. Todavia, essa estratégia, ordenada pelo Caboclo das 7 Encruzilhadas, foi que possibilitou o culto se alastrar entre os humildes, pois deles não se exigia maiores estudos ou entendimento; não se pedia nada além do trabalho contínuo na caridade e o aprendizado do amor.

Havia duas razões principais para a volta da umbanda ao planeta:

— a substituição dos velhos cultos que não traziam esperança nem consolo e que também não mais atendiam aos reclamos da inteligência dos homens; além disso não traziam nada aos homens simples, já que seus templos se revestiam de ouro ou pedras preciosas.

— foi visto também a necessidade de se continuar combatendo a magia negra, que voltava a aparecer com grande força.

É mais que tempo dos homens da Terra, quase todos filhos das estrelas, voltarem seus olhos para essa história divina de nosso planeta, repleta de sacrifícios dessas entidades maravilhosas, de uma evolução espiritual inimaginável aos nossos escassos cinco sentidos.

Voltarem seus olhos e, além de tentarem entender o que realmente se passa nesse mundo invisível, nos meandros dessa magia cósmica na qual estamos todos inseridos, tentarem imitar esses exemplos de bondade infinita, no limiar dessas novas sub-raças mais espiritualizadas que surgirão sob o solo de nosso magnífico planeta azul, até que esses iluminados seres siderais possam voltar a nos guiar numa nova civilização.

E se um dia Thamataê veio em nosso auxílio para lembrar aos homens a antiga Aumpram, é chegada a hora daqueles que tem compromisso cármico ativo com a magia, isto é, os umbandistas, estudarem mais para mudar o paradigma da umbanda passiva; compreenderem as verdades ocultas para liberar a verdadeira umbanda da miscigenação com outros cultos e rituais que a ela se enredaram, se tornando então agentes do entendimento universal.

Isto porque a nova missão de Thamataê, usando ou não o corpo de ilusão de Caboclo das 7 Encruzilhadas, é trazer, num tempo futuro, todas as pessoas para um culto único, sem rótulos, como deveria ter sido desde o princípio. Não para o culto da umbanda, como dizem alguns desavisados, até com certa ingenuidade, mas para um culto maior, universal, baseado exclusivamente no amor desinteressado, que acontecerá quando todas as tendências, rituais e religiões do planeta convergirem ao redor do mesmo objetivo.

E em nome do mesmo amor, alguns mistérios da umbanda começam a ser resgatados através da mediunidade e das mais de vinte obras de Roger Feraudy, decano orientador da Fraternidade do Grande Coração - Aumbandhã. Dedicou meio século de sua existência ao estudo e à pesquisa dos segredos ocultos da umbanda, não só através de seu conhecimento teosófico, como também através da assistência das mesmas entidades que auxiliaram o desenvolvimento do planeta e que, um dia, anunciaram o resgate do antigo culto atlante em terras brasileiras.

Agora parte da grande consciência universal, ele deixou este plano em 2005. Em seu enorme legado deixou-nos também tarefas e entre elas está a de traduzir em palavras simples os mistérios das sementes perdidas desta umbanda ancestral; além disso, apresentar o conhecimento da ritualística de maneira a ser facilmente compreendido; e também apontar um caminho seguro mas ativo, que nos fará partícipes nesta linda página da história planetária, ao contrário do que pensam os trágicos e derrotistas partidários do chamado fim do mundo.

Grande é nossa responsabilidade no aprendizado da caridade que não espera recompensas, nem nos céus e nem na terra; no aprendizado da disponibilização do amor, da saúde, da esperança, da generosidade e até mesmo da necessária resignação aos homens da Terra. Enormes mudanças se avizinham à face do planeta. Façamos pois, nossa parte sem choramingos, dramas ou pessimismo. É apenas mais um ciclo nestas humanidades que vão e vem, surfando as ondas de um tempo que não dominamos e que de fato parece não existir.

Vamos sair da imobilidade de achar que frequentar um culto uma vez na semana e atender meia dúzia de consulentes é suficiente para fazer nossa parte, embora possa até aliviar nossa consciência, tal qual marcar ponto no relógio divino. Repetimos de forma tão automática os rituais e conhecimentos passados geração após geração, que não nos preocupamos mais com sua lógica, credibilidade e até mesmo se são absurdos ou necessários.

E parece que se assim o fazemos é porque nos falta algo dentro da tríade fé, conhecimento e ação; geralmente cada um de nós tem mais desenvolvido um ou no máximo dois de seus componentes, o que nos torna pouco eficientes. Como nos transformaremos em agentes dos milagres em vez de ficarmos apenas contritos, orando e pedindo que nossos guias e protetores socorram os necessitados? Isto é, façam por nós?

O fato é que não acreditamos em nossa própria capacidade porque, geralmente, o que mais nos falta é o conhecimento, o que compromete em muito nossa ação. Chegamos a pensar que seria arrogante, tolo ou inadequado aprender a interferir nas ações ou efeitos do universo, mesmo que por amor, quando de fato trata-se apenas de nossa obrigação.

Este é nosso legado. Mãos à obra.

Resumo da cronologia da umbanda - parte I

Há 1 mil milhões de anos atrás	• Explosão do planeta Erg e migração da raça para Vênus. • 1ª. semeadura de vida dos planetas do nosso sistema solar. • 1ª colonização do planeta Terra por seres das constelações de Oriun, Sírius e Pleiades, as chamadas Dinastias Divinas. • Isolamento posterior do planeta por 3.000.000 de anos, com o desaparecimento de formidáveis civilizações em virtude de radiações e explosões solares. • Foram já encontrados sítios paleontológicos com sinais de botas de astronautas e dinossauros abatidos com raios laser.
A partir de 78.000.000 anos atrás	• Sanat Kumara chega na Lemúria, onde hoje a Austrália é o resto de suas altas montanhas, vindo de Vênus. • Alguns milhões de anos depois chegam na Lemúria as 1ª levas de migrações de seres degredados de vários planetas para a Terra, todos sem consciência de sua existência, sem o mental.
Há 1.500.000 anos atrás	• Sanat Kumara, com 250 discípulos inicia a divisão dos sexos na Lemúria. • O ser humano é dotado de mente nas últimas sub-raças lemurianas.
Há 1.000.000 anos atrás	• Afunda a 1ª parte da Lemúria, em função de grandes cataclismos geológicos e dos desmandos da civilização.
Há 990.000 anos atrás	• Naves de Sírius, Plêiades e Orion, as dinastias divinas, voltam ao planeta e continuam de onde deixaram a colonização da Terra. • Os Ergs já estavam no astral do planeta.
Há 850.000 anos atrás	• Ascensão da sub-raça Tolteca na Grande Atlântida. • Começam as grandes migrações dos Toltecas, dando origem a duas civilizações: os twantisuius nos Andes e os maias no sul da América do Norte e também na América Central. • Fundada a grande cidade de Tiwanaku, nos Andes. • Início da magia negra na Atlântida. • Surgem os Magos Negros; os poderosos egos chamados de Senhores da Face Tenebrosa: os Morgs. Começam a usar a insipiente mediunidade dos homens para a magia negra.

Figura 1

Resumo da cronologia da umbanda - parte 2

Há 825.000 anos atrás	• A grande Cidade das Portas de Ouro da Atlântida se torna o centro da magia negra. • Aramu-Murú chega de Vênus com 25 discípulos; entre eles Thamataê, o futuro Caboclo das 7 Encruzilhadas e Kalami, seu irmão gêmeo, que no futuro, por amor aos terráqueos, iria comandar o trabalho dos agentes mágicos ou exus. • São fundados por Aramu-Murú os primeiros Templos da Luz na parte remanescente do continente Lemuriano.
Há 800.000 anos atrás	• Afunda o resto da Lemúria. • Aparece parte do Oceano Atlântico. • Emerge a América Central e o norte da América do Norte. • A Atlântida perde parte de seu território. • Grandes transformações geológicas no planeta.
Tempos antes e depois de 700.000 anos atrás	• Chegam na Grande Atlântida, que ocupava quase todo o Oceano Atlântico, pois África e América do Sul eram unidas, outras levas de migrações espirituais vindos de Capela, Pleiades, Orion e Sirius. A maioria para colonizar e iniciar processo de resgate, mas muitos outros em ação missionária. • Os Ergs também reencarnam no planeta. • Surge o movimento hermético da Aumpram. Ritual fechado nos Templos da Luz da Atlântida, em suas academias iniciáticas. • Surgem os Magos Brancos, saídos das academias iniciáticas para combater a magia negra; começam a desenvolver a mediunidade dos homens para o bem. • Três tipos de entidades se manifestam na Aumpram: os Encantados, não reencarnantes na Terra; os Nyrmanakayas, libertos ou quase libertos do carma; os Iniciados, sem resíduos de carma. Apresentam-se como instrutores, anciãos e puros. Hoje seriam os caboclos, os pretos velhos e as crianças, no triangulo da forma. • É traçado o 1º triangulo fluídico magnético, da forma de manifestação, da umbanda, sobre os céus da Atlântida. • Se inicia a Aumpram através dos Templos da Luz da Atlântida.

Figura 2

Umbanda um Novo Olhar   33

Resumo da cronologia da umbanda - parte 3

Há 500.000 anos atrás	• Migração de Toltecas para a costa leste da América do Sul, onde fundam grandes civilizações, como no litoral do Espírito Santo, a Terra das Araras Vermelhas. • Os Toltecas também migram para a região do Mediterrâneo e fundam a Caldeia.
Há 100.000 anos atrás	• Ruta e Daitya começam a perder terreno.
Há 75.025 anos atrás	• Um cataclismo causa a destruição de mais uma parte do que restou de Daitya, que também vai perdendo terreno. • Ruta muda o nome para Poseidon. • Thamataê permanece 3.500 anos entre Ophir e Ibês. • Ophir, principal cidade do Grande Império do Paititi, no norte da América do Sul desaparece em função dos cataclismos da Atlântida; junto com ela também desaparecem suas cidades satélites e o mar interno, que cruzava a Amazônia naquela época e cujos registros arqueológicos existem até hoje. • Fundação da cidade de Ibêz, centro de grande civilização, a serra do Roncador, no estado do Mato Grosso. • A cidade de Ibez permanece plasmada no etéreo até hoje, para voltar a se tornar visível quando da volta de Ay-Mhoré, na 7ª. sub-raça ária, a Latino Americana, a espiritualizada. • Voltamos a lembrar que todos estes fatos, tão intimamente relacionados com a história da umbanda, serão direcionadas para leitura através de livros indicados ao final deste capítulo. • O trajeto entre as civilizações, as cidades e lugares relatados estão na ordem direta da manifestação das entidades que hoje cuidam da umbanda e do planeta.
Há 44.000 anos atrás	• Começam novas migrações atlantes, em função de eminentes cataclismos. • Itaoca, a cidade das pedras, centro das Sete Cidades, onde outra grande civilização atlante floresceu fundada por Kalami, situada na região onde hoje é o estado do Piauí, cai pelas mãos da magia negra.
Há 39.800 anos atrás	• A Terra das Araras Vermelhas, também chamada de a Terra de Zac, uma formidável e adiantada colônia atlante, é fundada no litoral do estado do Espírito Santo, pelos nhengatús. • Começa a dinastia dos Ay-Mhorés.

Figura 3

Resumo da cronologia da umbanda - parte 4

A partir de 39.200 anos atrás	• Afunda o que restou de Daitya, fazendo submergir a Terra das Araras Vermelhas. • O povo migra para as terras altas, surgindo a Terra dos Ay-Mhorés • 50 anos depois, também por conta da atuação de magos negros, que envolveu os dirigentes em traições e massacres, a raça vermelha se dispersa em diferentes tribos, que vieram contribuir para a formação das tribos indígenas brasileiras. • O último rei se refugia em Parama Sukha, a montanha da felicidade suprema, onde a dinastia sobrevive mais 150 anos. • As tradições religiosas atlantes são preservadas da forma original em Parama Sukha, até o término do império. • Termina a dinastia dos Ay-Mhorés.
9.800 A.C. anos atrás	• Afunda Poseidon causando profundas modificações geográficas na Europa, África e Ásia.
Em fins do séc. XIX D.C.	• Acontece a Grande Assembleia na espiritualidade, presidida por Aramu-Murú, para fazer renascer a umbanda no Brasil, colocando em ação o projeto Terras do Sul. • É traçado no astral do Brasil um triangulo fluídico semelhante ao da antiga Atlântida, a fim de congregar espíritos libertos para trabalharem neste movimento. O triangulo da forma, símbolo da umbanda até hoje, representa as formas de manifestação, como já foi citado.
Em 1.893	• Caboclo Curugussú, antigo mago das sombras que se transferiu para a luz, chamado Ozambebe, é enviado para limpar o ambiente e preparar o terreno para a vinda de Thamataê.
Em 1.908	• Thamataê, espírito venusiano já citado, se manifesta pela 1ª vez no médium Zélio Fernandino de Moraes, como Caboclo das 7 Encruzilhadas, no dia 15 de novembro. • Zélio havia sido o Grande Conselheiro de Ibez, Schua-Ram, que recebeu Thamataê, quando de sua chegada naquela cidade, como Helau-Zadig, em uma de suas reencarnações no planeta. • Helau-Zedig, posteriormente, se transferiu para perto de outra colônia atlante, a Terra das Araras Vermelhas, onde se transformaria no Solitário da Montanha Azul, sendo conhecido como Anhangá, o demônio, na língua nhengatú. • Renasce, finalmente, na cidade de Neves, no Rio de Janeiro, a umbanda, com a criação da Tenda Nossa Senhora da Piedade.

Figura 4

Umbanda um Novo Olhar

Resumo da cronologia da umbanda - parte 5

Em 1.940	• Após a passagem do médium Zélio Fernandino de Moraes, Thamataê passa a se manifestar apenas no médium dr. Silvio, médico e professor universitário na cidade do Rio de Janeiro, cujo sobrenome nunca houve autorização para ser divulgado, também como Caboclo das 7 Encruzilhadas.
Em 1.953	• Thamataê passa a se manifestar apenas no médium Roger Feraudy com o nome de Anhangá, após o desencarne de seu 2º médium, também no Rio de Janeiro. Mais tarde Thamataê voltou a utilizar ocasionalmente este nome ao se apresentar no corpo de ilusão de velho caboclo cruzado com a linha de Xangô, voltado para o desenvolvimento dos médiuns da FGC.
Em 1.956	• Kalami, irmão gêmeo de Thamataê, passa também a se manifestar através do médium Roger Feraudy usando como veículo o agente mágico ou exu guardião das 7 Encruzilhadas.
Em 1.960	• Kalami e Thamataê começam a se manifestar em corpos de ilusão diferenciados em rituais de desenvolvimento esotéricos, através do mesmo médium. Kalami usando seu corpo de ilusão original, como Halashurú, transferindo conhecimentos de magia branca e as leis da magia e Thamathâe no corpo de ilusão de um mago oriental, o persa Ahmed-El-Hadjin, passando conhecimentos aprofundados da Lei Divina.
Em 1.965	• Finalmente Thamataê passa a se manifestar no mesmo médium também como Caboclo das 7 Encruzilhadas. • Apenas os três médiuns citados, em toda a história da umbanda no Brasil, serviram como instrumento para a manifestação deste nobre espírito nos corpos de ilusão nos quais se apresentava, especialmente o Caboclo das 7 Encruzilhadas. Nenhum outro médium recebeu a ordem de serviço.
Em 2.005	• Última manifestação de Thamataê através da mecânica da irradiação, ocorrida na Fraternidade do Grande Coração – Aumbandhã. Deixa palavras em código para confirmar sua identidade, caso venha a se manifestar por outro médium no futuro, para evitar mistificações e enganos. • Roger Feraudy faz a mesma coisa antes de seu desencarne. Esta atitude se mostrou correta, pois tempos depois já havia médiuns dizendo estar dando passividade a ambos, de forma equivocada, infelizmente.

Figura 5

Detalhes sobre essa cronologia e, principalmente sobre as vidas, tramas e reencarnações dos personagens nela envolvidos, como Ay-Mhoré e Thamataê, entre muitos outros, todos diretamente envolvidos com a evolução da humanidade no planeta Terra, que se confunde com a história da própria Aumpram, poderão ser encontrados nos livros citados abaixo, a maioria de autoria de Roger Feraudy, cujas sinopses podem ser encontradas no site da FGC, na seção sobre literatura ou final deste livro. Todos escritos através de pesquisa psíquica, mediunidade da qual falaremos no capítulo apropriado:

1. *Baratzil - nossa história atlante e extraterrestre*, Feraudy
2. *A Terra das Araras Vermelhas - uma história na Atlântida*, Feraudy.
3. *Erg, o 10º planeta - a pré história espiritual da humanidade*, Feraudy.
4. *Terra dos Ay-Mhorés - a saga dos últimos atlantes na terra das estrelas - o Baratzil*, da própria autora.
5. *Umbanda, essa desconhecida - umbanda esotérica e cerimonial*, Feraudy.

No decorrer desta obra nos referiremos a eles citando-os apenas pelos números, para não nos tornarmos repetitivos.

Capítulo 2

Origens do homem e do planeta

Para falarmos das origens do homem no planeta precisamos nos reportar brevemente à teosofia. Citando Feraudy, poderíamos dizer que "...o homem é um anel de uma longa corrente evolutiva que se iniciou em algum outro planeta e continua no nosso."

A razão de colocarmos esse assunto neste livro é motivar os umbandistas, e também outros espiritualistas, a pensarem em sua história enquanto espírito imortal. Se considerarmos, por exemplo, que no ocidente costumamos pensar na humanidade apenas desde tempos pouco anteriores ao advento do cristianismo, há cerca de dois mil e quinhentos anos, ou quando muito, desde os tempos finais da antiga civilização egípcia, já teríamos tido tempo de sobra, digamos uns quatro ou cinco mil anos, para termos nos tornado pessoas melhores.

Isso para não falar nos motivos, como guerras, catástrofes, cataclismos e sofrimentos de todos os tipos. Não teria, portanto, sido por falta de oportunidades reencarnatórias que não melhoraríamos enquanto pessoas, fator fundamental para nós, espiritualistas, nos tornarmos merecedores de ter contato com as entidades superiores do astral. E melhorar quer dizer, simplesmente, sermos mais brandos e resignados.

Se pensarmos todavia, em milhares ou, mais provavelmente, milhões de anos, a nossa obrigação estaria muito aumentada frente à obtenção destas, obviamente, indispensáveis qualidades ao homem de conhecimento. Mas, infelizmente, continuamos a fazer questão de tudo e a sermos ranzinzas, querendo sempre que nossas opiniões prevaleçam, como se tivéssemos todos nascido ontem e fossemos criancinhas inocentes na história das humanidades.

Nos irritamos quando contrariados, derrubando nossa faixa vibratória de ondas curtas, onde normalmente deveríamos vibrar o tempo todo, para ondas médias, onde vibram nossos desafetos do passado, que, naturalmente, estão sempre dispostos a nos fazer companhia: quer dando intuições negativas, quer manipulando nosso ectoplasma. Falaremos mais desses polêmicos, porém interessantes assuntos no capítulo sobre mediunidade.

Voltando à proposta deste capítulo e traduzindo em palavras simples poderíamos dizer que a vida vem de tempos imemoriais no universo. Partindo do ponto de vista do homem terráqueo, tal vida, esta vaga de vida, como se fala na teosofia, vem passando pelos mundos, dos mais diferentes tipos de matéria, muitas impensáveis por nós, até o nosso planeta, neste momento do universo, como o compreendemos.

Existem muitos esquemas de evolução de vida no universo. Disponibilizamos adiante neste capítulo um gráfico do esquema de evolução terráqueo para ajudar a compreensão deste assunto. Algumas explicações simples, mas especiais se fazem necessárias antes disso.

A Terra está situada no 6º. esquema de evolução de vida de um conjunto de 12 esquemas. Cinco deles já passaram, isto é, terminaram. Cada um deles com 7 cadeias de globos ou planetas. Cada globo escoa uma ronda, isto é, a vida passou 7 vezes por cada um deles, com 7 raças raízes em cada dessas vezes. Cada raça raiz escoa 7 sub raças, isto é, de cada raça raiz saem 7 sub raças, uma após a outra.

Nós, terráqueos atuais, estamos na 4a. ronda do planeta, na 4ª. cadeia de planetas do 6º esquema de evolução, na 5ª. raça raiz do globo, em sua 5ª. sub raça.

Essas informações nos dão uma pequena ideia de nossa evolução atual, de nossa pequenez frente ao universo; uma ideia singela de quem somos ao olharmos para nós mesmos e para nossos defeitos frente à grandiosidade da evolução; o absurdo, por exemplo, de achar que alguém possa incorporar orixás, divindades que completaram sua evolução em esquemas anteriores, algo impensável para nós.

Explicando melhor teríamos então:

1. Cada esquema de evolução de vida comporta sete cadeias de globos, planetas ou mundos.
2. Cada cadeia comporta sete globos, sendo alguns visíveis e alguns invisíveis; somente os compostos de matéria física são visíveis.
3. A vaga de vida, também chamada de período mundial, passa sete vezes por cada globo da cadeia e a este fluxo de vida se dá o nome de ronda. Uma ronda, portanto, é igual a 7 períodos mundiais.

Vaga de vida é um período de tempo, no qual as evoluções das humanidades passam através de cada globo, através das raças, com cada vaga de vida escoando uma raça e 7 sub raças.

Quando a vaga de vida está em um determinado globo da cadeia, está só naquele, entrando os globos anteriores em obscurecimento, estando a atenção do Logos totalmente voltada para aquele globo.

Por exemplo, como em nossa cadeia atual, a 4ª., as vagas de vida estão ainda passando na Terra, pois esta ronda, a 4ª. também, ainda não terminou, não há mais vida em Marte como muitos pensam, nem mesmo em seu astral e este planeta entrará em obscurecimento. Esta nossa humanidade já viveu lá no passado. Ao mesmo tempo já está sendo planejada a vida no próximo planeta da cadeia, também físico, que é Mercúrio, que é para onde se deslocará a humanidade, depois da 7ª ronda. A vaga de vida passará 7 vezes por Mercúrio, com sua raça e todas as sub raças em cada vez, isto é, uma ronda, e assim por diante nos globos sucessivos da cadeia.

4. Cada ronda escoa, portanto, sete raças raízes, cada qual com suas sete sub raças. Se considerarmos, por exemplo, o início da raça anterior a nossa, que somos da raça Ária, que foi a raça Atlante e pensarmos que seu início se deu quando a raça Lemuriana entrava em declínio, pois uma raça se adentra na outra, temos quase um milhão de anos entre uma raça e outra, atualmente. Isso ainda considerando que as ultimas sub raças de cada raça são mais rápidas, evoluem e terminam mais cedo.

Como estamos na 5ª. sub raça, a Teotônica, da 5ª. raça raiz, que é justamente a Ária, dá para imaginar o tempo que vai levar para se esgotar esta ronda, para não falar das próximas rondas, e ainda do tempo que vai levar para se esgotar esta cadeia, até que possamos passar para a próxima cadeia, numa condição muito mais favorável e quase inimaginável para nós. Todavia, com o advento da 7ª. sub raça, da qual falaremos adiante, a humanidade se espiritualizará. A sub raça que vai dominar o planeta, será a Latino Americana, quando o Brasil, esta parte do planeta, se tornará o centro do governo espiritualizado do mesmo, tarefa para a qual vem sendo preparado há muitos milênios.

Quem somos nós?

Voltando a falar no assunto do tempo novamente, usando este tipo de compreensão, nessas cifras incríveis apresentadas acima, temos que voltar a perceber que começa a ser, no mínimo, ridícula, nossa tendência a ter esse comportamento prepotente, querendo sempre dar a última palavra em tudo; também gostamos de nos achar os donos de todas as verdades, sem deixar de lembrar, é claro, que para a nossa felicidade seria preciso que o mundo e as pessoas pensassem pela nossa cabeça e mudassem de acordo com as nossas necessidades.

Esquecemos que verdades não existem e sim, apenas modelos de compreensão da vida e do universo. Até mesmo as religiões são apenas modelos de entendimento da continuação da vida após a morte do corpo físico, ou da divindade, e que servem para um determinado número de indivíduos, num determinado período de tempo de suas existências. Nenhuma delas porém, dispõe de verdades absolutas, como gostam de apregoar seus adeptos mundo afora. Contém verdades transitórias que estão de acordo com nossos sistemas de crenças atuais, no que influi nosso local de nascimento e nossa evolução dentro do universo, além de outros parâmetros individuais.

Deveríamos, quem sabe, começar a ouvir nosso próprio discurso interno. Aquele que geralmente nem ousamos trazer à tona das conversas:

Por que essas pessoas me contrariam o tempo todo? Aliás,

como Deus me deixar sofrer assim, bem eu que não faço mal para ninguém? Como as entidades que trabalham comigo na minha casa de umbanda, tão séria e respeitável, onde eu trabalho com tanto amor desinteressado, deixam que as vicissitudes se abatam sobre mim desse jeito? Mas que injustiça! — pensamos contrariados.

Como somos esquecidos de tudo que já passou e de todas as bobagens que, muito mais que provavelmente, já fizemos em outras vidas e, se formos um pouco mais honestos, muitas vezes até nesta atual. Somos um tanto quanto cegos para as coisas ruins ou inconvenientes que fazemos ou pensamos, especialmente os pequenos episódios, aqueles meio que sem importância para nós, mas que podem ter magoado a outros muitíssimo e de diversas maneiras.

Queremos não só tudo do nosso jeito, mas também tudo para ontem, como se o mundo fosse acabar amanhã e não fossemos seres universais ligados a enormes correntes de evolução.

Como podemos pretender que todo mundo tenha tido as mesmas experiências no passado, e, portanto, as mesmas opiniões ou vontades, como se as experiências tivessem, de mais a mais, todas sido vistas de um mesmo prisma, dentro desse caleidoscópio gigante que, aquilo que chamamos de tempo, transformou a humanidade.

E nesse contexto, poderíamos aqui citar, mesmo que superficialmente, pois falaremos do assunto em outro capítulo, o problema do carma. Como podemos esperar que as entidades modifiquem nosso carma? Carma não é algo para ser modificado pelos outros, o que inclui as entidades espirituais.

Carma é aquela oportunidade que estamos tendo de resgatar nosso passado através do aprendizado e que muitas vezes vem com aborrecimento ou mesmo com dor. E pensar que na maioria das vezes nossas dores não são nem mesmo fruto de nosso carma e sim de nossa teimosia, em não querer aceitar muitas coisas como são ou de nossa insistência tola em fazer valer nossas pequenas e duvidosas verdades. Temos pouca capacidade de ver e viver a vida sem irritação. Parece que só mesmo uma visão ampliada de nossa posição no universo poderia nos alavancar sem dor nessa evolução, pois ela seria plasmada unicamente pelo amor a todos os seres, que nada mais são que partes de nós mesmos. Não estamos aqui para nos sobrepor a ninguém.

No entanto, se alguma entidade amiga se dispor a afastar de nós nossos problemas ou nossos desafetos, presentes ou passados, sem que estejamos num processo real de modificação interior, o que os kardecistas chamam, sabiamente, de reforma íntima, estará fazendo magia negra, isto é, interferindo naquilo que é nossa responsabilidade. Portanto, desconfie da luz dessa entidade. O problema é que gostamos de acreditar que aquilo que nos faz bem é o correto. O mesmo se dá com médiuns desavisados que acham que podem fazer isso pelas pessoas.

É preciso que os consulentes sejam evangelizados e o mesmo se dá conosco, obviamente, pois via de regra, o que acontece nas casas umbandistas, é o retorno eterno daquele consulente que nada consegue, ou o oposto, aparece a vaidade no médium que acha que pode tudo com sua magia autoritária e ineficiente. Na verdade o médium só está modificando os acontecimentos temporariamente, pois os comprometimentos divinos ou universais de cada indivíduo se restabelecem na dança da evolução, naturalmente, mais cedo ou mais tarde. Ninguém deixará de passar o que precisa se não aprender a reconhecer a razão daquele sofrimento.

Além do mais, através dessa pseudo magia, esteja ela em cima de boas intenções ou não, o médium estará ganhando um carma para si, pois está interferindo no livre arbítrio do outro, privando-o do aprendizado necessário. Isto é, estará mais atrapalhando que ajudando.

Médiuns não podem fazer promessas aos consulentes e deveriam lembrar de ensiná-los a pedir para si mesmos apenas que acontecesse o que fosse melhor para eles. Deveriam orientar o estudo e cobrar modificações, para que então a grande magia pudesse se fazer para eles, através deles mesmos. Sois deuses! — disse Jesus. Como se vê, não fazer promessas não significa se omitir.

O médium precisa estudar para então, irradiado por entidades sábias, captar melhor o que lhe é passado; precisa estar evoluindo a cada dia a caminho do bem maior para saber discernir entre uma mensagem que vem da luz e outra que vem das sombras, pois dependendo de sua própria iluminação interior vai se conectar com diferentes tipos de consciências. E ainda saber que é de sua responsabilidade não permitir que mensagens e conselhos vindos de um dos muitos espíritos transeuntes que tentam se comunicar na umbanda, sem estarem ligados a nenhuma linha de serviço ou orixá, talvez até bem intencionados, mas desinformados e sem luz, assumam o papel de professor.

Nas lides umbandistas as pessoas se acostumaram às listas de petitórios descabidos; tanto consulentes, quanto os médiuns que se dispõem a resolve-los. Como se a umbanda fosse pouco mais que uma casa de favores espirituais.

O universo que tudo contém e a natureza que não dá saltos, nos quais nunca pensamos, sinalizam sempre o melhor opção a ser tomada. Fiquemos pois, mais atentos. Precisaríamos, caso venhamos mesmo a decidir ser trabalhadores da umbanda e enquanto não compreendermos melhor as palavras do Cristo, pararmos de brincar de Deus e, simplesmente, tentar compreender melhor os caminhos para chegar a ele, levando conosco os que nos procuram, com mais humildade.

Ver esquema de evolução terráqueo no gráfico a seguir.

Resumo da cronologia da umbanda - parte 5
Gráfico original de Roger Feraudy atualizado

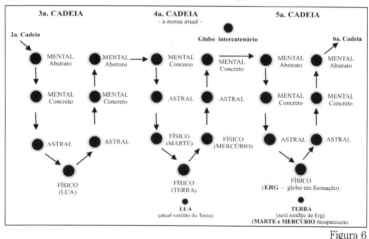

Figura 6

Observações sobre o esquema terráqueo

É preciso colocar, em primeiro lugar, que indicaremos ao final do livro, para os interessados, material de leitura mais específica para esclarecimentos extras em alguns assuntos, especialmente os teosóficos, que não seriam pertinentes no momento. Alguns temas são perpassados apenas para conscientização rápida de quem somos nós e do que se trata realmente a umbanda.

Vamos às observações:

1. No gráfico, ao lado de cada globo sinalizamos o tipo de matéria do qual ele se compõe. Cada planeta tem uma densidade específica de acordo com sua posição e a vida passa por ele na mesma densidade. Isto quer dizer que se já habitamos um planeta de matéria astral, por exemplo, necessariamente tínhamos um corpo com a mesma densidade do planeta, isto é, astral e não física, como gostamos de pensar, já que esta é nossa referência atual.

2. Os tipos de matéria e a evolução dos seres através delas:

    a. matéria essência elemental mental abstrata ou monádica
    b. matéria essência elemental mental concreta
    c. matéria essência elemental astral
    d. matéria física, com seus vários reinos por onde também evoluem os seres:
        - reino mineral
        - reino vegetal
        - reino animal
        - reino hominal
    e. reino dévico, do qual falaremos mais no item 8 destas observações. Considera-se que seus habitantes sejam:
        - Kama devas: seres dévicos com forma; entre os devas são os mais atrasados e mais próximos do reino hominal.
        - Rupa devas: seres dévicos também ainda com forma, mas mais evoluídos.
        - Arupa devas: seres dévicos já sem forma; acima deles estão os arcanjos e os devas solares.

A evolução dos seres se dá através dos tipos de matéria, porque a tendência de uma matéria essência elemental é se transformar na seguinte. E, posteriormente, quando chegamos na matéria Física, continua através dos reinos, do mineral até o hominal.

Como se pode entender, todos já passamos por todos os estados de matéria em nossa evolução e mais fácil é entender que já passamos também por todos os reinos de matéria física. Então já existimos na natureza como uma pedra ou uma planta, por exemplo? A resposta é sim, mas muito provavelmente, para a maioria de nós, fizemos essa evolução em cadeias anteriores. Por outro lado uma grande parte desta humanidade está entrando nesta cadeia, diretamente neste planeta ou globo de matéria física, a Terra, degredada que foi de outros orbes, por desmandos incontáveis.

3. Somente os globos compostos de Matéria Física são visíveis.

4. Da mesma forma que a vaga de vida já deixou o planeta Marte em tempos imemoriais, o mesmo se dará com a Terra na próxima cadeia, quando ela será satélite do único planeta de matéria física, chamado Erg. O mesmo já aconteceu com a Lua, que já foi um planeta em outra cadeia e hoje é satélite da Terra.

Segundo Feraudy o novo planeta será a reunião dos fragmentos do planeta Erg, destruído por uma explosão nuclear, e que hoje é um conhecido cinturão de asteroides gravitando entre Marte e Júpiter. Lembramos que este interessante assunto está amplamente detalhado no livro n° 3.

Quando a vaga de vida chega num globo, já se extinguiu no anterior, entrando o globo em obscurecimento. Isso nos mostra, por exemplo, a impossibilidade de se encontrar vida em Marte, como muitos gostam de acreditar.

5. Tirando Terra, Marte e Mercúrio, os demais planetas do sistema solar fazem parte de outros esquemas de evolução.

6. Na 6ª. cadeia a Terra desaparecerá.

7. A individualização do indivíduo se fecha na 4ª. ronda. Em nosso caso é a atual, no planeta Terra, o que significa que o ser que atingiu o estágio de cão, por exemplo, que é a evolução mais alta após o homem, continuará desta forma nas próximas

rondas; não mais passará de um reino evolutivo para outro até a próxima cadeia, quando então subirá um nível de evolução.

As demais evoluções de alto nível a seguir são as dos macacos, golfinhos e elefantes.

Isto significa que nosso cachorro, poderá vir a ser um ser humano na próxima cadeia. Esta é uma das razões pela qual a umbanda é terminantemente contra o sacrifício de animais e não pode aceitar esse tipo de atividade em seus rituais. Todo e qualquer culto que faça sacrifícios de qualquer tipo não é umbanda. Umbanda é amor e caridade. Não tem portanto, nenhum sentido alguém achar que oferecer um sacrifício de qualquer tipo abrirá as portas do céu e de suas benesses. Isso é apenas falta de informação, pura ilusão ou egoísmo mesmo. Muitos indivíduos nesta humanidade ainda passam pelo absurdo de acreditar que desde que algo seja adequado ou bom para eles, não importa o sofrimento de outro ser, em qualquer forma ou intensidade.

8. Quanto ao ser humano, quando atingir a próxima cadeia, existe a possibilidade de que 80% da humanidade tenha se libertado e se tornado mestre ou adepto, assunto do qual falaremos em outro capítulo. E nessa condição poderá optar por continuar sua evolução entre sete condições diferentes:

a - se reunir aos Devas que são os integrantes do já falado reino dévico. São seres que, entre outras tarefas, planejam o trabalho dos espíritos da natureza em todos os reinos físicos, como, por exemplo, Maria.
b - se tornar um Nyrmanacaya, que é aquela entidade já liberta de todo e qualquer carma. Poderá eventualmente ter algum resíduo de carma e nesse caso seria um Jivamuptica.
c - se ligar aos Logos, que planejam as cadeias de evolução.
d - ajudar a preparar as próximas cadeias e atuar em outros esquemas, como aconteceu, por exemplo, com os venusianos em relação à Terra. No livro nº 1 Feraudy explica em detalhes esses acontecimentos em nosso planeta.
e - ser um oficial da Grande Confraria Branca, caso seja aceito pelo Senhor do Mundo, que é hoje o divino Sanat Kumara, de quem falaremos em capítulo próprio, o da hie-

rarquia planetária.
f - atingir o nirvana.
g - inimaginável.

9. Quando nos referimos ao globo Intercatenário, de matéria física, que se situa no gráfico entre a 4ª. e a 5ª. cadeia, estamos falando, provavelmente, do mesmo planeta que os kardecistas chamam de Chupão. É aquele planeta para onde milhares já estão sendo degredados em massa, através de grandes expurgos coletivos, nos grandes cataclismos como terremotos ou tsunamis, por exemplo, ou ainda em guerras.

Na maioria espíritos com incontáveis reencarnações no planeta e que não estão conseguindo acompanhar a evolução espiritual deste momento da humanidade, devendo ganhar novas oportunidades em planetas mais atrasados, como o próprio Intercatenário; além, naturalmente de espíritos decadentes e sem forças para vencer as trevas nas quais se afundam e das quais se tornam escravos, como criminosos incorrigíveis de longa data em outros orbes e psicopatas absolutamente despreocupados com a dor alheia, também de forma crônica..

Nestes lugares poderão reiniciar sua ascensão em direção à luz, pois mesmo iniciando novas vidas em terras inóspitas ou de características pré-históricas, o conhecimento adquirido através dos milênios nos planetas generosos que já os acolheram, ajudará aquelas humanidades insipientes e autóctones do novo planeta a evoluir também.

Todos esses espíritos antigos carregam consigo, se comparados a espíritos mais jovens, inegáveis conhecimentos tecnológicos e espirituais, podendo assim resgatar seu passado ajudando o florescer de novas civilizações, da mesma forma que já aconteceu com a maioria de nós, quando também fomos degredados das estrelas para as terras da Lemúria ou da Atlântida. Sofrerão a saudade pungente das estrelas, assim como se dá também para muitos de nós a contemplar os céus à noite.

Mas, assim como nós, eles terão todo o amparo e assistência dos maravilhosos seres celestiais habitantes de paraísos celestes, que por amor, exclusivamente, a eles se dedicarão, tempos sem conta, para que nenhum se perca pelo caminho. Quem sabe estaremos lá um dia a fazer por eles uma pequenina parcela do que estes adoráveis extras terrestres, que generosamente criaram a mente do espírito terráqueo, como pais zelosos, fazem por nós até hoje.

É possível ler mais sobre esse assunto em outros livros como *Exilados de Capela*, de Edgard Armond e *Filhos das Estrelas - memórias de um capelino*, da própria autora.

As raças da Terra e o nosso momento atual

Raças que já passaram pelo planeta, a raça atual e as que estão por vir. Neste item fazemos citações do livro *Serões de Pai Velho - o catecismo da umbanda*,[1] também de Feraudy, infelizmente esgotado. Um apanhado desse livro foi permeado no livro *Umbanda, essa desconhecida - umbanda esotérica e cerimonial*, o n° 5 de nossa lista.

1ª. **Raça raiz: Etérica**. Pouco se sabe dessas primeiras raças. Esta 1ª era chamada raça das sombras. Os Eloins, seres lunares, deram ao ser humano, à sua semelhança, a forma, projetando, justamente, seus corpos astrais. Mas era ainda apenas uma projeção. Disponibilizaremos mais informações sobre os Eloins aos interessados quando adentrarmos um pouco mais nos assuntos de teosofia ligados ao entendimento da umbanda.

"... nada mais é que a projeção dos corpos astrais dos nossos antecessores da cadeia anterior, chamados Pais, ou, na terminologia hindu, Pitris Lunares."

2ª. **Raça raiz: Sem Corpo**. Eram os nascidos de si mesmo. Mas não mais uma simples projeção.

"Era etérica, ainda sem corpo físico e apareceu neste planeta antes da despovoação total de marte."

3ª. **Raça raiz: Lemurianos**. Eram, a princípio, hermafroditas. Apenas na 5ª sub raça lemuriana chegam na Lemúria os venusianos, que estão uma cadeia à frente dos terráqueos. Existem nessa época 3 tipos de procriação: os nascidos do ovo, os nascidos do suor e a bissexualidade.

Os venusianos trazem à humanidade insipiente o corpo mental, do qual falaremos em capítulo próprio. A teosofia pre-

---
[1] A pedido do autor Roger Feraudy, o livro *Serões do Pai Velho* foi incorporado à oitava edição de *Umbanda Essa Desconhecida*.

coniza que o homem possui vários corpos sutis, como o mental, além daqueles citados em algumas religiões e filosofias, como, por exemplo, o físico, o duplo etérico e o perispirito.

Isso significa que anterior a esses tempos, os homens não tinham consciência de suas próprias individualidades, como acontece com o cão de hoje, que só tem consciência de sua raça. Nasciam, morriam e tornavam a nascer sem consciência do que lhes acontecia.

Dessa grande transformação que foi o advento do mental, vêm lendas ancestrais, como, por exemplo, a de Adão e Eva e a expulsão do paraíso das felicidades eternas e inconscientes, das quais falaremos em outro capítulo também.

"Os antigos lemurianos apenas começavam a esboçar um corpo físico, não possuíam mente e, portanto, eram dirigidos pelos Devas, não tendo, dessa forma, autoconsciência, ignorando quase que totalmente o mundo exterior... passavam de um corpo a outro em completo estado de inconsciência. Era como uma vida de sono povoada de sonhos."

Nas últimas sub raças começaram a ter uma mente rudimentar, começando então, lentamente, a guiar seus próprios destinos.

"... essas primitivas raças viviam em perfeito contato com os mundos supra físicos e em permanente afinidade natural com as diversas classes de entidades que com eles podiam, a toda hora, estar em comunicação. Era um estado natural, normal e inerente a essas raças."

4ª. Raça raiz: Atlante. Aquele contato permanente com os mundos supra físicos foi diminuindo progressivamente, até se perder quase que completamente nos meados da raça Atlante. O homem foi se afundando na matéria.

"Usando esses poderes latentes indevidamente e em benefício próprio, caíram irremediavelmente na magia negra que, mais tarde, por efeito de carma, destruiu totalmente a quarta raça."

Nessa época surgiram os magos brancos, saídos das Academias Iniciáticas, justamente para combater a magia negra, nascendo então o culto popular, a umbanda. A primitiva Aumpram!

A mediunidade dos homens apareceu nessa época, por efeito já do carma. Os homens haviam começado a usar os seus poderes remanescentes de contato com os mundos invisíveis em proveito próprio e muitos se tornaram magos das sombras. Falaremos desse assunto com mais detalhes em outro capítulo.

"... perdida a sua faculdade natural de comunicação, tiveram que lançar mão desse recurso, a mediunidade, para reforçar suas práticas de magia."

Os magos negros foram seres egressos da terceira raça raiz, da cadeia lunar. Lembramos que assim como a Lua é nosso satélite hoje, vindo de outra cadeia, a Terra será satélite na próxima cadeia. Entre os magos negros também estavam os antigos morgs, seres que provocaram a explosão nuclear que destruiu o planeta Erg e o seu próprio.

Espíritos adiantados em tecnologia mas atrasados moralmente, negaram-se a cumprir a ordem do Logos ou Deus, que era ajudar a povoar a Terra, planeta em cujo astral haviam se refugiado depois do cataclismo que causaram. Os horríveis corpos dos lemurianos lhes eram repugnantes.

Muito depois, todavia, foram obrigados a reencarnar, desta feita na Atlântida; revoltados pelas duras penas que teriam pela frente, se tornaram magos negros, os chamados senhores da face tenebrosa, citados na cronologia da umbanda. Falaremos mais desses assuntos no capítulo sobre mediunidade.

Sub raças da 4ª. raça raiz, a atlante:

1ª. Remuhals
2ª. Tlavates: estas duas primeiras sub raças deram origem aos negros, que mais tarde migraram para a África e aos vermelhos, os nhengatus, que mais tarde migraram para as Américas.
3ª. Toltecas: esta sub raça deu origem a duas civilizações. Foram elas:
- Maias, na América Central e México. Muitos maias eram os antigos Morgs, o que explica a sabedoria mas também a crueldade habitual deste povo, como os sacrifícios humanos realizados em seus cultos. Detalhes sobre os morgs podem ser lidos no livro nº 3, de Feraudy.
- Pré-incaicos: os twantisuius, na região do lago Titicaca, na Bolívia.
4ª. Turanios: deu origem aos chineses primitivos.

Umbanda um Novo Olhar   51

5ª. Semitas originais: deu origem aos brancos.
6ª. Acadiana: deu origem aos sumerianos.
7ª. Mongólica: deu origem aos japoneses e malaios.

5ª. raça raiz: Árias - a nossa raça atual.
Sub raças dessa 5ª. raça:
- 1ª. Indo egípcia: deu origem aos indo arianos e antigos egípcios.
- 2ª. Ário semita: deu origem aos árabes e mouros.
- 3ª. Iraniana: deu origem aos persas.
- 4ª. Celta: deu origem aos antigos gregos e romanos; depois apareceram outros povos europeus, como os escoceses e latinos, por exemplo.
- 5ª. Teotônica: deu origem aos povos escandinavos, germânicos, povos dos países baixos e ingleses. É nosso estágio atual. Estamos nesta sub-raça.
- 6ª. Austral americana, que será a próxima: super dotados que vão aflorar com mais intensidade na Rússia, Groelândia, Estado Unidos e outros lugares frios do norte. Já começam a nascer os primeiros representantes da 6ª. sub raça, porque cada sub raça se permeia com a anterior. As últimas sub raças de cada raça vão se tornando mais curtas.
- 7ª. Latino americana, a chamada sub raça azul: nesta época haverá o retorno de Ay-Mhoré, que foi o VII rei Nhengatú, na Terra das Araras Vermelhas, na última grande migração atlante para o continente americano. Este nobre espírito voltará como dirigente dos destinos do planeta. Ay-Mhoré é um espírito originário de Erg, cujo nome original era Albion e teve sua primeira encarnação missionária no planeta na Atlântida, com o nome de Nefrú, onde foi um príncipe negro herdeiro das Terras Roxas, tendo sucumbido pelas mãos de magos negros.

Será uma sub raça espiritualizada e que vai aflorar na América do Sul, especialmente no planalto central do Brasil; o centro desse governo mundial será na região onde hoje está a Serra do Roncador, onde anteriormente se situava a cidade de Ibez.

Algumas pessoas pensam, à vezes até com uma certa vaidade em função de seus filhos, que as chamadas crianças azuis, as espiritualizadas, já estão nascendo, mas esquecem que muito antes da chamada raça azul ainda haverá o tempo dos super dotados. Estes sim começam a aparecer de forma mais significativa. Embora seja uma sub raça, a azul é chamada usualmente de raça azul.

Detalhes dessa trama podem ser lidos no livro n° 2, onde a história de Ay-Mhoré e do povo Nhengatú em terras brasileiras é contada. Também é possível obter mais informações sobre o mesmo assunto no livro n° 4. Sobre Ibez, Thamataê e o Império Paititi é possível encontrar sua história no livro n° 1.

"...o Brasil terá um importante papel nessas sub raças futuras, pois, na sexta sub raça, atingirá ele um alto nível de espiritualidade para, na sétima ser o berço da chamada Raça Azul, a raça dos escolhidos que irão compor a civilização de ouro do planeta Terra."

6ª· Raça raiz: ainda por vir. Será a próxima e será composta apenas por seres iluminados.

7ª· Raça raiz: também por vir. Será a última raça terrestre e se comporá apenas por seres com iluminação e poderes inimagináveis. Na 7ª sub raça da 7ª. raça, sempre a mais curta, já haverá procriação pela mente consciente, o kryiashakti, como os ergs faziam em seu planeta natal. O sistema nervoso central, se unirá ao sistema nervoso simpático.

A humanidade se prepara para deixar o planeta em direção à Mercúrio.

Capítulo 3

Hierarquia cósmica

Neste capítulo procuraremos mostrar, de forma resumida, a hierarquia cósmica em nosso planeta e os graus de iniciação dos excelsos seres que colaboram na umbanda ancestral.

Na umbanda, desde o principio, seres de grande estirpe espiritual traçaram cuidadosamente os caminhos que seriam por ela trilhados e se faz necessário que os umbandistas tenham uma idéia, mesmo que pequena, pois o assunto adentra pelos meandros áridos da teosofia, da hierarquia dessas entidades.

Saint Germain, chefe do sétimo raio da Grande Confraria Branca, o raio da magia e dos rituais é quem dirige hoje o cerimonial da umbanda. Segundo Roger Feraudy, em seu livro A Divina Mediadora, infelizmente esgotado, onde ele conta o trabalho da Corrente Azul da Mãe do Mundo, que é um ritual esotérico da umbanda, ele nos diz o seguinte:

"No momento, podemos revelar que o Mestre Conde de Saint Germain, comanda, coordena e planifica com sua corte de Devas e Espíritos da Natureza, o cerimonial de Umbanda Branca e Esotérica, usando como mediador dos sete Orixás, Ariel, o arcanjo do planeta Terra.

Sua ação é sempre indireta e para isso, através de seu mediador, usa para o trabalho da Corrente Azul as entidades da linha de Yorimá, os pretos velhos. Para a limpeza magnética e harmonia vibratória do planeta, as entidades da Linha de Caboclos, principalmente da Linha de Yemanjá, o chamado povo d'água e, finalmente, para a união do amor crístico as entidades da Linha de Yori, as crianças...

... Dando apoio à Corrente Azul, uma das principais finalidades do cerimonial de Umbanda Branca e Esotérica, os Mestres irradiam suas cores fluídicas, que são poderosos canais de energia derramados sobre o planeta Terra, veiculados pelas entidades que militam neste movimento." Como se pode notar, é preciso um entendimento um pouco mais amplo sobre do que realmente se trata a umbanda, até para que possa ser vista e conduzida com maior eficiência pelos próprios umbandistas; poderiam se liberar um pouco mais de antigos conceitos de uma umbanda africanista, adepta de rituais por vezes quase tribais, onde os médiuns, muitas vezes, se vestem de formas extravagantes, tocam tambores e se conduzem de formas a causar constrangimentos aos observadores. Rituais onde são invocados artificiais ou entidades ligadas ao trabalho em cemitérios, encruzilhadas, além de outras atividades que por si só nada tem a ver com a umbanda. Lemos recentemente uma publicação onde Omulu é tido como Orixá. Ora, Omulu, o chamado senhor dos cemitérios, é apenas um ser ou entidade evocado pelo ritual do candomblé e jamais foi ou será uma divindade, um orixá. Existe, infelizmente, muita desinformação.

É óbvio, por si só, após o entendimento deste pequeno capítulo, que entidades de tal estirpe sidérea, não se prestariam a tais coisas. Tampouco se prestariam a trabalhar para qualquer lado que não fosse o do amor e da caridade desinteressada, estando eles próprios, por tempos incontáveis, ligados caridosamente à nossa pequena e atrasada humanidade, unicamente pelo desejo de sua natureza angelical de ajudar.

Se faz necessária pequena consideração sobre o termo Umbanda Branca e Esotérica, usado no texto de Feraudy, e que não mais se aplica nos dias de hoje. Segundo o Caboclo das 7 Encruzilhadas, manifestado no próprio autor, numa aula proferida na FGC, é tempo da umbanda ser considerada uma só. Ela não é mais branca ou de qualquer outra cor. Ela não é mais esotérica ou popular. É simplesmente umbanda. O desenvolvimento do médium é que pode ser de natureza esotérica, como na FGC, ou se fazer dentro de um ritual de uma determinada casa de umbanda de natureza mais popular, com o uso de atabaques e outros recursos, mas a umbanda é uma só. Falaremos mais desse assunto do qual falaremos mais no capítulo de mediunidade.

Por vezes nos referiremos à umbanda neste livro como umbanda ancestral apenas para dar a conotação desejada de que a umbanda não é obra de apenas umas poucas décadas e sim de milhares de anos. Também nos referiremos à umbanda esotérica apenas com a finalidade de diferenciação de rituais.

Apresentaremos adiante um gráfico da Hierarquia Cósmica, baseado em estudos teosóficos, apenas com a finalidade de auxiliar sua compreensão e para que cada um de nós possa entender um pouco melhor onde estamos e nossas tendências e significância neste momento do universo.

Como na hierarquia cósmica ou divina existe a chamada Confraria ou Fraternidade Branca, que engloba sete raios, precisamos saber o que eles significam. Raios são canais de energia por onde passam ou fluem os atributos da divindade para o planeta. São também chamados de divisões de vida, cada uma delas dirigida por uma entidade de altíssima hierarquia, com ou sem encarnações terrestres. O conjunto dessas entidades iluminadas e das demais que trabalham sob suas ordens em cada raio, assim como aquelas entidades celestiais que estão acima delas, se convencionou chamar de Confraria Branca.

Alguns estudiosos vão notar que no gráfico que apresentamos existem algumas diferenças com outros estudos sobre o mesmo assunto, os quais também diferem entre si, mas informações de última hora foram passadas a Feraudy por entidades fraternas, como, por exemplo, a subida de Morya-El do posto de dirigente do 1º raio da Confraria Branca para o de Mahachoan, o grande chefe dos mestres ascencionados ou o grande senhor.

Da mesma maneira o venerável Koot-Hoomi trabalha atualmente com Jesus, que está no posto de Cristo. Ambos seriam os chamados instrutores do mundo. Algumas outras mudanças na condução de raios também foram percebidas, o que, todavia, não muda as funções ou qualidades divinas de cada um deles. O chefe da Confraria Branca hoje, a partir do princípio deste século, é Morya-El, o grande senhor.

É interessante notar que as entidades vão se alternando nos cargos ou subindo na hierarquia. Mudam também para postos desconhecidos. Até a posição de Buda são todos cargos hierárquicos, exceto entre os raios, que não os são necessariamente.

Os mestres mudam ou não de raio de acordo com as necessidades e tarefas a serem realizadas. Pode ser citado que Jesus se tornou o Cristo depois de sair do 6º raio.

Quando o discípulo está pronto para entrar na Confraria Branca, aparece sobre ele o foco de luz do divino Sanat Kumara, que é a máxima autoridade para admitir alguém.

Falando de forma simples, todos nós, seres encarnados no planeta, temos particularidades e tendências específicas de um dos sete raios da grande Confraria Branca, o que faz com que nos sintamos especialmente bem quando nos encontramos nessa vibração em especial. É como se cada um de nós pertencesse a um dos sete raios, o que esclarece nossa maior ou menor facilidade para acumular determinados conhecimentos, pois ficamos mais à vontade quando ele é mais específico do raio que nos diz respeito mais diretamente. Isso explica também nossas vocações, dons ou aptidões.

Também nunca é demais lembrar que quando na apresentação do 7º raio nos referirmos à uma de suas funções, a da libertação, estamos nos referindo à libertação que modifica o espírito, aquela que se dá quando ele se torna um ser livre das amarras que o prendem, por exemplo, aos medos alheios ou a seus defeitos. Falaremos mais desse assunto no penúltimo capítulo deste livro.

Apesar do assunto parecer árido, a compreensão simples que podemos ter seria de que esse conhecimento é a parte esotérica das verdades divinas, isto é, seus segredos ocultos. As religiões, por sua vez, seriam a parte exotérica, isto é, o mesmo conhecimento sendo usado na prática de uma forma mais superficial e acessível ao homem comum, sendo que cada religião em particular se encaixaria num determinado raio, de acordo com suas crenças, características e propostas.

Hierarquia cósmica

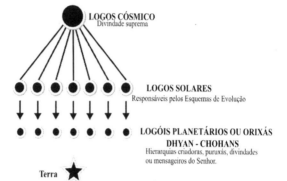

LOGOS CÓSMICO
Divindade suprema

LOGOS SOLARES
Responsáveis pelos Esquemas de Evolução

LOGÓIS PLANETÁRIOS OU ORIXÁS
DHYAN - CHOHANS
Hierarquias criadoras, puruxás, divindades
ou mensageiros do Senhor.

Terra

Os orixás animam os universos vivos nos 7 globos da cadeia terrestre
A expressão da vida deles são os 7 planetas e a vida nos planetas.
Fazem a evolução dos reinos em cada esquema. Responsáveis pelas raças

Ele está no planeta desde a ← **O SENHOR DO MUNDO**   O divino **SANAT KUMARA**
Lemúria. Hoje com apenas três discípulos: Acima dele está o **VIGILANTE SILENCIOSO**.
que são os 3 Budas Solitários.   Entidade venusiana de nome desconhecido.

BUDA
Sr. MAYTREIA

BODHISATTVA - O CRISTO **MAHACHOHAN** **MANÚ**
JESUS (atua com KOOT-HOOMI)   MORYA-EL   VAISVASVATA
Responsável pela evolução   Chefe dos mestres ou Chohans.   Responsável pela evolução da raça.
espiritual da raça.   O grande senhor.
Juntos são os instrutores do mundo.   Dirigente dos 7 raios.

Continua

Figura 7

Mestres ascencionados dos 7 raios - Chohans
Mestres da Confraria Branca
Continuação

Raios	Entidades	Funções	Cores	Ação divina	Identificação
1º	Lao-Shing Antes era Morya-El e depois Koot-Huomi	Condução dos povos Assistência Política	Azul	Palavra em ação	Pessoas influentes e operantes no serviço do povo
2º	Paulo Venusiano Antes era Kootomi-Ho.	Bom senso Tolerancia Sabedoria	Dourado	Instrução	Pessoas com habilidades de ensinar
3º	Hilarion Antes era Paulo Venusiano.	Fraternidade Caridade Veneração	Rosa	Amor	Pessoas bondosas
4º	Seraphis Bay Ficou no 4º raio.	Restauração Esperança Pureza	Branco	Candura	Construtores e pessoas com dons artísticos
5º	Confúcio Antes era Hilarion.	Cura Ciência Verdade	Verde	Ordem	Cientistas e curadores em geral
6º	Lan - To Antes era Jesus e depois Confúcio.	Amor, Paz Trabalho desinteressado	Rubi	Serviço	Religiosos e outras pessoas que servem e passam.
7º	Saint Germain Ficou no 7º raio. Anes era Kuan Kin	Magia Mudança Libertação	Violeta	Compaixão	Pessoas que defendem a liberdade que transmuta

Figura 8

Umbanda um Novo Olhar

Os caminhos da iniciação no planeta - resumo

1. O Vigilante Silencioso. Entidade venusiana praticamente desconhecida. Na última ronda foi o Senhor do Mundo.
2. O Senhor do Mundo. O divino Sanat Kumara.
3. Os 3 Budas Solitários, que são os 3 discípulos que ficaram com Sanat Kumara e o Buda, que é o Sr. Maytreia. Os 4 juntos são os Senhores das Chamas, dos quais já falamos anteriormente. Os 3 budas solitários são chamados de Pratiekas e são eles: Sanandana, Sanaka e Sanatana. O Budato é a mais alta iniciação da evolução terrestre.
4. Manu, Mahachohan e Bodhisattva, o Cristo
5. Chohans ou cabeças são os chefes dos raios. São os mestres ascencionados da Confraria Branca.
6. Adeptos ou mestres. Exemplos: Djwal-Kul, Milarepa, entre outros.
7. Rishis ou sábios. Também chamados de homens santos. Exemplos: Iogananda, Vivekananda, João Evangelista.
8. Discípulos aceito ou Chelas; ainda chamados de filhos do mestre. Exemplo: Sidartha.
9. Discípulos em provação ou no caminho: Exemplo: Allan Kardec.
10. Homens de ideais. Exemplo: Gandhi, Chico Xavier.
11. Interessados. Exemplo: Roger Feraudy.
12. Povo comum: pessoas comuns como nós.

Capítulo 4

Mediunidade

Definição

Médium é o intermediário entre os mundos, o físico e os extra físicos. Uma ponte entre os planos dos encarnados e desencarnados.

Origem

O uso da mediunidade surgiu, na antiga Atlântida, com o aparecimento da magia negra. Os chamados Senhores da Face Tenebrosa, dos quais já falamos em capítulo anterior e cuja história pode ser lida no livro n°3, renascem durante a ascensão da sub-raça Tolteca e são eles que após milhares de anos presos no astral da Terra estão livres para iniciar os habitantes locais em práticas de magia. Já distantes de seus ancestrais que se comunicavam naturalmente com os mundos invisíveis, os homens da época foram facilmente arregimentados pelos magos negros, seres malignos dotados de grande conhecimento e poder em função de suas vidas pretéritas em planetas mais desenvolvidos.

Como os primitivos atlantes já possuíam os primeiros rudimentos de individualidade e começavam a ter noção do que era bom, útil ou prazeroso, não foi difícil serem convencidos a usar métodos de magia para conseguirem o que queriam. Esses homens começam a usar o que lhes restara dos poderes de livre intercambio com os mundos mais sutis aliados às novas técnicas recém aprendidas para fazer magia em proveito próprio. A magia negra toma então conta de grande parte do continente perdido, surgindo as mediunidades e as primeiras manifestações.

Muito depois, com o renascimento no mesmo local de outros seres também oriundos de planetas igualmente desenvolvidos, mas dotados de ética e bondade, apareciam os magos brancos. Tendo também ficado estacionados no astral do planeta a espera do melhor momento de iniciar sua descida, estes seres já travavam grandes lutas naquele plano com os magos negros não encarnados.

Com o tempo estes magos brancos introduziram no planeta os Templos Iniciáticos, onde criaram o movimento oculto da AUMPRAM, um ritual fechado das academias iniciáticas. Ele foi usado posteriormente para fazer frente à magia negra, tendo em vista que os iniciados do culto eram proibidos de usar suas próprias mediunidades, já que este tipo de atividade era usado pela magia negra e eles não queriam fazer a mesma coisa. Por muito tempo a luta se tornou desigual até que mais tarde não houve outra solução senão a de também ensinar os homens comuns a usar suas insipientes mediunidades para a magia branca.

A mediunidade surgida por efeito do carma, como já foi sinalizado, pois mesmo os homens que não praticavam magia negra, já tinham carma acumulado por outros defeitos, começava então a ser usada para o bem. Iniciava-se outra luta entre o bem e o mal, desta vez com a participação da neófita população, que não era mais conduzida pelos seres siderais após as raças lemurianas.

No livro nº 5 Babajiananda ensina: "Enquanto seus antecessores eram puros e viviam em permanente contato com o divino, não podia haver progresso em sua evolução, por serem comandados. Quando o homem se auto comanda, a tendência é progredir sempre, embora estacione em algumas fases. Essa nova condição, produto do carma e consequência do afundamento total do espírito na matéria, é justamente a mola que impulsionou o homem para diante e serviu para equilibrar os efeitos contrários da deturpação da lei."

Tela búdica

Usando um modelo teosófico tela búdica é uma capa de

átomos subatômicos, mais sutis do que os que conhecemos, entre o duplo etérico e o corpo astral e que serve como uma proteção, uma barreira impedindo a livre comunicação consciente entre o plano físico e o astral. Isto é, impede a comunicação direta com o plano espiritual.

Essa tela é maleável e pode se romper em situações extremas, como ira, intoxicação alcoólica, uso de drogas, chás alucinógenos etc. Na psiquiatria tradicional é comum observarmos pessoas drogadas ou alcoolizadas relatarem alucinações, por exemplo; os espiritualistas, todavia, sabem se tratar simplesmente de elementos do astral, acessados através de buracos provocados nessa tela búdica pela ingestão abrupta ou excessiva de drogas ou alcool, ou até mesmo pela mudança radical de humor.

Na época da 4ª. raça raiz, na Atlântida, todos os homens tinham suas telas búdicas muito abertas e permeáveis, o que significa, em palavras simples, que se comunicavam com o plano espiritual de forma permanente. Eram os puros, aos quais Babajiananda se refere. E muitos, como já dissemos, na medida que iam aprendendo a se auto direcionar, o que é parte da evolução natural, foram perdendo sua inocência e ganhando um carma.

Portanto, médium é todo aquele que possui rombos na tela búdica por efeito de carma acumulado em vidas passadas. Obviamente todo médium de umbanda já trabalhou com magia no passado. Só não sabemos de que lado.

Por estas razões, apesar de muitas pessoas não compreendem como se dá a evolução do homem e muito menos como a mediunidade entra nesse processo, fica claro que ela serve como uma maneira do homem reconquistar seu contato com os planos sutis e seu estado de pureza anterior.

Mas para que isso tudo serviu se aqueles homens eram tão pouco evoluídos e sequer sabiam se comandar adequadamente? Não deveriam ter sido deixados em seu estado de pureza, mesmo que na inconsciência de suas individualidades? — perguntariam alguns.

Simples: como a evolução se dá de forma cíclica, o homem comum deve, através de eras incontáveis nesta cadeia evolutiva, caminhar entre os planos de desenvolvimento, descendo dos mais sutis até o físico e depois reiniciar sua subida para os

Umbanda um Novo Olhar

planos divinos, agora cheio de experiência e sabedoria, mesmo que muitas vezes isso seja conquistado à custa de um aparente sofrimento pessoal. O premio da evolução é se tornar consciente, com todas suas decorrências e responsabilidades

Desta forma, mediunidade não é um dom como muitos pensam. Poderia até mesmo ser chamada de provação cármica. Quanto mais exuberante é a mediunidade de alguém, mais carma ele carrega do passado e, por consequência, mais rombos têm na tela búdica.

Assim sendo, a observação admirada que muitas pessoas com pouca informação fazem — Que grande médium ele é! — no mínimo, é uma bobagem, pois não existem grandes médiuns e sim grandes devedores. Mas, felizmente, existem também os incansáveis trabalhadores na seara divina, que usam suas mediunidades para o serviço anônimo e compreendem serem meros intermediários com o plano astral em prol da caridade desinteressada, desenvolvendo seu trabalho de forma silenciosa, humilde e produtiva, continuando assim o resgate dos débitos do passado.

Entretanto, temos visto com frequência a vaidade comprometer, inconscientemente, médiuns operosos que trilhavam maravilhoso caminho em direção à própria libertação, pondo tudo a perder.

Finalmente gostaríamos de observar que preferimos ver a mediunidade, assim como as dificuldades da vida, como uma simples oportunidade de aprendizado e trabalho, pois a palavra resgate é usada muitas vezes de forma errônea e pejorativa por dirigentes de centros espiritualistas, que se colocam, inadvertidamente, acima dessa circunstância.

Tipos de mediunidade

1. Incorporação: Este tipo de mediunidade está em vias de desaparecimento, na medida em que a tela búdica das pessoas está cada vez menos permeável. Ela está se fechando. São cada vez mais raras, hoje em dia, as pessoas que tem realmente esse tipo de mediunidade. Ela pode ser de dois tipos:

- **semi consciente:** o médium cede o corpo astral e a entida-

de atua na vontade, na sabedoria e na atividade.
- **inconsciente:** a entidade atua também na parte motora e é raríssima. O que acontece, às vezes, é o médium dizer ou achar que é totalmente inconsciente, como uma forma, até sem má intenção, de não assumir responsabilidade pelo que diz. É o chamado guiismo, muito usado por alguns chefes de casas umbandistas quando querem dar alguma ordem, dentro de seu sistema de crenças pessoal, usando o nome do guia chefe da casa. Falam o que pensam ou querem em nome da entidade.

Às vezes o médium, por falta de informação, se vê quase que obrigado a se dizer inconsciente, pois este é o modelo esperado em sua casa de umbanda. Esta situação costuma gerar muita angústia, pois o médium tende a achar que está mistificando, ou algo assim, pois lhe foi ensinado que o guia deve falar sozinho, sem sua interferência, o que, naturalmente, é impossível.

Essa mediunidade é mais comum apenas em médiuns mais idosos, em fim de processo mediúnico. Aquele médium que vem de um tempo onde a umbanda e também outros cultos espiritualistas, precisavam dar provas espetaculares da existência de um mundo invisível.

Observações sobre estas mediunidade nos dias de hoje

É interessante notar que neste momento da humanidade, onde há uma mudança na forma de comunicação das entidades, seja natural que o ritual da umbanda venha igualmente se modificando, na medida que o médium não necessita mais de estímulos externos para expandir sua consciência e exercitar sua mediunidade, como, por exemplo, o som dos atabaques, cheiros, gritos, rodopios etc. Isto porque já há o entendimento de que o médium não está em nenhum tipo de transe. Mesmo a chamada incorporação, por exemplo, não é um estado de transe. Não existe o que chamam de transe mediúnico.

Desta forma também não se pode esperar que o desenvolvimento mediúnico continue se dando como antigamente, quando o médium ficava passivo, esperando que alguma coisa mágica acontecesse com a suposta incorporação. Esperando que algo tomasse conta de seu corpo e de sua mente. Isto provocava e ainda provoca situações constrangedoras, pois muitos médiuns se sentem obrigados a incorporar em moldes tradicionais, incentivados por dirigentes menos informados e não atualizados da evolução da mediunidade. E depois ainda devem dizer que não se lembram de nada do que foi dito. Um grande conflito para o médium bem intencionado, sem dúvida.

Por consequência muitos médiuns em início de carreira se manifestam através de um processo anímico, inconscientemente, pois se sentem obrigados a fazer como os demais. Isto é, o pensamento do médium se fixa na obrigação de imitar o comportamento dos demais médiuns e se distancia da concentração, da vontade necessária para expandir sua consciência. Como se vê, a mediunidade não é um processo passivo. Ao contrário.

Por exemplo, naquela casa de umbanda onde habitualmente os médiuns se jogam para trás, ou batem no peito de uma determinada forma quando as entidades vão subir, os novos médiuns, desinformados, ficam achando que tem que fazer a mesma coisa, até mesmo para dar credibilidade à manifestação. Outras vezes percebem que todos andam com uma das mãos para trás ou estalam os dedos ou ainda andam curvados quando a gira é de pretos velhos, menos ele próprio. Quanto engano e sofrimento.

Os médiuns não compreendem que hoje em dia a manifestação das entidades se dá por um processo de irradiação, do qual falaremos a seguir. O médium não precisa nem mesmo sentir alguma coisa; apenas com o tempo começa a compreender como captar o pensamento da entidade e como se concentrar no chakra relacionado àquela linha de orixá em particular na qual está enfeixada a entidade; mais tarde começa a perceber melhor a energia vibrada no chakra, digamos assim, assim como a irradiação mental e facilitar a comunicação.

Processo anímico ou animismo, popularmente falando, é quando o médium não está de fato manifestando a entidade desejada ou até mesmo não está manifestando entidade nenhuma. É comum também, no desespero do médium iniciante para incorporar uma entidade como lhe foi ordenado pelo dirigente, que ele comece a dar passagem para entidades mal intencionadas e até artificiais, que se aproveitam do desequilíbrio gerado pela situação e se fazem passar por outras entidades.

Artificiais são formas-pensamento criadas, geralmente, por magos negros, que terminam, com o tempo, ganhando vida própria. Falaremos deles em capítulo próprio. No devido momento falaremos também o que se entende por mago negro nos dias de hoje.

2. Irradiação: é sempre consciente. Há uma afinidade entre as mentes do médium e da entidade. Não anula a parte motora, pois só envia vibrações ou ondas de pensamento. O médium capta o pensamento da entidade e o coloca em palavras. O médium tem plena noção do contexto geral do que disse, pois apenas está decodificando, com suas palavras, o conteúdo geral do pensamento da entidade.

Entidades não tem um cérebro físico para se expressar em determinada língua e o que apresentam é apenas um contexto global. É o médium que coloca em palavras esse contexto; se mal preparado ou mal intencionado, vai dizer o que quiser.

3. Intuição: todos têm; trata-se apenas da recepção de ideias das entidades, sejam elas boas ou não. E, naturalmente, é algo sempre muito questionável, pois pode ser a manifestação apenas do desejo ou pensamento do próprio médium, dentro de seu sistema de crenças. É um fenômeno onde o médium pode ser facilmente enganado, pois não há nenhum controle externo além do bom senso dele mesmo.

Fala-se também muito de premonição, fenômeno que, no entanto, e felizmente, praticamente não existe. O problema é que algumas pessoas gostam de dizer que a possuem, pois de certa forma isso mexe com sua vaidade e lhes confere um poder especial, o de adivinhar o futuro. Confunde-se intuição com premonição, mas o que existe mesmo é apenas a primeira, onde o médium mesmo não está adivinhando nada, estando apenas recebendo a informação de fora.

É preciso notar que para alguém ter uma intuição de algum acontecimento futuro, significativa e que envolva outras pessoas, é preciso que seja uma pessoa equilibradíssima, boníssima, incapaz de qualquer gesto ou palavra menos branda, digna de

Umbanda um Novo Olhar 67

parear com entidades da mais alta estirpe. Convenhamos que essas qualidades, nesse nível, também são raríssimas. Além do mais teria que ser algo de grande utilidade prática, algo mais que razoável e não apenas esse amontoado de bobagens soltas ao vento como costumamos ouvir nestes tempos. Além disso teria que ser algo que não interferisse com o carma das pessoas, pois nesse caso seria magia negra. De uma forma geral as chamadas profecias costumam ser uma grande bobagem. E o mundo, infelizmente, está cheio de profetas ou de caçadores de antigas e, geralmente, lucrativas profecias.

4. Missionária: este é o médium já praticamente sem carma ativo nesta vida; usando um modelo teosófico dizemos que ele vibra pelo corpo mental, do qual falaremos mais adiante, entrando no mesmo plano de outras consciências ou entidades, captando e transmitindo informações.

É capaz de expandir sua consciência e captar informações de um tempo passado, ao que se chama pesquisa psíquica; informações estas que ficaram plasmadas no astral, digamos assim, e usar essas informações para o bem das pessoas. Capta através de sua vontade consciente ensinamentos relevantes, os quais decodifica com sua própria cultura e esforço e com os quais escreve livros ou faz palestras, por exemplo. Pode ser capaz de comunicar-se mente a mente com outras consciências ou entidades. Tem, em alguns casos, a tela búdica praticamente íntegra, não mais necessitando da mecânica da incorporação em nenhum sentido.

É preciso não confundir a pesquisa psíquica com psicografia, onde o fenômeno é quase que passivo, com o médium apenas disponibilizando sua boa vontade para receber as mensagens por intuição.

Vale lembrar sempre o que foi dito sobre mediunidade: toda e qualquer mediunidade não é um dom e sim um fenômeno cármico, por mais interessante que possa parecer. Esta em especial é extremamente trabalhosa, pois apesar de aparentemente agradável, exige do médium uma atividade mental incessante e uma vida excepcionalmente equilibrada, desapegada, sem muitos tropeços, pois necessita condições emocionais e tempo para pesquisar, entender, escrever etc.

5. Outras mediunidades:
- **efeitos físicos:** é inconsciente no sentido de que não acontece por vontade do médium, isto é, o uso do ectoplasma do médium acontece sem que ele tenha desejado tal fenômeno. Podem ocorrer, por exemplo, sons, movimentação de objetos, acender de luzes ou aparelhos eletrônicos etc. Falaremos em detalhes sobre o ectoplasma, também chamado antigamente de fluido de cura ou ainda fluido vital, mais adiante.
- **materialização:** de objetos ou entidades com o uso do ectoplasma do médium, que pode ter ou não uma participação consciente no fenômeno. É um tipo de mediunidade praticamente inexistente nos dias de hoje; foi muito utilizada em meados do século XX, naqueles tempos em que o espiritualista ainda precisava provar a existência de um plano sutil.
- **cura:** é geralmente consciente; o médium disponibiliza seu ectoplasma para ser usado em fenômenos de cura física. Todavia, como depende também de uma vontade amorosa, ele igualmente pode ser disponibilizado sem o desejo específico do médium e sem o conhecimento de sua existência, quando uma mãe disponibiliza a cura para seu filho doente, por exemplo.

Falaremos sobre trabalhos de cura em capítulo próprio e sobre o fenômeno da disponibilização no penúltimo capítulo deste livro, onde começam as primeiras noções sobre o verdadeiro entendimento e treinamento da umbanda esotérica.
- **transporte:** pode ser consciente, quando o médium se desdobra para o astral por sua própria vontade ou pode simplesmente acontecer durante o sono físico, quando a maioria das pessoas se projeta de forma inconsciente para fora de seu veículo físico. Tem-se o costume de chamar de sonho, o conteúdo vivenciado nessas experiências.

No primeiro caso é bom observar que, de fato, quase não há nenhuma utilidade prática nesse tipo de mediunidade, sendo no mais das vezes apenas fruto de curiosidade. São as chamadas viagens astrais, que estiveram tão em moda nas última décadas do século XX.

A maioria das experiências, no entanto, não costuma trazer bons ou úteis resultados, pois o que foi vivenciado depende de interpretação, podendo o médium ser enganado em suas observações, pois não é o plano onde está habituado a viver e compreender, e lá não é seu cérebro físico que está atuando e selecionando o que tem ou não sentido, o que é ou não correto etc. Também é comum acontecerem traumas emocionais em função desse desconhecimento, da mesma maneira que um sonho ruim pode fazer a pessoa acordar num sobressalto ou dizer que teve pesadelos. De qualquer maneira, felizmente, o fenômeno consciente é raro.

- **psicografias comum e mecânica:** existem numerosas controvérsias a respeito da primeira, que é muito questionável, sendo que a segunda é raríssima; estas constatações dão margens a muitos desentendimentos. O mesmo pode-se dizer da chamada psicopictografia, quando o médium pinta ou desenha em nome de um pintor, geralmente famoso, e já desencarnado.

A psicografia mecânica é uma mediunidade motora e que depende da vontade do médium. É quando ele pode, por exemplo, escrever um texto com uma das mãos e outro com a outra mão ou ainda de trás para frente etc. O mais conhecido médium contemporâneo com esta faculdade foi Chico Xavier.

É sempre bom diferenciar esse tipo de mediunidade da psicografia comum, pois nesta o médium pode ser facilmente enganado, achando que psicografa uma entidade de luz, quando na verdade outra se faz passar por ela. Isto quando não é ele mesmo que está escrevendo sozinho, o que é muitíssimo comum. Um médium inteligente ou culto pode facilmente cair nessa armadilha e se perder. Isso acontece, entre outras razões, porque o médium costuma psicografar sozinho, sem parâmetros.

Esta é, provavelmente, em termos de veracidade, a mais difícil das mediunidades, pois aqui também o médium precisa se manter em altíssimo nível de vibração, vinte e quatro horas por dia, sendo já isento de desejos, orgulho e vaidades pessoais, o que sabemos ser muito difícil. Na dúvida sobre seu estágio de evolução o melhor para o médium seria não tentar. É uma faca de dois gumes e muitíssimos médiuns caem quando se acham amparados por grandes personagens, em nome dos quais acham estar escrevendo. Não é difícil se ver grandes equívocos escritos ou pintados de forma rebuscada em nome desta ou aquela entidade, infelizmente.

A psicografia comum se diferencia da pesquisa psíquica na medida que na primeira o médium fala em nome de uma entidade e na segunda ele fala em seu próprio nome, assumindo totalmente a responsabilidade do que está dizendo ou relatando.

Vibração original, batismo ou amaci

Ser batizado significa que o médium está sendo aceito para desenvolvimento na casa de umbanda. O amaci fixa a vibração original do orixá no médium, que é aquela que predominava no momento de seu nascimento e também significa, simbolicamente, que está sendo aceito pelo respectivo orixá. Facilita muito seu desenvolvimento. O médium encaminhado para o batismo geralmente é aquele iniciante que começa a manifestar seu guia ou protetor. Somente médiuns de incorporação e irradiação necessitam fazer o amaci.

Facilita seu desenvolvimento, pois na medida em que é feito com ervas, estas emitem uma vibração energética que promove a movimentação dos respectivos chakras, fazendo-os girar, auxiliando o médium iniciante na interação com o plano espiritual. Não se trata, portanto, de um simples ritual.

Para a identificação da vibração original do médium é verificado o dia de seu nascimento e a qual orixá esta data está relacionada. Temos então a vibração original de médium. Está fórmula também é usada quando as entidades manifestadas na casa pedem que um consulente tome um banho com as ervas de sua vibração original. Falaremos de consulentes e banhos no capítulo sobre ritualística.

Por exemplo:
- nascimento: 23 de outubro
- orixá correspondente: Ogum
Resultado: a vibração original é Ogum, isto é, este era o orixá cuja vibração influenciava o planeta naquela data específica.

No gráfico abaixo mostramos as relações entre as datas de nascimento do médium e sua vibração original.

Listagem das datas de nascimento
e orixás correspondentes

DATA DE NASCIMENTO DO MÉDIUM	ORIXÁ CORRESPONDENTE - VIBRAÇÃO ORIGINAL -
21 de janeiro a 20 de fevereiro	Yorimá
21 de fevereiro a 20 de março	Xangô
21 de março a 20 de abril	Ogum
21 de abril a 20 de maio	Oxossi
21 de maio a 20 de junho	Yori
21 de junho a 20 de julho	Yemanjá
21 de julho a 20 de agosto	Oxalá
21 de agosto a 20 de setembro	Yori
21 de setembro a 20 de outubro	Oxossi
21 de outubro a 20 de novembro	Ogum
21 de novembro a 20 de dezembro	Xangô
21 de dezembro a 20 de janeiro	Yorimá

Figura 9

Para a cerimônia do amaci o médium deve providenciar três tipos de ervas verdes solares, que não podem ser secas. Por exemplo: arruda, hortelã e erva cidreira; o médium deverá entregar pequenas porções das ervas ao chefe do terreiro com antecedência, sendo que este preparará sua maceração com água no dia do amaci e levará pronta para o terreiro mais ou menos 50ml dessa mistura.

Para o dia do amaci o médium deverá providenciar:
- 1 pequena gamela de barro virgem, isto é, sem uso
- 1 vela branca
- 1 pano de algodão branco, quadrado, medindo aproximadamente 1 metro em cada lado ou 1 simples fralda
- 3 cravos ou outra flor solar de qualquer cor

O babalaô, com o guia chefe ou seu preposto manifestado, pois nem sempre o guia chefe se manifesta pela mediunidade da incorporação ou irradiação, acenderá a vela, que o médium segurará. A seguir riscará o chakra da vibração original do médium no pano de algodão, que será aberto e seguro à sua frente pelos cambonos, com pemba ou giz da cor do orixá. Falaremos da grafia dos chakras e das cores relativas a cada um dos orixás adiante.

Esse pano é colocado nas costas do médium. A seguir o guia chefe coloca as flores, já despetaladas, sobre o líquido com as ervas maceradas que estão colocadas na gamela de barro, também previamente riscada no mesmo chakra. O conteúdo é enfim despejado sobre a cabeça do médium. O pano é então amarrado na cabeça do médium, que ficará com ele até o fim da cerimônia.

A seguir o médium pode, ou não, manifestar a entidade da linha para qual o amaci está sendo feito. Deverá permanecer três dias com as ervas na cabeça, sem o pano, obviamente, para fixação da energia do orixá de sua vibração original.

O médium pode também, se for de sua vontade, escolher um padrinho ou uma madrinha para seu batismo, que deverá ser um trabalhador mais adiantado da casa, que se tornará responsável por auxiliá-lo em tudo que necessitar em sua trajetória dentro da umbanda.

Graus de iniciação e planos de desenvolvimento

Fala-se muito em iniciações na umbanda. Discute-se também nas lides umbandistas sobre a necessidade de se tornar um Iniciado, criando grande confusão em torno desse tema.

Muitas pessoas pensam que graus de iniciação e planos de desenvolvimento são a mesma coisa e outros ainda falam em ser Iniciado como se isso fosse algo simples para a maioria dos encarnados neste momento no planeta. Confundem graus de iniciação com aspirar a ser um Iniciado.

Gostaríamos de lembrar de capítulo anterior, quando mostramos as iniciações possíveis no planeta. Vamos procurar desfazer essas confusões, até mesmo para trazer as pessoas de volta a uma situação de mais humildade frente ao nosso atual estágio de evolução.

Iniciação é algo pessoal e íntimo e não necessariamente hierárquico. Às vezes isso quer dizer que muitos chefes de terreiro que se julgam mais evoluídos por causa de suas mediunidades ou que sabem mais que os demais médiuns da casa, podem nem mesmo estar, a rigor, no mesmo estágio de desenvolvimento pessoal de alguns deles.

No texto de Anne Besant, em Sabedoria Oculta, encontramos:

> ... Ninguém pode alcançar as sublimes regiões, onde moram os Mestres, sem ter passado antes pela estreita porta da Iniciação, a porta que conduz à vida perdurável. Para que os homens se encontrem em condições de cruzar tal porta, é preciso chegar a um grau muito alto de evolução para que deixem de ter o menor interesse por tudo quanto pertença à vida terrena, salvo o poder servir, com toda a abnegação, ao Mestre e ajudar na evolução da humanidade, embora à custa dos maiores sacrifícios pessoais. O processo Iniciático é como um espinhoso sendeiro de quatro etapas ou graus diversos de Iniciação; cada uma dessas Iniciações é acompanhada de uma expansão da consciência, que proporciona o que se chama de chave do conhecimento, que é também a chave do poder, visto que nos reinos da Natureza saber é poder.

E para Helena Blavastsky, no *Glossário Teosófico*, temos:

> ... Designa-se com este nome a todo aquele que foi admitido nos mistérios e a quem foram revelados os segredos do ocultismo. Na Antiguidade, eram aqueles que tinham sido iniciados no arcano conhecimento, ensinado pelos hierofontes dos Mistérios, e, em nosso tempo, aqueles que foram Iniciados pelos Adeptos da sabedoria mística da ciência misteriosa, que, apesar do transcurso dos séculos, conta com alguns verdadeiros partidários na Terra.

Hierofonte é aquele que explica as coisas sagradas. O revelador da ciência sagrada e chefe dos Iniciados. Título pertencente aos mais elevados Adeptos nos templos da Antiguidade, que eram os mestres e expositores dos mistérios e os iniciadores nos grandes mistérios finais. Cada povo e cada religião tiveram ou tem seu hierofante. Por exemplo, para os tibetanos é o Dalai Lama enquanto que para os espíritas é Allan Kardec; já para os umbandistas deveria ser Thamataê, conhecido como o Caboclo das 7 Encruzilhadas e assim por diante.

Graus inferiores de iniciação dos médiuns

1° Neófito: é o estágio do médium iniciante; aquele que está em desenvolvimento.

2° Obrigações feitas: médium já mais desenvolvido; aquele que já começou a fazer as obrigações de cabeça, das quais falaremos adiante.

3° Cabeça feita: médium com as 7 obrigações feitas, relativas aos 7 orixás, além dos agentes mágicos ou exus. Nessa ocasião, ao final das 7 obrigações poderá, se desejar, fazer o ritual simbólico de coroação. O médium está firmado na chamada coroa de sua vibração original. Poderá ser mãe ou pai pequeno.

Até o 3° grau, que veremos a seguir, as obrigações podem ser feitas sem, necessariamente, a autorização dos guias, pois até aqui os conceitos usados são apenas humanos, mas recomenda-se, naturalmente, que a entidade chefe da casa, determine sobre a época em cada médium estará pronto para cada uma delas.

4° Pronto: médium pode aspirar iniciação aos graus superiores; pode ser babalaô, também chamado de babá; ou ainda dirigente, também chamado de diretor espiritual; pode se iniciar no desenvolvimento esotérico na umbanda.

Neste estágio a tela búdica já deveria estar fechada, embora o médium ainda tenha restos de compromisso cármico e, portanto, ainda trabalhe no ritual da umbanda, embora não necessite mais passar pela mecânica da incorporação, entenda-se irradiação, que vai desaparecendo. Deverá estar se iniciando na comunicação mente a mente, através das posições vibradas do ritual esotérico da umbanda. Falaremos sobre esse assunto em outro capítulo.

Como se pode observar não é esta a realidade da umbanda atual, onde, por falta de interesse ou oportunidade de conhecimento, a maioria absoluta dos babalaôs e dirigentes não chegou nem perto do estágio requerido para o cargo. O mesmo se pode dizer dos pais e mães pequenos no estágio anterior.

Graus superiores de iniciação dos médiuns

1° Discípulo em provação: ainda não foi adotado pelo Mestre; não totalmente liberto da lei do carma. O mestre cria uma imagem artificial para ir observando o discípulo.

2° Discípulo das grandes mensagens do mundo astral: estágio intermediário onde o discípulo ainda está sendo observado pelo mestre.

3° Discípulo do Mestre: discípulo aceito ou instrumento do Orixá, usando completamente as 7 leis. Deve ser pleno nos seguintes atributos:

- vidência em 1° grau
- audiência perfeita
- clarividência perfeita
- intuição perfeita
- comunicação direta com as grandes entidades superiores, isto é, mente a mente

Neste estágio o médium pode se tornar Babalorixá, também chamado de Mago Branco da Lei Divina ou Pai da Divina Luz. Faz todo e qualquer serviço na umbanda e na magia; é um mago menor. Para se ter uma ideia, só existem 2 Babalorixás vivos no planeta, os quais não temos autorização para divulgar, embora pela cultura passada oralmente no meio umbandista, o termo seja largamente usado de forma incorreta.

Planos de desenvolvimento dos médiuns

1° Plano do protetor: plano probatório. Os entrechoques cármicos ainda são muito ativos; começa a trabalhar na umbanda de ritual mais popular, onde ainda se utilizam de recursos intermediários para ajudar na incorporação ou aquilo que chamam de transe mediúnico, como atabaques, palmas, danças etc., todos herança de cultos africanistas que se confundiram com a umbanda.

O médium sofre pois, teoricamente, é o início de sua caminhada; é aquilo que comumente ouvimos dizer: quase ninguém chega para desenvolver sua mediunidade pelo amor e sim, pela dor.

Pode levar várias vidas nesse plano. Nesta época, nas casas

deste tipo de ritual, o médium trabalha, sem saber, na linha de frente no combate à magia negra, prestando grande caridade à humanidade, o que ajuda a queimar seu carma pessoal.

2º Plano do guia: plano do carma evolutivo. Já está se libertando dos entrechoques cármicos; compreende a Lei e o Amor; pressente a Unidade e suas consequências de causa e efeito através do sofrimento e do serviço. Ainda sujeito às leis de causa e efeito.

Neste plano a mediunidade já está mais refinada e, portanto as entidades podem ministrar grandes ensinamentos a seus aparelhos, já desenvolvidos quanto à moral, intelectualidade e honestidade. Começa a compreender e poderia começar a trabalhar com rituais esotéricos na umbanda.

Os perigos neste plano são o dinheiro, a sexualidade e a vaidade, que causam grandes quedas. Falemos desses assuntos em capítulo próprio.

É uma etapa intermediária. É quando o médium se convence que não é um sábio e sim um simples intermediário e então, humilde e silencioso, como dizia Babajiananda, pode atingir o plano seguinte.

3º Plano do Orixá: plano do carma missionário ou plano do chefe de legião. O médium já tem sua tela búdica quase que completamente fechada.

A comunicação se dá mente a mente ou pela intuição perfeita. Muito eventualmente pela irradiação. O médium está esgotando o carma e saindo completamente do mecanismo mediúnico.

Observação
Como se vê, o médium pode ter todas as obrigações feitas e se auto intitular babalaô, babalorixá ou isto ou aquilo; se achar até mesmo um Iniciado, mas não ter saído ainda do plano probatório de desenvolvimento do protetor.

A vida particular do médium, seus hábitos, seu temperamento, seus defeitos, além da forma que sua mediunidade se manifesta e os tipos de rituais pelos quais ainda se sente atraído, costumam ajudar a perceber o plano de desenvolvimento no qual ainda se encontra. Não é possível enganar ou mistificar neste quesito.

Obrigações de cabeça

O cerimonial é semelhante ao do amaci, com a diferença que as ervas usadas são as relacionadas com a linha para a qual a obrigação está sendo feita e não apenas as ervas solares. Ver lista das ervas usadas ainda neste capítulo.

Aprenderemos aqui como se fazer a lista com a ordem das obrigações de cada médium, isto é, a sequencia de orixás na qual as obrigações serão feitas. Para a identificação dessa sequência usa-se o Calendário Egípcio e o Astroscópio, cujos modelos em tamanho maior, estão no final do capítulo. Embora pareça sofisticado, o uso de ambos é algo relativamente simples e se torna cada vez mais fácil com a prática. De qualquer maneira, o ideal seria que tais cálculos pudessem ser feitos pelo diretor espiritual da casa, juntamente com o médium, se ele desejar aprender.

Sabemos que o assunto é difícil, assim como a manipulação deste material, mas somente através dele o umbandista poderá ter certeza das obrigações que precisam ser feitas. Nenhuma entidade faz esse trabalho por nós. Sugerimos que se pratique bastante e que cada quadro levantado seja revisto pelo menos umas três vezes, pois os erros são muito comuns.

Se houver algum trabalhador que não passe pela mecânica da incorporação, o que é extremamente raro e que não necessita, portanto, fazer as obrigações de cabeça, em casos especiais, dependendo da função e responsabilidade especial do mesmo na casa, pode ou não ser realizada uma cerimônia especial a critério da entidade chefe, onde tem que ser providenciado:
- 1 alguidá, que é uma espécie de tigela, branco, de louça
- 12 rosas brancas
- 50 ml de vinho tinto seco
- 1 vela branca
- 1 madrinha ou padrinho

A cerimônia é bastante simples e parecida com a do amaci. O padrinho segura a vela e o médium segura o alguidá com o vinho. A entidade chefe do terreiro despetala as rosas sobre o vinho e usa essa mistura com sinais da cruz sobre a testa e o coração do médium.

Outra entidade, que não o guia chefe, pode se manifestar no médium que recebe o guia chefe e se tornar o padrinho espiritual. O mesmo pode acontecer no amaci.

É preciso lembrar que alguns trabalhadores não passam pela mecânica da incorporação não porque já estejam em algum estágio superior, mas simplesmente porque não aceitam ou tem medo, entre outras razões. Poderiam ser esclarecidos com bondade, mas caso continuem irredutíveis e sem apresentar sinais de sofrimento, podem trabalhar em funções auxiliares fora do abassá. Não fazem as obrigações de cabeça e tampouco o amaci. Mostramos a seguir modelos de astroscópio e do calendário egípcio.

Calendário Egípcio

Figura 10

Astroscópio

Figura 11

São 3 rodas superpostas, plastificadas e presas pelo centro com um pino ou alfinete para que possam girar umas sobre as outras. Ver no final do capítulo sobre sua montagem.

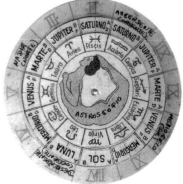

Calculando as obrigações na ordem que devem ser feitas utilizando o calendário egípcio e o astroscópio

1ª Obrigação - plano do protetor: é o 1° plano de desenvolvimento do médium. Esta obrigação significa a confirmação do médium e sua aceitação pelo orixá correspondente. Fixa a vibração deste orixá no médium. É a primeira obrigação de cabeça do médium. Veremos a fórmula de se descobrir o plano do protetor abaixo.

Usando o calendário Egípcio

No Calendário Egípcio usa-se a Tábua dos Estados de São Paulo e do Rio de Janeiro. São anotadas a data e hora exata do nascimento do médium. Com uma régua traçasse uma reta entre a data do nascimento até o horário do nascimento.

Vamos encontrar a primeira obrigação de um médium fictício. Por exemplo:
- **nascimento: 23/10/1948 às 18:00 horas**

Partindo-se do dia do nascimento, na parte de cima do calendário, onde estão os meses, trace, com o auxílio de uma régua, uma reta até o horário do nascimento, na parte de baixo do calendário, onde estão as horas. Verifique que existem seis divisões em cada mês o que significa que cada uma delas corresponde a cinco dias do mês; calcule o local do dia desejado.

Vai se observar que no chamado meio do céu, que fica no meio do calendário, a reta passará por uma linha onde estão grafadas duas sequências de signos, superior e inferior. A reta passará entre dois signos; observe os símbolos; eles estarão todos disponibilizados neste capítulo. O de cima representa o chamado ascendente e o de baixo o chamado do meio do céu.

Resultado neste caso:
- **signo ascendente: Áries**
- **signo do meio do céu: Capricórnio**

Mostramos a seguir um pedaço aumentado do calendário sendo utilizado com a régua.

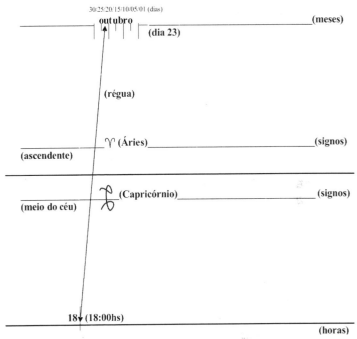

Figura 12

É preciso muita atenção e cuidado ao colocar a régua, pois qualquer erro muda toda a informação e os sinais grafados estão muito perto uns dos outros. Sugerimos grande ampliação do calendário egípcio e do astroscópio.

Usando o astroscópio

O signo ascendente é representado no Astroscópio pela 1ª roda de dentro para fora, que é a menor. Girasse o astroscópio até se colocar o ascendente encontrado na Tábua Egípcia no ascendente do astroscópio, que é a 3ª roda de fora para dentro, a maior.

A seguir roda-se a 2ª roda, a do meio, do astroscópio até se chegar ao planeta sagrado correspondente do signo ascendente.

Umbanda um Novo Olhar 81

Resultado nesse caso:
- **planeta sagrado de Áries: Marte B**
É preciso atenção, pois do lado direito do nome do planeta sagrado existem grafadas duas pequenas letras. Valem as de cima, que podem ser A ou B.
- A significa: dia e é usada quando a pessoa nasceu de dia.
- B significa: noite e é usada quando a pessoa nasceu de noite.

Nos planetas sagrados Sol e Lua as letras aparecem ao lado do nome do planeta, o que é irrelevante pois eles só aparecem uma vez no astroscópio; mesmo porque esses planetas correspondem cada um a apenas um orixá, respectivamente Oxalá e Yemanjá.

A seguir virasse o astroscópio de cabeça para baixo sem deixar que as posições encontradas até o momento se mudem e vai se encontrar o descendente do astroscópio.

Resultado nesse caso:
- **signo descendente: Libra**
Foi encontrado na 1ª roda, que é a menor.

A seguir verificasse o planeta sagrado correspondente ao descendente do astroscópio, na 2ª roda, que é a do meio.

Resultado nesse caso:
- **planeta sagrado do descendente do astroscópio: Vênus**
A seguir verifica-se qual é o Orixá correspondente ao planeta sagrado, usando a tabela disponibilizada neste capítulo.

Resultado nesse caso:
- **orixá correspondente a Vênus: Oxossi**
Resultado final neste médium fictício:
- **plano do protetor: Oxossi.**
A 1ª. obrigação de cabeça será feita para Oxossi.

2ª Obrigação - plano do guia: é o 2° plano de desenvolvimento do médium.

É a mesma coisa. Cada obrigação vai permitindo ao médium ser aceito pelo orixá correspondente e vai fixando a sua vibração no médium. No caso desta 2ª obrigação para se saber qual é o plano do guia, seguem-se os mesmos passos do plano do protetor até se encontrar os signos do meio do céu e do as-

cendente no Calendário Egípcio. Usa-se o do meio do céu.
Usando-se o exemplo do mesmo médium fictício já temos:
- **signo do meio do céu: Capricórnio**
A seguir procurasse o orixá correspondente ao signo encontrado na mesma tabela disponibilizada no final do capítulo.
Resultado nesse caso:
- **orixá correspondente a Capricórnio: Yorimá**
Resultado final neste médium fictício:
- **o plano do guia: Yorimá.**
A 2ª. obrigação de cabeça será feita para Yorimá.

3ª Obrigação - plano do orixá: é o 3° plano de desenvolvimento do médium.
É a mesma coisa. Neste caso, para se saber o plano do orixá, seguem-se os mesmos passos do plano do protetor até se encontrar os signos do meio do céu e do ascendente no Calendário Egípcio. Usa-se o ascendente.
Usando-se o exemplo do mesmo médium fictício já temos:
- **signo ascendente: Áries**
A seguir procurasse o orixá correspondente ao ascendente encontrado na mesma tabela usada anteriormente.
Resultado nesse caso:
- **orixá correspondente a Áries: Ogum**
Resultado final nesse médium fictício:
- **plano do orixá: Ogum.**
A 3ª. obrigação de cabeça será então feita para Ogum.

Demais obrigações de cabeça

Simplesmente segue-se a ordem dos orixás restantes e subsequentes a partir da 3ª obrigação, pulando as que já foram feitas e usando-se a tabela disponibilizada a seguir.
Usando-se o mesmo médium fictício já temos:
- **1ª. Obrigação: Oxossi**
- **2ª. Obrigação: Yorimá**
- **3ª. Obrigação: Ogum**

Umbanda um Novo Olhar 83

Resultado final nesse caso:
- 4ª obrigação: Xangô
- 5ª obrigação: Yemanjá
- 6ª obrigação: Yori
- 7ª obrigação: Oxalá

Ordem normal dos orixás:
Oxalá
Ogum
Oxossi
Xangô
Yemanjá
Yori
Yorimá

Tabela dos planetas sagrados, signos e orixás (Figura 13)

Planetas sagrados	Signos zodiacais	Orixás
Sol	Leão	Oxalá
Marte	Aries e Escorpião	Ogum
Vênus	Libra e Touro	Oxossi
Júpiter	Peixes e Sagitário	Xangô
Lua	Câncer	Yemanjá
Mercúrio	Gêmeos e Virgem	Yori
Saturno	Capricórnio e Aquário	Yorimá

Observação

Apresentamos a seguir um modelo de quadro das vibrações e planos de desenvolvimento dos médiuns de uma casa de umbanda. São informações necessárias para o acompanhamento das obrigações de cabeça dos médiuns pelo diretor espiritual, que deve ser o que faz e controla essa atividade.

Quadro dos planos de desenvolvimento dos médiuns

	Médium 1	Médium 2	Médium 3	Médium 4	etc.
Data e hora do nascimento	12/10 21:30hs	24/03 06:00hs	18/09 11:00hs	21/02 11:00hs	
Signo e decanato	Libra 3°	Aries 1°	Virgem 3°	Peixes 1°	
Regente do decanato	Vênus	Marte	Mercúrio	Saturno	
Vibração original (para o amaci)	Oxossi	Ogum	Yori	Xangô	
1° plano protetor	Xangô	Yori	Yori	Ogum	
2° plano guia	Yemanjá	Xangô	Xangô	Yorimá	
3° plano orixá menor	Yori	Yorimá	Yorimá	Oxossi	
Agente mágico guardião	Marabô	Tranca Rua	Tiriri	Giramundo	
Obrigações que já foram feitas	1.Xangô 5. 2.Yemanjá 6. 3. 7. 4.	1.Yori 5. 2.Xangô 6. 3.Yorimá 7. 4.	1.Yori 5. 2.Xangô 6. 3. 7. 4.	1. 5. 2. 6. 3. 7. 4.	
Amaci (data)	abril/1997	junho/1999	abril/1997	junho/2002	
Pai e Mãe Pequenos (data de entronização)	março 2005		março/2005		
Ordem e data das obrigações. Obs: Quando 2 planos são idênticos, o que pode acontecer, não se repete a obrigação, indo ao orixá seguinte	Orixá Data Xangô julho/99 Yemanjá junho/03 Yori Yorimá Oxalá Ogum Oxossi	Orixá Data Yori dez/99 Xangô junho/02 Yorimá mar/04 Oxalá Ogum Oxossi Yemanjá	Orixá Data Yori julho/99 Xangô junho/03 Yorimá Oxalá Ogum Oxossi Yemanjá	Orixá Data Ogum Yorimá Oxossi Xangô Yemanjá Yori Oxalá	
Coroação (data)					

Figura 14

Ervas e plantas das 7 linhas de umbanda

Oxalá - ervas regidas pelo Sol: Arruda, Arnica, Erva Cidreira, Erva de São João, Folhas de Laranja, Alecrim do Mato, Alecrim Miúdo, Hortelã, Folhas de Levante, Erva de Oxalá, Folhas de Girassol, Folhas de Bambu.

Ogum - ervas regidas por Marte: Losna, Comigo-Ninguém-Pode, Folhas de Romã, Espada de Ogum, Lança de Ogum, Cinco Folhas, Macaé, Folhas de Jurubeba, Erva de Coelho, Erva de Bicho ou Jurupitan.

Oxossi - ervas regidas por Vênus: Malva Rosa, Malvavisco, Mil Folhas, Sabugueiro, Funcho, 7 Sangrias, Folhas de Aroeira, Azedinho, Folhas de Fava de Quebrante, Gervão Roxo, Grama Pernambuco, Grama Barbante.

Xangô - ervas regidas por Júpiter: Folha de Limoeiro, Erva

Moura, Aperta Ruã, Erva Lírio, Maria Preta, Folhas de Café, Folhas de Mangueira, Erva de Pipi.

Yemanjá - ervas regidas pela Lua: Unha de Vaca, Picão do Mato, Folhas de Lágrimas de Mamãe Oxum ou Lágrimas de Nossa Senhora, Erva Quaresma, Mastruço, Folhas de Trevo, Chapéu de Couro, Açucena, Folhas de Rosa Branca, Pariparoba, Erva de Santa Bárbara.

Yori - ervas regidas por Mercúrio: Folhas de Amoreira, Folhas de Anil, Erva Abre Caminho, Alfazema, Suma Roxa, Folhas de Quina Roxa, Capim Pé de Galinha, Salsaparrilha, Arranha Gato, Manjericão.

Yorimá - ervas regidas por Saturno: Mal-Com-Tudo, Guiné Pipi, Negra mina, Folhas de Tamarindo, Folhas de Eucalipto, Cipó Caboclo, Cambará, Erva Grossa, Vassoura Preta, Vassoura Branca.

Chakras

Chakra é uma palavra originária do sânscrito, que por sua vez é originado da língua dos deuses, o devaganari, e que quer dizer roda. São centros de força localizados no duplo etérico, usando um modelo espiritualista, por onde flui a energia vital ou prana, de um corpo a outro do homem, desde os mais sutis aos mais densos. São visíveis aos clarividentes como pequenas rodas que giram a velocidades constantes e que se assemelham a uma flor, com diferente número de pétalas e cores em cada um deles. Eles se interligam por canais denominados nadhis.

Quanto mais evoluído o homem mais rapidamente e de forma mais equilibrada eles giram, pois por eles fluem uma maior quantidade de energia, se tornando maiores para equilibrar as diversas formas de experimentação do ser, isto é, a física, a espiritual, a intelectual e a emocional.

Daí a expressão que para evoluir o homem precisa ativar mais, fazer girar seus chakras. Na umbanda de desenvolvimento esotérico eles são traçados em diferentes ocasiões em pontos riscados ou nas obrigações visando também esse objetivo.

Colocamos aqui a grafia dos chakras, da forma que deve ser grafada no pano branco durante as obrigações de cabeça dos médiuns. Também podem ser estudados os Orixás relacionados e as cores correspondentes.

Na figura da próxima página o chakra no centro dos triângulos é considerado o 1°. O do topo é o 2°. E no sentido horário a partir desse teremos o 3°, o 4°, o 5°, o 6° e o 7°. Esta ordem de Orixás é usada não apenas na abertura dos trabalhos, quando se faz saudação às 7 linhas de umbanda com os pontos cantados, dos quais falaremos em outro capítulo, mas também é usada para saber a ordem das obrigações a partir da 4ª.

Temos então:

1° Chakra coronário – Oxalá – Branco: permite a continuidade da consciência no mundo astral.

2° Chakra esplênico – Oxossi – Azul: permite a recordação da viagens astrais.

3° Chakra frontal –Yemanjá – Amarelo: permite o despertar da clarividência.

4° Chakra sacro – Yorimá – Anil ou Índigo: é o que leva a um principio de iluminação.

5° Chakra laríngeo –Yori – Laranja: permite o despertar da clariaudiência.

6° Chakra cardíaco – Xangô – Verde: desperta a consciência para as alegrias ou dores dos outros.

7° Chakra plexo solar – Ogum - Vermelho: permite viagens astrais conscientes.

Grafia dos chakras

O 1° desenho a seguir é o usado na capa do livro *Umbanda, essa desconhecida - umbanda esotérica e cerimonial*, de Roger Feraudy, onde se veem os 7 chakras grafados em volta dos triângulos sobrepostos, que formam a estrela, em suas cores originais. O 2° é o grafado pessoalmente por ele.

Errata: na capa do livro a figura ao lado do chakra esplênico, o azul, deveria ser um hexágono e não um círculo e também este chakra deveria estar grafado com três riscos transversais e não apenas um como foi feito.

Umbanda um Novo Olhar 87

Capa do livro

Figura 15

Manuscrito Roger Feraudy

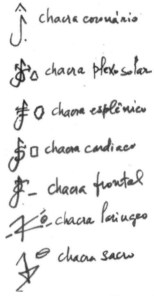

Figura 16

Montagem do astroscópio

As três rodas devem ser recortadas, plastificadas e sobrepostas, e depois fixadas por um pino no centro, como um alfinete, por exemplo.

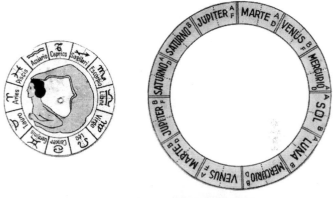

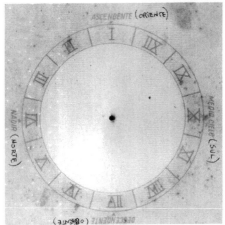

Figura 17

Astroscópio montado

As rodas foram plastificadas e presas com o alfinete e as palavras escritas por fora da 3ª roda, a maior, que são os pontos cardeais, foram copiadas para dentro: meio do céu, nadir, ascendente e descendente. Se desejar a 3ª. roda poderá ser deixada no seu formato original, que é o retângulo. Nesta figura também se pode observar claramente os símbolos usados para os signos.

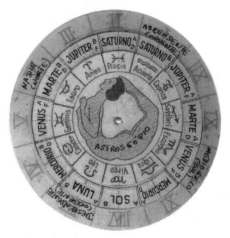

Figura 18

Calendário egípcio
Tábua de São Paulo e Rio de Janeiro

O ideal é ampliar para o tamanho para o de uma folha A4 ou maior. Quanto maior mais fácil para ser usado. A figura foi retirada do livro *El Astro-horóscopo Instantâneo - Calendário Egípcio*, de Shedir-Ananda.

Para Chile — Tabla 2

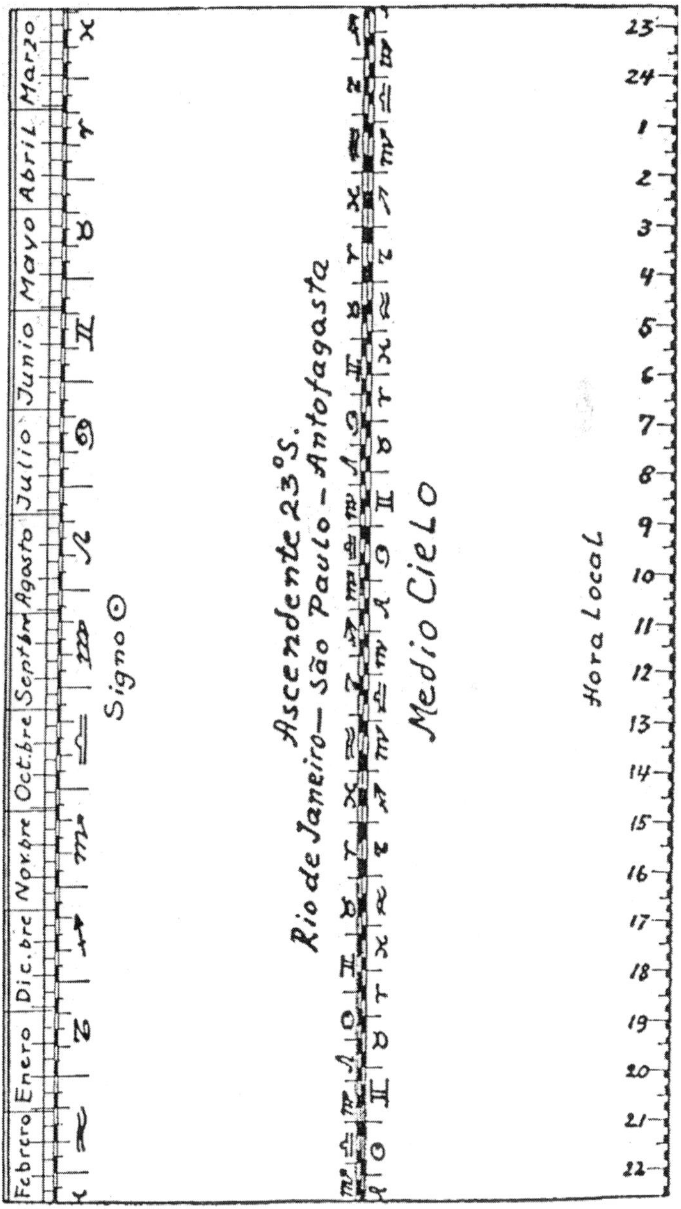

Figura 19

Capítulo 5

Ritualística

Iª. parte

Neste capítulo comentaremos sobre as atividades do dia a dia dos trabalhos de umbanda, tão necessárias de serem mais bem compreendidas. Nada na umbanda é ou deve ser por acaso. Além disso, entre outras coisas, nomearemos e explicaremos objetos, elementos da natureza, locais, rituais e procedimentos usados na umbanda. Os assuntos serão separados por itens apenas para uma compreensão didática e sem uma ordem específica.

1. Gongá: significa lugar alto ou altar e é só um oratório. No altar devem ser colocados:
 - Flores: de qualquer tipo. Apenas um pequeno buquê num vaso pequeno, branco ou incolor; elas são usadas apenas como uma homenagem às entidades manifestadas na casa. Algumas casas colocam vários vasos, mas não é necessário. Em algumas casas existe o costume de se dar flores ao consulente, mas isso não deve ser incentivado, pois elas acabam sendo tidas como objetos de devoção, o que não corresponde à verdade, pois é apenas uma demonstração de carinho.
 - Velas: em número impar; 03 em festividade e 01 em trabalho normal; são acesas antes do início dos trabalhos pelo cambono e para dar o equilíbrio aos mesmos, sempre com um copo de água ao lado de cada uma. O fogo representa o princípio, pois o universo é o fogo que se transforma e a água representa o fim e, portanto, fogo e água unem o positivo e o negativo.
 - Tábua com o ponto riscado da entidade chefe. O ponto deve

ser riscado com giz ou pemba em uma tábua de madeira pequena, sem pintura e quadrada, de 30 ou 40 cm de cada lado e deve ser colocado em pé, encostado na parede do fundo do altar, ao lado da imagem de Oxalá, se houver, que deve ser centralizada.
- Imagem ou estátua pequena de Oxalá: existem casas onde estátuas não são mais usadas, o que depende apenas do costume.
- Toalha: uma toalha branca e simples deve cobrir o gongá onde os objetos vão ser colocados. Pode ser confeccionada de pano simples, fino e suas bordas devem ser curtas na frente, para não atrapalhar a visualização do otá e podem ir até o chão em ambos os lados.

Observação
Nada mais deve ser colocado em cima do altar. Nem mesmo outras estátuas, representando as linhas da umbanda. Existem casas onde são colocados outros artefatos de trabalho ou não, como cumbucas, caixas com charutos, velas, guias, cristais, papéis, canetas, pembas, copos, garrafas com água para uso dos médiuns etc., mas tudo isso deve ser evitado. O cambono leva nos bolsos o que achar necessário e o resto simplesmente vai buscar no depósito se lhe for solicitado. Aliás, é bom lembrar que com exceção do médium chefe, apenas o cambono pode sair do abassá durante os trabalhos.

2. Otá: significa lugar sagrado e é onde são feitas as seguranças do guia chefe da casa. Fica embaixo do Gongá, mas sem que os objetos ali colocados toquem o solo. O ideal é que o otá fique de 5 a 10 cm acima do solo. Os elementos da natureza são trocados cada 21 dias. Antes da abertura dos trabalhos as cortinas que fecham o local são abertas pelo cambono chefe. A cortina exterior é branca e a interior é confeccionada com a cor do orixá da vibração original do chefe da casa. Ao final a vela é apagada e as cortinas devem ser fechadas novamente.
Tanto objetos quanto elementos da natureza servem para firmeza da entidade chefe, que atua nessa região e nesses objetos imantados; agem como imãs que absorvem e eliminam energias e vibrações; absorvem as positivas e eliminam as negativas. Neste local de segurança devem ser colocados:

- 1 cumbuca pequena com água e sal: as entidades usam um ou outro elemento da natureza, o que for melhor, para descarregar as energias negativas.

- 1 cumbuca pequena com 3 favas tipo olho de boi: é um catalisador específico que absorve toda a energia negativa até rachar, quando saturados.

- 1 vela com água ao lado: como já foi dito representam o equilíbrio. O principio e o fim; o positivo e o negativo.

- 3 espadas de ogum: são catalisadores de energia e atuam da mesma maneira que as favas.

- 1 triangulo equilátero, plano. Não é necessário que seja em três dimensões. Deve medir mais ou menos 10 cm em cada lado e ser confeccionado com o metal do orixá da vibração original do chefe da casa. Os lados podem ser vazados. Serve para a mesma coisa dos elementos anteriores. No caso de Oxalá pode ser confeccionado com um pano branco em vez de ouro.

- 1 tábua de madeira quadrada, de mais ou menos 30 cm de cada lado, sem pintura, com o ponto riscado ou escudo do agente mágico relativo à vibração da entidade chefe da casa. Deve ser colocada de pé, encostada na parede do fundo, voltado para o abassá, atrás das cumbucas.

- toalha: também o otá poderá ser coberto com uma toalha branca, simples, curta, sem tocar o chão. Os objetos são colocados em cima.

Observações

- O altar, com o otá embaixo, pode ser confeccionado tanto em alvenaria como em madeira. Pode ser de qualquer tamanho, mas não necessita ser maior que 1 ou 2 metros de extensão. É como se fosse apenas uma mesa alta com uma prateleira quase perto do chão embaixo dela, em toda sua extensão.

- As cumbucas usadas geralmente são pequenas; devem medir mais ou menos 10 cm de diâmetro e serem feitas de cerâmica branca.

3. Assentamento do agente mágico: é o local usado para a segurança de toda a casa. Informações detalhadas sobre agentes mágicos ou exus podem ser vistos no capítulo próprio.

É feito com uma pequena caixa de madeira quadrada de aproximadamente 60 cm por 60 cm, com 15 cm de altura, pintada de cinza. Da mesma forma que no Otá, onde os objetos e os 5 elementos da natureza lá colocados servem para a firmeza do guia chefe, no assentamento estão as firmezas dos agentes mágicos para toda a casa. O assentamento é colocado no chão, do lado de fora da entrada do abassá, que é o local onde os médiuns atendem. Não se deve confundir a entrada do abassá, onde está o assentamento do agente mágico com a porteira da casa, que é a sua entrada principal. Muitas vezes é necessário que seja protegido por uma pequena cerca para que as crianças não mexam.

A caixa é coberta por um pano cinza na tonalidade do agente mágico correspondente, que deverá ser retirado pelo cambono chefe antes do início dos trabalhos; a cada orixá corresponde um agente mágico, com seu tom de cinza específico. Como as diferenças são sutis entre essas cores, sugerimos um tom de cinza claro. Ao final dos trabalhos a vela é apagada e a caixa coberta novamente. No assentamento devem ser colocados:

- terra das matas ou de cachoeiras: um ou dois dedos de terra, apenas para cobrir o fundo da caixa. É o 1º elemento.
- 3 flores lunares: dália, rosa, orquídea, copo de leite ou outra que estiver disponível.
- 1 pedra virgem de mais ou menos 10 cm, imantada na vibração do orixá no qual a casa está firmada. Lembrar que a casa deve ser imantada na vibração original do médium que recebe o guia chefe. Ela concentra e dispersa energias de magia.
- 1 cristal pequeno, de 1 ou 2 cm, da cor do orixá no qual o terreiro é firmado. Tem a mesma função.
- 1 cumbuca pequena com álcool ou éter, que é o 2º elemento. É o elemento volátil que difunde a magia dos Agentes Mágicos. Usam-no para difundir a magia, da mesma forma que alguns médiuns usam o charuto, pois a fumaça quente nada mais é que o elemento fogo direcionado. A água contida no álcool é o 3º elemento.
- 1 vela acesa, com o copo de água ao lado: fogo, que é o 4º elemento. Tem a mesma função. Juntamente com o fogo está o ar, que é o 5º elemento. E no copo de água novamente o 3° elemento.

- 1 pequeno metal também da vibração original do médium chefe, para ligar o agente mágico ao orixá que o comanda.
- 1 tábua quadrada, sem pintura e pequena, de 12 cm por 12 cm, mais ou menos, para caber na caixa, com o escudo riscado do Agente Mágico correspondente à vibração do médium chefe da casa e que deve ser colocada de pé, ao fundo.

Recapitulando:
1º elemento: terra
2º elemento: álcool ou éter
3º elemento: água
4º elemento: fogo
5º elemento: ar

Observação
Todos os objetos usados são, de certa forma, simbólicos. Os elementos da natureza ainda são usados para ajudar o médium em sua tarefa, catalisando e dispersando energias. Nada disso seria necessário se os médiuns conseguissem mentalizar no astral a magia desejada. Na umbanda que já atua com o desenvolvimento esotérico essa mentalização é o que se espera dos médiuns num futuro próximo. Espera-se que toda a magia se dê no astral e coletivamente, atingindo toda a humanidade e não se façam mais necessários atendimentos individuais e rituais. No penúltimo capítulo deste livro estaremos apresentando noções básicas do início de um desenvolvimento esotérico.

4. Uniformes: os médiuns não devem vir com o uniforme e nem sair com ele, porque é uma roupa cerimonial imantada a cada novo trabalho pelos guias e protetores. Tudo deve ser preparado antes e tem que ser tratado com respeito.

Deve ser totalmente branco, inclusive os sapatos, que devem ser exclusivos para os trabalhos e não devem vir calçados, trazendo todo tipo de energia negativa com eles. A cor branca em todo o uniforme tem apenas a função de neutralidade e nada mais. Não é sinal de pureza ou de qualquer outra coisa que se pense.

O ideal é um uniforme simples, composto de calça comprida confortável e jaleco curto. Pode ser bordado o logo do centro no bolso superior. Nada mais é usado em nenhum tipo de trabalho, isto é, na umbanda não se usam fantasias, saias, acessórios, chapéus, turbantes, faixas etc. Sobre as guias falaremos mais adiante.

5. Defumação: é feita com fogo ou, mais facilmente, com flores secas ou ainda com ervas secas, usando-se um defumador ou turíbulo. Serve para queimar os miasmas e limpar os fluídos deletérios do ambiente. Faz-se a limpeza da casa, dos médiuns e da assistência, que deve se colocar em pé. É feita pelos cambonos. Um leva o defumador, que deve ser o menor possível para que a fumaça não incomode as pessoas eventualmente doentes e que foi preparado com antecedência ao início dos trabalhos, e um segundo o acompanha com um copo de água sempre lembrando a lei do equilíbrio do fogo e da água e que a fumaça é o fogo direcionado.

Em primeiro lugar defuma-se o gongá. Depois o abassá, cruzando-se os quatro cantos. Depois o médium chefe do terreiro seguido dos demais médiuns e cambonos. Na sequência defuma-se a assistência, passando-se apenas pelos corredores. Ao final o turíbulo é deixado para terminar de queimar ao lado da porta de entrada da casa, do lado de dentro, que é a verdadeira porteira, ao contrário do que se pensa. Reforçamos este ponto, pois muitos umbandistas acreditam que a porteira é a entrada do abassá.

Os movimentos de defumação devem ser discretos, apenas espargindo a fumaça dos dois lados do local ou da pessoa. No caso dos médiuns e cambonos devem ser defumados tanto pela frente como por trás.

6. Passos para a abertura dos trabalhos:
1º Formação dos médiuns e abertura das cortinas ou biombos do abassá, se existirem. Em algumas casas existe esse costume, mas depende apenas de sua tradição, não sendo indispensável.

Se for possível, na formação dos médiuns, os mais antigos ou mais desenvolvidos deveriam ser colocados nas pontas de dois triângulos imaginários sobrepostos de forma invertida para firmar a corrente. O desenho é mostrado no capítulo sobre os orixás. Esses médiuns estariam formando a estrela de 6 pontas, representando os orixás, com Oxalá ao centro, mentalizando a mesma e seu significado.

Na frente do altar, que seria a ponta de cima de um desses triângulos, se posiciona o babalaô e na ponta oposta do outro triângulo, que deve ser a entrada do abassá, se posicionaria o pai ou a mãe pequena, ou melhor ainda, se possível, o diretor espiritual da casa. Todos voltados para o centro do abassá.

2º Riscar ponto da entidade chefe da casa pelo médium chefe caso não tenha sido deixado permanentemente riscado na tábua em cima do altar.

Observação
Mais informações sobre pontos riscados podem ser lidos em capítulo próprio.

3º Acender vela ou velas do gongá, do otá e do assentamento dos agentes mágicos. Pode ser feito por qualquer médium, mas de preferência pelo cambono chefe; na maioria das vezes o diretor espiritual da casa atua nessa função para auxiliar o treinamento dos cambonos e também dos médiuns. Mas é muito comum acontecer ele não encontrar cambonos com conhecimento ou interesse suficiente de aprendizado para substituí-lo nessas tarefas. Embora as tarefas de um cambono pareçam simples e rotineiras, ele precisa compreender o significado magístico de sua função, sua importância primordial para o funcionamento do centro e em cada tarefa enquanto as realiza. Falaremos mais sobre os cambonos adiante.

4º Momento de harmonização para o público. Consiste em breve explanação de 5 a 10 minutos, no máximo, sobre o ritual, sobre a caridade do dia, sobre a função de amor da umbanda e sobre outros temas relacionados. Deve ser feito pelo diretor espiritual ou por alguém designado por ele. Esse momento é feito com os médiuns em estado de prece, se preparando para a importância dos trabalhos que vão se iniciar e o público em silêncio.

5º Prece de Abertura, que é o Pai Nosso da Umbanda. Os médiuns se voltam para o Gongá e assistência é convidada a ficar em pé. Pode ser feita por qualquer médium; de preferência um dos cambonos.

Observação

As preces estão disponibilizadas no capítulo sobre pontos cantados.

6º Mantra da umbanda para harmonização do ambiente. Trata-se do AUM, que é o som sagrado na tônica Dó. Ambas as sílabas devem ser entoadas de forma longa, baixa e na mesma tonalidade. Não é um procedimento indispensável; depende de quanto a casa já pensa em trabalhar com umbanda esotérica.

Um médium, se possível o Ogã da casa, entoa o mantra sozinho uma vez, dando o tom e depois os demais juntos, por 3 vezes. A assistência já está sentada novamente e os médiuns conservando a formação inicial, mas já voltados para o centro do abassá. Mãos unidas ao peito.

7º Mentalização de campos geométricos de proteção em forma de pirâmide, sobre toda a casa, formados com o auxílio de pulsos magnéticos. O diretor espiritual dá a ordem da mentalização e conta até 7 lentamente, mas com energia, estalando os dedos, para a formação dos pulsos magnéticos e os demais médiuns apenas mentalizam a formação da pirâmide sobre a casa. Não é também um procedimento indispensável; novamente depende apenas de quanto a casa já pensa em trabalhar com umbanda esotérica.

8° Ponto de evocação de agentes mágicos ou exus. Deve ser o agente mágico relacionado com a entidade chefe da casa. Por exemplo: se a entidade chefe for da vibração de Ogum, o agente mágico será um dos chamados exus batizados, no caso Tranca Rua, que é o desdobramento de um dos 7 chamados Exus Guardiões que leva o mesmo nome. Esse procedimento independe do nome dado pelo exu que se manifesta pelo médium chefe.

De qualquer maneira, é preciso atenção, pois desse desdobramento, exu batizado, para baixo, eles não devem ser nunca invocados em ritual de abertura. E dos chamados exus pagãos, para baixo, não deveriam nunca ser invocados na umbanda. É preferível não trabalhar com agentes mágicos, se não se tem certeza do que está acontecendo ou de quem se trata realmente, que correr o risco de estar dando passividade para falsos exus, os chamados compadres e comadres, todos com nomes estranhos e que nada tem a ver com a verdadeira umbanda; existem até os muito conhecidos, como Zé Pilintra, que de fato não é um agente mágico ou exu, como muitos pensam.

Observação
Pode se saber mais a respeito dos Agentes Mágicos em capítulo próprio.

9° Ponto de saudação à entidade chefe do terreiro, caso não seja ela que se manifeste no médium chefe pois, se for, será saudada no ponto de descida normal. Se a entidade chefe for da vibração de Yori, por exemplo, não virá para dirigir os trabalhos, pois entidades dessa linha, assim como as de Yorimá, os pretos velhos, não assumem a direção dos trabalhos de caridade, nem mesmo em sua própria gira. Na verdade o habitual é que caboclos de Oxossi o façam. Falaremos mais desse assunto adiante.

10° Defumação: deve ser feita a partir do gongá e otá, passando pelo abassá, e depois pelos médiuns e assistentes, nessa ordem. É feita enquanto é cantado o ponto de defumação.

11° Pontos cantados de saudação das 7 Linhas de Umbanda na seguinte ordem:
- Oxalá
- Ogum
- Oxossi
- Xangô
- Yemanjá
- Yori
- Yorimá

12° Pontos de Homenagem. No caso da FGC:
- Caboclo das 7 Encruzilhadas, que é um dos corpos de ilusão de Thamataê.
- Pai Tomé, que é uma entidade criada por Babajiananda, pelo poder de kryiashaktki, isto é pelo poder de criação mental. Não confundir com formas pensamento ou artificiais.

Observação
A história dessas entidades pode ser lida no capítulo sobre as origens da umbanda e nos livros recomendados.

13° Pontos de descida dos guias e protetores. Exemplos de

pontos cantados da FGC são mostrados em capítulo próprio.
Pela ordem:
- Ponto de descida do guia chefe ou de seu preposto; algumas vezes, como já falamos, o chefe de cabeça do babalaô pode ser da vibração de entidades que não costumam tomar a chefia da casa, como Yori, Yorimá, Yemanjá, entre outras. Isso depende, naturalmente, da vibração original do médium. Durante o ponto o babalaô recebe a entidade e, geralmente, cumprimenta os médiuns e cambonos um a um.

Observação
É sempre bom reforçar que mesmo quando a caridade do dia for de Pretos Velhos, caso a casa tenha o costume de fazer gira nessa vibração, o guia chefe ou seu preposto, caso o chefe seja de linha que não assume a direção como foi falado, abre os trabalhos da mesma forma. Pretos velhos não gostam dessa tarefa; depois disso o guia chefe, que é sempre uma entidade na manifestação forma de um caboclo, sobe para que a entidade da linha de Yorimá que se manifesta no babalaô possa descer. Depois esse mesmo caboclo volta para fazer o encerramento dos trabalhos.
- Pontos de descida das demais entidades que atendem os consulentes.

Observação
Outras entidades, de outras linhas, podem eventualmente se manifestar durante os trabalhos, para um trabalho específico, como uma demanda, por exemplo, com a autorização do guia chefe, inclusive agentes mágicos. Lembrando sempre que a linha que costuma atender os consulentes é a de Oxossi. Toda a atividade da gira para até que esse trabalho seja encerrado.

7. Consulentes: Recebem fichas numeradas ao chegar. Cada pessoa pode pegar apenas uma ficha, que é individual, pois isso evita um comércio de fichas entre os consulentes. Elas são trocadas posteriormente por outras, por um cambono, também numeradas, mas com os nomes das entidades ou, de preferência, dos médiuns que vão atender cada um. Esse procedimento simples evita problemas na ordem dos atendimentos.

Por outro lado, caso conste o nome dos médiuns, é sempre um desafio à vaidade dos mesmos, o que é sempre bom, além de fazê-los lembrar que estão apenas irradiados pelos guias e protetores; estão decodificando seu pensamento, participando ativamente do que é falado, o que aumenta sua responsabilidade e os tira daquela situação cômoda: foi o guia que disse. Pode ser lido mais sobre esse assunto no capítulo de mediunidade.

Os consulentes são chamados em ordem, através da exposição do número de sua ficha, de preferência não verbalmente, em uma lousa ou quadro magnético, para que fiquem atentos e concentrados nos trabalhos. Além disso a chamada dessa maneira ajuda a manter o silêncio, pois afinal, trata-se de um templo religioso. A porta da casa é aberta apenas meia hora antes do início dos trabalhos para a distribuição das fichas de chegada e entrada dos consulentes. A organização de eventuais filas do lado de fora fica por conta dos próprios consulentes, o que evita uma atitude paternalista e força uma convivência de solidariedade. As fichas de atendimento são trocadas com os consulentes já sentados na plateia, de maneira discreta e organizada. Eles terminam por se acostumar com o ambiente de serenidade da casa.

Os médiuns atendem um número igual de consulentes e se alguém não consegue a ficha desejada é orientado a escolher outra entidade ou médium naquele dia. São todos instados a perceber que se trabalha da mesma maneira dentro da casa, o que significa que não há porque ficar desgostoso se isso ocorrer. Quebra-se o paradigma, tão comum na umbanda que tal guia ou médium é mais forte ou poderoso. Tal providencia evita que pessoas cheguem horas antes, temendo não ser atendidos por esta ou aquela entidade ou médium. Isso também evita que um médium tenha grandes filas, o que deixa de existir já que todos vão atender um mesmo número de pessoas.

8. Encerramento: São cantados os pontos de subida das entidades. O último a subir é o guia chefe. Os pontos vão sendo cantados na medida em que os médiuns vão terminando seus atendimentos, devendo cada um pedir autorização do guia chefe antes disso. A subida de cada entidade é feita na frente do gongá e a seguir o médium volta para seu lugar na formação, onde permanece em silêncio e em prece enquanto os demais terminam seus atendimentos.

Para finalizar é feita a prece de encerramento, que é o Pai Nosso de Ay-Mhoré. O trabalho termina aí. Não se canta ponto de fechar gira. Isso só acontece quando o terreiro for ficar parado muito tempo, como em férias, por exemplo.

2ª. parte

Nesta segunda parte mostraremos outras atividades do dia a dia de uma casa de umbanda.

1. Banhos: de limpeza ou proteção. Pode ser feito pelos médiuns antes ou depois do trabalho no terreiro. O médium sente quando precisa e não há um ritmo determinado de frequência. Depende de cada um. Se a entidade recomendar banho para o consulente, ele deve ser encaminhado para o cambono orientar. Além da orientação sobre o benefício e razões, ele também entregará por escrito ao consulente a orientação de como fazer. O cambono orientará também quanto às ervas e pontos cardeais. Se for difícil para o consulente, a parte relativa aos pontos cardeais pode ser desconsiderada. Tanto a relação de ervas quanto a dos pontos cardeais estão em capítulo próprio.

Deverão haver folhetos prontos para serem entregues aos consulentes, como no modelo abaixo; o cambono preencherá os dados individuais na hora. Como se vê o cambono deverá dispor de todas as informações necessárias para seu trabalho. Recomendamos que ele organize fichas plastificadas para fácil manuseio, como por exemplo, a relação das vibrações originais com as datas de nascimento etc.

Sabemos que, na realidade, se fossemos médiuns mais esclarecidos os banhos de ervas poderiam, eventualmente, ser até suprimidos, pois poderíamos nos manter livres de energias negativas, digamos assim, usando apenas nosso pensamento.

Eles funcionam mais ou menos como outros objetos que são usados, como velas, por exemplo, que embora ainda necessitemos delas para a transmutação da magia em função de nossa pouca competência, servem mais como um ponto de fixação da fé.

Orientação para banhos

1. Ferver a água e desligar o fogo.
2. Colocar as ervas; de proteção, como espada de ogum, por exemplo ou do orixá correspondente à sua vibração original, caso seja para limpeza; tampar para abafar até a hora de usar.
3. Na hora de usar coar ou não, como desejar e jogar do pescoço para baixo; erva na cabeça só nas obrigações dos médiuns para fixar a vibração dos orixás ou nos amacis.
4. Não re-esquentar e não batizar com água fra para esfriar.
5. Se o banho for apenas com sal grosso, apenas encher um recipiente com a água do chuveiro mesmo, ao final do banho normal e colocar um punhado de sal grosso.
6. Antes de jogar sobre o corpo colocar, se possível, um carvão virgem, que é esse co mumente usado, embaixo de um dos pés; de preferência o do lado preferencial do médium, para descarregar as energias, orientando o pé e o corpo, se possível, para o ponto cardeal correspondente àquela vibração. Se você apontar o braço direito para o lado qu e o sol nasce, à sua frente está o Norte e desta forma é fácil determinar os outros pontos.

a. Ervas: ....

b. Direção do pé e do corpo ....

Pontos cardeais:

Oxalá – Norte **Yemanjá** – Sudoeste **Oxossi** – Noroeste
Ogum – Norte **Xangô** – Sul **Yori** – Oeste **Yorimá** - Leste

Figura 20

Descargas: Médium de umbanda não faz descarga ou descarrego, como alguns gostam de dizer. Ambos os termos de fato nem existem na umbanda, pois são oriundos de outros cultos, como o candomblé. Isto é, o médium a umbanda não pode ser usado para dar passagem aos espíritos inferiores ou necessitados dos consulentes durante os trabalhos de caridade, pois vai se desequilibrar inutilmente. Além disso este procedimento é desnecessário, pois as entidades necessitadas não precisam passar pelo médium, já que são assistidas em outro plano.

Esse método é feito em muitas casas e sua origem se perdeu no tempo, mas muitas vezes existe também um desejo inconsciente de impressionar o consulente. Outras vezes o chefe da casa acredita que isso seja imprescindível, desgastando os médiuns de forma improdutiva. É ruim também porque os consulentes acabam por se acostumar com esse ritual e se sentem mal atendidos quando ele não acontece. Cria-se uma ilusão de eficiência.

3. **Incorporação espontânea de consulente:** Se o consulente incorporar espontaneamente, já que as entidades manifestadas que atendem numa casa de umbanda não trazem os espíritos desenvolvedores ou perturbadores dos consulentes para incorporação, de forma alguma, uma vez que isto não serve para nada no auxílio do consulente, procedimentos simples podem ser realizados:

- Se for uma entidade fraterna, apenas ainda não harmonizada com a mediunidade do consulente, pedir que se retire imediatamente; se necessário dar brevíssima explicação à entidade. A seguir encaminhar o consulente, caso tenha condições, para desenvolvimento em algum lugar, no caso da casa em questão não possuir espaço para desenvolvimento de novos médiuns. Poderá também tomar aulas teóricas no curso *on line* disponibilizado pela internet pela FGC, cujo endereço consta nas apresentações deste livro. Encaminhar para o cambono passar toda essa orientação, quando se perceber que o desenvolvimento é imprescindível.

Quando o terreiro não tiver condições de desenvolver novos médiuns, os cambonos deverão dispor de uma lista de bons centros, tanto kardecistas quanto de umbanda, para o encaminhamento, lembrando que a escolha depende do consulente e que a maioria deles sequer é umbandista.

- Se for uma presença negativa e renitente, retirar imediatamente sem qualquer preâmbulo, para que possa ser assistida e isto consiste apenas em passar a mão pela testa do consulente, num movimento decidido e rápido para cima, ordenando a subida daquela entidade, o que é extremamente eficaz na maioria dos casos. O procedimento é feito pelo médium que está atendendo o consulente, podendo ser auxiliado pelo médium chefe da casa. Num segundo momento o consulente deverá ser doutrinado sobre as razões desse tipo de invasão desordenada e poderá, caso tenha condições de entendimento, ser também encaminhado para um posterior desenvolvimento. Naturalmente deverá passar por tratamento antes disso poder acontecer. Todo esse segundo momento deverá ser feito pelo cambono.

4. Desequilíbrio da corrente: O equilíbrio da corrente é conseguido com a harmonia e vibração dos médiuns. É preciso que o médium preste mais atenção ao que está acontecendo no trabalho, aos pontos cantados, à descida e subida das entidades. Principalmente é preciso estudar, para saber o que está acontecendo, já que a proposta da umbanda esotérica, como o próprio nome diz, é ser uma umbanda onde os médiuns devem conhecem os segredos ocultos. É inadmissível num trabalho de caridade que os médiuns fiquem conversando, de forma distraída sobre assuntos diversos, caso não estejam incorporados. Isso inclui os cambonos e demais trabalhadores da casa. Os próprios consulentes devem ser exaltados a se manter em estado de prece, o que, aliás, é difícil de conseguir, caso não se crie um clima adequado na casa.

O equilíbrio da corrente também é conseguido com o equilíbrio individual de cada médium em sua vida particular. Estamos nos referindo à necessária reforma íntima.

Caso aconteça de algum médium chegar passando mal ou desequilibrado, o que não deveria acontecer caso tivesse feito sua reforma interior no sentido de não mais ser intolerante ou ainda se frustrar, irritar, beber, fumar etc., ele deverá esperar o início dos trabalhos para ser atendido pelo guia chefe, sem colocar seu uniforme, e depois, caso seja autorizado poderá se trocar, dar passagem para seu próprio guia e trabalhar normalmente. O médium será o primeiro a ser atendido, antes que os demais consulentes comecem a entrar no abassá.

Caso a casa já esteja começando a trabalhar com a umbanda esotérica o guia chefe pode simplesmente promover o reequilíbrio do médium fazendo girar o chakra vibuti, do qual falaremos em capítulo próprio, pois é o que liga o médium a seu guia, mudando imediatamente a frequência que o conecta à uma eventual entidade necessitada.

Se durante os trabalhos ocorrer alguma invasão por desequilíbrio coletivo ou individual dos médiuns, o que é raríssimo, o mesmo procedimento poderá ser tomado. Neste caso cada médium poderá fazer girar seu próprio vibuti sob orientação do médium chefe. Antes disso todos os consulentes deverão ser tirados do abassá pelos cambonos e os médiuns que não estiverem se sentindo bem deverão permitir a subida das entidades. Lembrar sempre da responsabilidade dos dirigentes nessas ocasiões. Babalaô, pai e mãe pequenos, diretor espiritual, cambono chefe, entre outros, que não deverão nunca estar desequilibrados também. Muitas pessoas querem abrir centros de umbanda ou virarem dirigentes da noite para o dia sem terem condições emocionais e mediúnicas para isso, pondo em risco não apenas a sua segurança como a dos demais médiuns.

O médium também precisa, além de saber os pontos cantados, se dispor a cantá-los de forma adequada para colaborar na harmonia e equilíbrio dos trabalhos. E até mesmo iniciar um ponto solicitado por alguma entidade, no caso do ogã, que é o médium que chama os pontos, ou os cambonos estarem ocupados. Para isso precisa saber diferenciar um ponto de descida de uma linha com, por exemplo, um ponto de demanda ou de limpeza. Muitos alegam que não sabem cantar, mas sabemos que basta um pouco de treino e boa vontade. Até mesmo o médium incorporado, já que é consciente, pode ajudar numa emergência cantando um ponto, se preciso for.

5. Guias: Geralmente somente as entidades manifestadas na vibração de Yorimá, os pretos velhos, eventualmente, pedem guias; e apenas de favas da natureza; jamais de plástico, vidro ou outros materiais, que só são usadas quando manifestados.

Agentes mágicos, assim como entidades das linhas de Yori e Oxalá, não as usam. Outras vibrações, como Oxossi, Xangô, Yemanjá e Ogum raramente. O problema é que muitas vezes as guias são usadas em grande quantidade, quase como uma demonstração de hierarquia, o que é absolutamente inútil. Na FGC os médiuns usam apenas um pequeno cristal imantado, na cor de sua vibração original, e nada mais. O cristal deve ser imantado pelo guia chefe do terreiro ou pelo próprio médium com a caixa de imantação de objetos. Falaremos desse procedimento mais adiante.

6. Desenvolvimento dos médiuns: começa com o mesmo ritual inicial de abertura normal de um trabalho. No entanto o único médium que incorpora é o que recebe o guia chefe. Não pode ter assistência, nem mesmo parentes; somente acompanhantes inevitáveis, como cônjuges que fazem companhia para voltar para casa ou casos semelhantes; lembrar que estas pessoas não serão atendidas em hipótese alguma e devem permanecer em silêncio e na plateia. O ideal é que pudesse acontecer semanalmente, mas na impossibilidade deveria acontecer pelo menos uma vez por mês.

No mesmo dia podem ser dadas aulas, antes ou depois dos trabalhos. Na verdade não é possível haver desenvolvimento se os médiuns não forem orientados a criar o hábito de estudarem. Essas aulas precisam ser organizadas e ministradas, de preferência, pelo dirigente espiritual da casa. O ideal é que houvesse um dia apropriado somente para estudos, ao menos uma vez por mês.

No desenvolvimento os médiuns recebem, de forma organizada, as entidades das diversas linhas. Todos recebem uma mesma linha. O médium que recebe o guia chefe ou ainda outros médiuns mais antigos, designados por ele, auxiliam os mais novos. O médium tanto pode ser colocado na frente do gongá, individualmente, ou na corrente. Vários podem incorporar ao mesmo tempo, desde que haja alguém para conversar com cada um deles, especialmente nas linhas que atendem consulentes, geralmente Oxossi e Yorimá. De nada adianta o médium incorporar entidades dessas vibrações e ficar calado num canto. Ele precisa aprender não apenas a perceber a vibração dos chakras das principais linhas, como também decodificar o pensamento da entidade. No mínimo o desenvolvimento precisa ser feito para essas duas linhas.

Orientações para o desenvolvimento de cada linha ou grupamento

- pretos velhos e caboclos de Oxossi: neste caso, para o médium treinar o atendimento, cambonos ou outros médiuns se alternam para conversar com as entidades; não é uma consulta e sim apenas de uma conversa cordial de acolhimento. É o único desenvolvimento regular de uma casa de umbanda.

- caboclos da linha de Yemanjá, onde está o povo das águas: geralmente nada falam quando incorporam; apenas andam pelo abassá lentamente e usando movimentos suaves para limpar o ambiente dos miasmas e fluidos deletérios, além de ministrar passes de limpeza nos médiuns.

- entidades do grupamento do oriente, que são enfeixadas na linha de Oxalá: falam raramente e pouco, mas como trabalham com cura, atendem algum médium necessitado ou ministram passes de cura. Dificilmente se manifestam em médiuns iniciantes, pois são entidades orientais de alta estirpe. Geralmente não se faz desenvolvimento regular para estas entidades.

- crianças: são as entidades da linha de Yori e raramente se manifestam, mesmo no desenvolvimento; e quando o fazem vem para mensagens superiores de grande sabedoria; lembrar que crianças na umbanda não tem nada a ver com a idade cronológica; essas entidades não brincam, não comem doces, não sentam no chão ou coisas do gênero; são todos guias da mais alta estirpe, ao contrário do que se pensa; não tem nada a ver com festas ou com lendas como Cosme e Damião, entre outras coisas. Médiuns iniciantes jamais recebem entidades dessa linha. Por essa razão também não se faz desenvolvimento regular para estas entidades.

- agentes mágicos ou exus: são seres e não entidades; trabalham com magia e, normalmente, falam pouquíssimo ou nada; no desenvolvimento fazem trabalhos de limpeza espiritual na casa, se necessário for, usando a fumaça direcionada ou o fogo. Apenas médiuns mais antigos e já muito desenvolvidos em linhas como Oxossi e Yorimá e com bastante conhecimento da umbanda devem começar este desenvolvimento. Médiuns iniciantes não deveriam jamais receber exus. Deveriam ser aceitos na casa, dentro da hierarquia dos agentes mágicos, apenas dos chamados exus pagãos para cima. As razões para isso estão descritas em capítulo próprio.

- xangôs e oguns: são entidades que trabalham em situações muito específicas e seu desenvolvimento pode acontecer de forma eventual apenas depois que o médium já trabalha bem com as linhas de Oxossi e Yorimá. Os caboclos de Xangô no desenvolvimento costumam apenas dar orientações sobre o próprio desenvolvimento dos médiuns; já os caboclos de Ogum falam pouco e no desenvolvimento atuam geralmente com pontos riscados para limpeza do ambiente.

Observação
É muito importante que o médium em formação compreenda que ele não precisa imitar o comportamento ou gestual dos médiuns mais antigos. Que ele não necessita sentir coisas no seu corpo, como letargias, adormecimentos ou até inconsciência, por exemplo. Lembrar que na irradiação a entidade não toma conta da parte motora do médium. Na verdade o médium bem desenvolvido recebe a entidade sem alarde, sem se jogar para trás, fazer movimentos bruscos, gritar, rodar etc. Aliás, o médium jamais pode ser treinado para o desenvolvimento rodando, de onde vem o nome popular de gira, e que de fato nada tem a ver com a umbanda; por isso o mais correto é chamar o trabalho de atendimento de caridade e não de gira.

O médium iniciante deve prestar atenção nos próprios sentimentos e nos pensamentos. O que a entidade gostaria de dizer àquele consulente em especial? Deve também aprender a evangelizar, pois, na prática, esta é sua maior função.

A entidade irradia o médium, brevemente, para se manifestar verbalmente sobre o assunto em questão e se afasta. O resto do tempo, geralmente, fica por conta do próprio médium e por isso não se recomenda que cada atendimento, mesmo no desenvolvimento, passe de 10 minutos. Acontece com frequência, em alguns centros, alguns atendimentos em dias de trabalho chegarem a durar 30 ou 60 minutos; aí precisamos lembrar que, provavelmente, durante a maior parte do tempo o médium estava sozinho; em parte por conta de sua vaidade em querer demonstrar sabedoria ou então pela sua prepotência, achando que precisa falar muito para ser compreendido e assim vai resolver a vida do consulente. Em alguns centros, durante o desenvolvimento, acontece também do desavisado médium em treinamento ficar horas tentando sentir a entidade e, naturalmente, sentir-se frustrado, pois não é essa a proposta. Ele espera que algo extraordinário aconteça; que algo tome conta de seu corpo etc. Não vai nunca conseguir algo desta maneira. Falaremos mais a respeito no capítulo sobre mediunidade.

7. Desenvolvimento esotérico: como já foi colocado falaremos um pouco sobre esse assunto no capítulo sobre mediunidade.

8. Tipos de atendimentos nos trabalhos de caridade: lembrar que todas essas considerações para os médiuns servem para lembrar que hoje em dia são todos absolutamente conscientes e precisam saber o que estão fazendo.

Lembrando que apenas entidades de Oxossi e Yorimá costumam atender, os atendimentos podem ser de quatro tipos, tanto na caridade de caboclos como na de pretos velhos, caso aconteçam a casa; cada um com seus próprios procedimentos, a saber:

1° Tipo: casos simples. Ideal para a maioria dos consulentes. Feito em 3 partes: passe, atendimento e orientação padrão.

a. Passe: é ministrado fora do abassá pelos médiuns designados pelo diretor espiritual naquele dia ou pelos cambonos.

b. Atendimento: é feito pelas entidades manifestadas durante a caridade ou gira e continua na casa do consulente.

Nesse atendimento o médium precisa lembrar que o trabalho de desobsessão, caso necessário e se merecido, está sendo feito na espiritualidade e a critério desta, pois cada entidade manifestada está trabalhando com falanges ou subfalanges enormes. Não há como o médium avaliar com exatidão a gravidade de um processo de obsessão e muito menos avaliar o merecimento do consulente.

Caso o consulente solicite a tão conhecida descarga, o que é comum, isso pode simplesmente ser explicado a ele.

As entidades manifestadas não dão conselhos e sim chamam o consulente à razão, tentando ensiná-los a pensar com mais lógica, muitas vezes pontuando sob o equívoco de suas solicitações ou queixas. Apontam opções e evangelizam. Nunca tomam decisões pelo consulente. Convidam o consulente a orar e ensinam a fé e a necessidade do trabalho diário na oração. Indicam o tratamento para ser feito em casa, que pode ser melhor explicado pelo cambono após o atendimento.

Essa etapa consiste em explicar ao consulente como funciona a espiritualidade e suas obrigações para conseguir receber

Umbanda um Novo Olhar 111

auxílio. A casa terá dia e hora combinados e marcados com o guia chefe para atendimento pelas equipes espirituais, o que se dará, naturalmente, sem a presença de nenhum médium na casa do consulente. Por exemplo: toda 6ª feira às 22h00 horas.

Explicar os 03 dias de preces e preparação necessários para esse atendimento, o que, obviamente, serve para o consulente ir se sintonizando com seu protetor ou anjo da guarda sem que perceba; vai aprendendo que para receber qualquer benefício do plano espiritual precisa começar a fazer a sua parte, isto é, pequenas modificações, como, por exemplo, ter mais brandura e resignação. O consulente vai aprendendo a rezar, a se responsabilizar pelo seu progresso espiritual e pela sua cura; vai deixando de ser tão dependente do guia dos outros, no caso, o guia do médium que o atendeu; não queremos dependentes na umbanda e sim pessoas esclarecidas.

Forma e resumo dos motivos da preparação:

- colocar um jarro de água coberto por guardanapo branco para ir bebendo aos poucos, toda noite e toda manhã, caso necessite de um calmante ou outro remédio espiritual após o atendimento no centro até o atendimento em casa. O próprio consulente vai benzer sua água, desenvolvendo nele sua capacidade e sua fé.

- serve para criar no consulente o hábito de rezar e de se preparar para receber auxílio espiritual, conectando-o com os planos mais elevados, pelo menos três vezes por semana, nos dias de preparação. Vai aprendendo a rezar por si mesmo, em vez de pedir que rezem por ele.

- outro objetivo é cortar a dependência com o guia do médium e uni-lo ao seu próprio, compreendendo melhor as intuições que recebe, para que não precise ir ao centro perguntar o que deve fazer a cada momento; até porque o guia do médium não pode decidir nada por ele. É importante fazer o consulente perceber sua própria proteção espiritual, evitando que se torne um simples recebedor de passes.

- explicar ao consulente que para mudar a faixa vibratória também é essencial desenvolver a paciência, a tolerância e o perdão, pois o inverso desses sentimentos é o que o desafeto do passado sente por nós e o que nos une a eles. Além de precisar cuidar de sua alimentação e outros hábitos. Uma vida desregrada em qualquer sentido impede qualquer benefício.

c. Orientação padrão: nada mais é que a evangelização. É necessária em todos os atendimentos. Trata-se de ensinar o consulente a rezar por si mesmo e a construir sua fé para mudar sua faixa vibratória, o que possibilita desvinculá-lo do processo de obsessão sequencial. Enquanto permanecemos irritados ou deprimidos, chateados ou inconformados com os problemas da vida, nos tornamos presas fáceis de nossos desafetos do passado, pois vibramos na mesma faixa, perpetuando os processos de perturbação espiritual.

O médium precisa lembrar sempre que depressão, por exemplo, algo muito em moda nestes tempos onde tudo acontece de forma ágil e nos acostumamos a querer tudo para ontem, nada tem a ver com tristeza e sim com a dificuldade em lidar com as frustrações, às quais estamos todos submetidos no dia a dia. Geralmente são pessoas cujas personalidades tendem também a querer que tudo seja do seu jeito, o que, naturalmente, é impossível. Desta forma não deve ter pena desse tipo de queixa e sim ter a compreensão do que se trata. Se nos envolvemos emocionalmente com o consulente perdemos a capacidade de ajudá-lo.

Saber que fé é uma somatória de alegria e resignação.

Resignação é a compreensão que nem tudo pode ser da forma que gostaríamos que fosse e que a umbanda não existe para resolver os problemas cármicos das pessoas, o que inclui muitas vezes dificuldades familiares ou materiais. A maioria dos consulentes frequenta os trabalhos levando consigo uma lista de petitórios, como se tudo pudesse cair do céu, não sendo incomum se irritarem e se queixarem que o centro é fraco, especialmente quando não obtém o que desejam; se esquecem de coisas como merecimento e reforma íntima.

A fé se compõe também de alegria porque se pudermos

compreender que a maioria de nossas dificuldades são oportunidades de aprendizado, não sofreremos. Seria aquele aprendizado necessário para que possamos crescer, já que tudo que chamamos de sofrimento nada mais é do que a somatória das lições ainda não aprendidas em oportunidades passadas, em outras vidas. Desta forma, se aprendermos depressa, mais depressa ainda deixaremos de ter tantas dificuldades na vida.

Estes dois elementos constroem a fé, que como se vê, não é uma dádiva dos deuses.

A evangelização ideal, além da pontuada pelas entidades manifestadas durante o atendimento pessoal do consulente, pode e deve ser feita por um médium designado ou cambono na sala de espera durante todo o trabalho de caridade, em forma de palestra informal. O ideal seria que a sala de espera fosse separada do abassá, para facilitar este importantíssimo procedimento. Estas palestras podem ter temas variados e os consulentes convidados a participar. Pode ser feita uma leitura breve com discussão posterior ou ser usado qualquer outro método didático, como projeções, lousas etc. Deve-se criar um ambiente alegre e de confraternização, mas de atenção, o ajuda todos os trabalhos de uma forma geral.

2º Tipo: casos graves. Nos casos onde o atendimento simples ainda não surtiu o efeito desejado; lembrar que muitas vezes o resultado não apareceu porque o consulente não fez a parte dele. Às vezes ele não fez porque pode também ter faltado orientação adequada, o que é muitíssimo comum na maioria dos centros. Feito em 4 partes: faz-se todo processo anterior e mais o ponto riscado.

Ponto riscado: o consulente é colocado dentro de um circulo riscado pela pemba para evitar outras invasões. O ponto é riscado na frente dele; a entidade manifestada pode ou não pedir o ponto cantado de demanda da linha desejada, que geralmente é a de Ogum. O ponto riscado promove uma limpeza espiritual; é uma ordem para o trabalho das falanges que auxiliam os trabalhos dentro da vibração desejada e para a contenção das entidades que estejam prejudicando o consulente, dentro do seu merecimento. É como se propiciássemos, durante um tempo, que a pessoa pudesse tirar a cabeça fora da água para pensar melhor a respeito de tudo que já foi orientado.

3º Tipo: casos gravíssimos. Nos casos onde existam ideias reais de suicídio ou problemas de possessão onde a pessoa é tida como louca ou ainda problemas com desespero absoluto; e também situações onde o consulente é egresso de candomblé, quimbanda ou outros rituais do gênero e tenha feito eventuais iniciações de magia das quais se arrepende ou, finalmente, se estiver magiado. Sobre esse assunto falaremos mais adiante. Feito em 5 partes: faz-se todo o processo anterior e mais o reforço na evangelização.

Reforço de evangelização: Cobrar de forma incisiva a mudança decidida de temperamento pois, mesmo os desesperados têm livre arbítrio e sabem o que estão fazendo e pensando; precisam deixar de sentir-se vitimizados pela vida, pelos motivos já expostos acima.

Deve também receber orientação para que procure um médico, pois muitas vezes o consulente acha que o centro vai curar todos os seus problemas, mas de fato precisa do auxílio de medicação para aliviar sua angústia inicial. O médium precisa ter consciência de que não é um Deus; e é sempre bom lembrar que pessoas desesperadas têm dificuldade de aceitar a evangelização.

Alguns centros costumam promover sessões de tratamento individualizado, nestes casos, sob a condução de agentes mágicos ou caboclos de Ogum. Esses tratamentos especiais não costumam ser de grande ajuda no geral, pois costumam colocar na cabeça do consulente ou que o seu caso é muito grave e ele é um coitado ou que seu problema não tem remédio.

Lembrar que o grupo de médiuns geralmente não tem condições de horário para atendimento de urgência, mesmo porque o tratamento de urgência já está sendo feito desde o primeiro atendimento simples; a solução de cada caso depende não só de seu carma, incluindo a rapidez com que será atendido, como também de seu esforço e merecimento. As pessoas querem a solução imediata de seus problemas e também ser encaminhadas imediatamente para sessões especiais de tratamento, embora estejam se arrastando por meses ou mesmo anos dentro de seus problemas. Por tudo isso não costumamos recomendar tais sessões.

4° Tipo: doenças físicas. Para doenças constatadas por médicos da matéria ou não, pois pode ser apenas acúmulo de ectoplasma, com ou sem sua manipulação por obsessores. Falaremos deste assunto em detalhes no capítulo sobre mediunidade. É feito em 2 partes: atendimento simples ou grave e mais o encaminhamento para trabalho de cura.

Encaminhamento para trabalho de cura: Podemos adiantar que é preciso distinguir o que seria uma doença física verdadeira e o que seria apenas um acúmulo de fluido de cura, o ectoplasma. Este é um assunto polêmico e o médium precisa antes de tudo ter discernimento para não fazer promessas descabidas. Aliás, a umbanda não faz promessas de nenhum tipo, pois se temos a obrigação de estudar para sermos mais eficientes, o consulente também precisa fazer a parte dele.

Ele não pode, em hipótese alguma, ser retirado de um eventual tratamento clínico ou qualquer outro procedimento que esteja fazendo ou queira fazer com os médicos da matéria. Ao contrário, deve ser incentivado não só a persistir nele, como a procurar um, caso não esteja fazendo nada a esse respeito. Lembrar ao consulente que cura depende não só de fé e merecimento de cada um, mas também de bom senso. Em função disso, repetimos, nenhuma promessa de cura deve ser feita, até porque nunca ninguém sabe o carma de cada um.

O médium deve encaminhar o consulente para o cambono para marcar atendimento no trabalho de cura, se houver no centro, e dar as orientações necessárias. Se não houver ele pode ao menos receber o passe de cura e ser orientado para doação de ectoplasma. Falaremos sobre esse assunto no capítulo sobre trabalhos de cura.

Resumo das observações gerais sobre os atendimentos

- Lembrar que o consulente não vai sair curado e limpo do terreiro se não for do seu merecimento. Às vezes, nem é mesmo bom para ele se curar depressa; muitas vezes a dor ou a presença tormentosa do desafeto serve como um lembrete, um estímulo à mudança interior necessária. De qualquer maneira não somos nós que julgamos ou decidimos sobre isso, pois nada sabemos sobre o passado de cada um.

- Lembrar que todas as decisões são, necessariamente, mérito do consulente, pois nelas estão envolvidos os resgates cármicos. É comum eles fazerem perguntas do tipo:
— Vendo ou não vendo?
— Caso ou não caso?
— Opero ou não opero?

Dependendo de nossas decisões podemos mudar ou não nosso carma, esgotá-lo ou não, naquele determinado aspecto. Além disso, nem tudo na vida pode ou deve ser modificado, melhorado ou sanado. Muitas coisas são simplesmente para ser aceitas, como parte do aprendizado na melhoria de nosso espírito. Lembrar que o carma imutável é o de nascimento, isto é, nossa cor, sexo, inteligência, família original etc. O restante é um carma dinâmico, isto é, problemas que servem como oportunidades de aprendizado. E desde que o aprendizado seja feito, o carma pode se modificar.

- Lembrar sempre que se o consulente não se muda interiormente, o médium, que está sempre consciente, não pode querer ou desejar que ele deixe de sofrer de qualquer jeito. Muitas vezes o médium atencioso tenta providenciar, de alguma maneira, coisas que não são para ser daquela pessoa, indiscriminadamente, como empregos, relacionamentos afetivos, entre outros. Ele corre o risco de estar ganhando um carma para si, pois estará fazendo magia negra, que é aquela que interfere no carma das pessoas, pois dando para um, estará, eventualmente, tirando de outro; ou estará impedindo que o consulente passe por aquilo que se programou para passar no aprendizado que os resgates ou dificuldades trazem à evolução do espírito.

Pais e mães costumam fazer isso com os filhos, numa tentativa, muitas vezes sem sentido, de poupá-los de todo e qualquer sofrimento da vida. É como se os filhos precisassem ser felizes obrigatoriamente, mas da maneira como os pais entendem a felicidade, passando muitas vezes por cima do óbvio aprendizado necessário. Ora, como espera um pai que o filho aprenda matemática, por exemplo, se faz a lição de casa por ele? Pois estão também, sem saber, ganhando um carma para o futuro, pois dificuldades educam, fazem refletir, progredir, crescer espiritualmente. Estes pais estão apenas exercendo sua prepotência, esquecidos que toda dificuldade tem uma razão anterior. Deveriam apenas educar, fazer restrições se necessário, passar responsabilidades, apontar caminhos, falar de brandura, generosidade e de amor ao próximo. E, principalmente, ser o exemplo de tudo isso.

O mesmo deve se dar com o médium que atende numa casa de umbanda.

O médium precisa aprender a lidar com sua própria angustia de querer ajudar sempre e melhorar a todos. Ao contrário do médium, os guias e protetores conhecem o carma de cada um e o que cada um precisa aprender e, portanto, é preciso estar atento para não interferir no atendimento. Lembrar que o mínimo, como a semente plantada com a evangelização durante a orientação, um dia vai germinar naquele espírito, nesta ou noutra vida, é o máximo às vezes que uma pessoa tem condições de assimilar naquele momento de sua evolução.

- O consulente tomará o passe com os cambonos e não com os médiuns que estão atendendo, até mesmo para poupar desgaste e tempo aos mesmos.

- Os trabalhos de caridade podem ser alternados semanalmente nas manifestações de caboclos e pretos velhos; o mais comum, no entanto, é que os atendimentos sejam apenas com caboclos, ficando os pretos velhos para as atuações mais específicas durante os trabalhos, como magias, por exemplo, e também no auxílio ao desenvolvimento dos médiuns.

- Os consulentes presentes em cada caridade serão divididos igualmente entre as entidades manifestadas na casa naquele dia.

- Os consulentes que não conseguirem atendimento com determinado médium poderão escolher outro, dependendo das possibilidades.

- Se for possível os consulentes serão orientados a não trazer crianças, não só para não impressioná-las, como também para manter a harmonia silenciosa do ambiente. Consulentes com crianças não deveriam, necessariamente, ser atendidos preferencialmente, para que a criança não seja usada para esse fim, como é muito comum. Crianças são tratadas à distância.

- O médium deverá controlar o tempo de seus atendimentos. Deve ser informado quantos consulentes estão relacionados para atender, antes do inicio do trabalho. Novamente se recomenda que os atendimentos não sejam longos, pois quanto mais fala, mais o médium corre o risco de estar colocando o seu próprio sistema de crenças no discurso; mesmo porque quanto mais se fala, mais se pode errar. Tempo máximo sugerido, mesmo que o tempo esteja sobrando: 10 minutos por consulente. Sugere-se que durante o desenvolvimento os médiuns façam o exercício de ficar 10 minutos em silêncio para observarem o quão longo é esse tempo.

- O médium deve lembrar que algum outro médium da casa poderá estar solicitando atendimento no fim dos trabalhos, inclusive ele mesmo, e deve sobrar tempo para isso também. Os cambonos deverão ser avisados por eles antes do início dos atendimentos para que as entidades não subam e os médiuns fiquem sem o atendimento desejado.

- Não mandar o consulente acender velas ou fazer qualquer outra coisa em cemitérios, encruzilhadas etc. De fato o cliente não precisa nada além de aprender a rezar, se modificar, se libertar de suas raivas, magoas, vaidades e outros sentimentos parecidos. A vela, geralmente, é dada quase como um amuleto visível e palpável para conectá-lo à magia que esta sendo feita a seu favor, aumentando a sua fé. Em casa deverá acendê-la sempre ao lado de um copo de água, para o equilíbrio, como já foi falado. Poderá, no máximo, ser orientado a defumar a casa para queimar os miasmas ou colocar água e sal na entrada da mesma, para haver um lugar onde as energias negativas possam convergir e ser descarregadas. Veremos adiante como fazer. O médium não vai, em hipótese alguma, sob nenhum pretexto, à casa do cliente para fazer qualquer procedimento.

- Muitos consulentes gostam de trazer objetos ou roupas para benzer ou cruzar. O médium deve lembrar que a pemba é apenas um giz comum para riscar pontos e não um objeto mágico para cruzar pessoas, velas ou outros objetos, como é muito comum se ver em algumas casas. A entidade poderá simplesmente imantar com as mãos o objeto, a roupa, a vela ou a água no altar. Se a entidade resolver dar água ou velas imantadas para determinado consulente levar, o médium deverá encaminhá-lo ao cambono para orientação de como proceder em casa. Todo esse procedimento, no entanto, tem mais a ver com a fé do consulente do que com algum pretenso ato de magia e, portanto, deve ser dispensado aos poucos, desencorajando inclusive as pessoas a trazerem coisas para o terreiro. Como já foi dito a umbanda quer pessoas bem informadas e não dependentes.

- O médium poderá manifestar a alegria natural das entidades, mas deve lembrar que elas não são agressivas ou exageradas, pois são ou deveriam ser espíritos em processo de iluminação, e, como tal, não dão gargalhadas e não tecem críticas desairosas aos desafetos dos consulentes, sejam eles encarnados ou desencarnados; também não tomam partido nas contendas domésticas ou profissionais. Examinam o problema e orientam quanto à aceitação das responsabilidades, do perdão, da brandura, da mediunidade, da assertividade, do empenho etc. Também não falam gírias e jamais usam termos vulgares.

- O médium consciente deve saber que o consulente não é uma vítima carente. Está simplesmente enfeixando na lei de causa e efeito e tratá-lo como vítima não ajuda seu crescimento espiritual. Não confundir carinho, bondade e proteção com negligência aos defeitos que os unem aos espíritos infelizes e os mantém em faixa vibratória baixa, fazendo com que sua vida não flua de forma natural.

9. **Saudação da umbanda:** a palavra geralmente usada é SARAVÁ, que significa salve irmão. Na FGC se optou então por usar a segunda forma, isto é, o significado: salve meu pai ou irmão, quando o médium se dirige a qualquer entidade manifestada e vice-versa.

A origem da palavra saravá, ao contrário do que se pensa, pois muitos acham que é um termo africanista, vem dos Templos da Luz, os Templos Iniciáticos dos magos brancos na antiga Atlântida.

Havia na época uma palavra, que era IAÔAVA, para ocultar a palavra sagrada que era AUMPRAM, originalmente AUMPIRAM, e que não podia ser revelada por ser um som mágico e apenas vibrado. Essa palavra, tinha um som tão secreto que só era pronunciada em determinadas épocas do ano em rituais especiais. Falaremos mais sobre os sons no capítulo sobre pontos cantados.

Vamos aos significados das palavras, começando pelos vocábulos que as formam. Analisemos então, por partes, a palavra AUMPIRAM:

a. AUM: o verbo ou palavra divina. AUM é uma palavra originada dos antigos Caldeus e que significava algo como amém ou assim seja. A pronúncia correta do vocábulo sagrado AUM, como diz Babajiananda, cria um som mágico, capaz de movimentar os universos físicos. Suas letras definem os poderes da manifestação, que são:

A: criação
U: transformação
M: conservação
b. PI: a lei.
c. RAM: o pai ou Deus.
d. AUMPIRAM: significa, portanto, o conhecimento divino ou conjunto das leis divinas que regem o cosmo. Significa a união da palavra divina, AUM, que quando posta em movimento cria o som mágico que se une à lei divina, PIRAM.

Por corruptelas a palavra Piram veio a dar Pram, que por sua vez veio a dar o Bram ou Brahm, Brahma, o pai, tão conhecido nos movimentos teosóficos.

e. AUMPRAM: esta palavra é uma corruptela de AUMPIRAM. Pelas modificações através dos tempos veio a dar a palavra UMBANDA.

Quando a palavra sagrada AUMPRAM foi velada passou-se a utilizar outra palavra para ocultar o som sagrado e esta segunda palavra era IAÔAVA; ela era verbalizada quando dois trabalhadores do antigo culto dos templos iniciáticos se encontravam e desejavam se reconhecer; também servia, naturalmente, para encobrir a palavra sagrada com seus sons mágicos.

Analisemos agora os vocábulos da palavra IAÔAVA:
a. IAÔ: o eterno masculino; aquele que está sempre atuante na natureza. Tem o mesmo significado que espírito santo, o intercessor.
b. AVA: o eterno feminino; aquele que quando se une a eter-

Umbanda um Novo Olhar 121

no masculino representa a manifestação divina; o reflexo. Tem o mesmo significado de mãe, a geradora.

c. IAÔAVA: significa, portanto, o símbolo de Deus na natureza.

d. SARAVÁ: esta palavra é uma corruptela distante de IAÔAVA, tendo passado antes por Evoé, pronunciado Evaué, e depois Shavá, do hebraico. Isso se deu por conta da pronúncia da palavra AVA, na qual Moisés se inspirou para compor o Gênesis, quepelas deturpações sofridas terminou por dar a palavra Jeová e que mais tarde foi também velada pelos rabinos e se transformou em Shavá.

Isto nos mostra que nada na umbanda existe por acaso. Em função das grandes migrações atlantes e do renascimento dos magos nas novas civilizações, o conhecimento foi sendo reintroduzido. Cabe a nós buscarmos as verdadeiras origens do atos e rituais que praticamos.

Observações

Antes da palavra Iaôava ser escolhida para velar a palavra sagrada, os adeptos de diferentes hierarquias usavam como reconhecimento entre si o emblemático sinal da cruz, que a representava bem.

Primeiro tocava com uma das mãos a testa e a seguir no peito, depois nos ombros, repetindo em voz baixa ou apenas pensando, na sequência dos toques:
- a ti pertence
- o reino
- a justiça
- e a graça

Depois unia as palmas das mãos à frente do peito e recitava:
- por todos os céus geradores

Como se vê o ritual ancestral do sinal da cruz também veio influenciar detalhes da liturgia do catolicismo, embora estes, aparentemente, sejam baseados na crucificação. Da mesma forma, o unir de mãos no peito também tem a ver com o namastê indiano. Todavia, não podemos deixar de considerar que em todos os tempos e em todos os cultos, mestres siderais interferiram e trouxeram os mesmos conhecimentos, que foram apenas interpretados pelos homens de formas diversas. Apresentamos abaixo uma figura representando a saudação da umbanda.

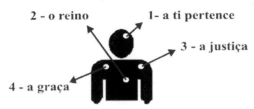

Figura 21

Com o tempo a palavra Iaôava também foi velada e substituída pelo bater de ombros, que nada mais era que a volta do próprio sinal da cruz ancestral modificado, querendo significar que somos todos filhos do mesmo pai e da mesma mãe. Tornou-se então uma forma novamente silenciosa, mas mais secreta de reconhecimento entre os adeptos dos Templos Iniciáticos, pois o sinal da cruz e seus mistérios já eram conhecidos desde tempos muito mais antigos, ficando assim a palavra sagrada mais e mais velada.

Hoje em dia o bater de ombros é ainda muito usado no cumprimento das entidades que trabalham na umbanda, embora a maioria dos médiuns não tenha ideia do que se trata, da mesma forma que a palavra saravá, que voltou a ser introduzida no ritual.

10. Funções e responsabilidades dos cambonos:

a - O cambono é aquele médium que não tem, ou não deveria ter mais, nesta vida, mediunidade de incorporação ou irradiação. Pode ter outros tipos de mediunidade, como cura, por exemplo. É ele que cuida da organização da casa, antes, durante e depois dos trabalhos. Embora não seja normalmente reconhecido como tal, o cambono, geralmente, é ou deveria ser um médium mais evoluído do que aqueles que ainda atendem. Na maioria absoluta dos centros, todavia, o cambono é apenas um médium que poderia atender, isto é, que ainda tem mediunidade de incorporação, exercendo essa função. Isso acontece justamente pela escassez de médiuns que não tenham mais necessidade de atuar pela mecânica da incorporação.

Os cambonos seguem uma escala para sua atuação dentro e fora do abassá, com atividades específicas. O diretor espiritual não entra nessa escala porque dá assistência em todos os lugares onde for necessário e não é considerado um cambono, especificamente, embora possa auxiliar nessas atividades.

b - Deve ser grande conhecedor da umbanda, esotérica ou não; na realidade é ele quem mais deve conhecer sobre os rituais e procedimentos da umbanda, para poder orientar os consulentes após os atendimentos, quando necessário, sobre banhos, uso de velas, ervas, defumadores, orações, ectoplasma, evangelização etc.; também pode impedir, caso perceba, que os mesmos solicitem aos guias e protetores da casa coisas que a umbanda esotérica não permite, como, por exemplo, decisão sobre coisas materiais ou relacionamentos amorosos.

Neste aspecto o cambono pode e deve interferir, gentilmente, no atendimento que os médiuns irradiados estão prestando aos consulentes, caso observe alguma irregularidade gritante. Pode também ser designado para participar dos atendimentos, ocasionalmente, de acordo com o diretor espiritual, visando a uniformização dos mesmos, de acordo com as propostas da casa, especialmente quanto aos encaminhamentos e evangelização. Isto significa atender ao lado do médium, ouvindo e analisando, de maneira bondosa e reverente, as propostas da casa.

Deve ter profundo conhecimento dos pontos cantados e riscados, além da ritualística e necessidades de cada entidade em cada diferente momento dos trabalhos; deveria entender perfeitamente o que está acontecendo, com conhecimento completo das leis da Umbanda, como era na antiga Aumpram.

Segundo Babajiananda, nobre entidade da qual já falamos, nos Templos da Luz da Atlântida o cambono era um iniciado, um mago auxiliar, um mago menor, com vastíssimos conhecimentos, podendo comandar as cerimônias do culto, capaz de velar, auxiliar e dirigir as cerimônias do Verbo Sagrado OM ou AUM. O nome cambono vem, remotamente, de Cam-Aum, ou melhor, o homem perfeito:

CAM - o homem completo, com todos os veículos constituídos, autoconsciente, não mais dirigido como as humanidades anteriores.

AUM - o verbo ou palavra divina
Também segundo Babajiananda o cambono moderno precisa estudar sempre e muito. Precisa ser uma pessoa de princípios e vida correta; atuar em harmonia com o guia chefe da casa; ter amplo conhecimento da doutrina para orientar os trabalhos e consulentes; conhecimento de magia; atitude adequada para sua atuação sacerdotal, isto é, respeito e humildade, interesse e sigilo.

Os cambonos e, no caso, também os médiuns podem conversar sobre um atendimento em especial, visando o aprimoramento de todos e da casa, e às vezes, do próprio consulente; tanto o cambono ou o médium podem se aconselhar numa forma de melhor atuar com um indivíduo em especial, estando todos enfeixados, coletivamente, na ética que restringe essa informação.

Ele é ou deveria ser o intermediário entre os guias e protetores, com os consulentes e filhos de fé que buscam na umbanda a paz e conforto espiritual para seus males. Dentro de uma casa de umbanda apenas se admite que o diretor espiritual saiba mais de umbanda que o cambono chefe. Muitas vezes o próprio diretor espiritual exerce essa função, mais por falta de outro que possa exercê-la.

c - Cuidar do bom andamento dos trabalhos, interferindo, amorosamente, no comportamento dos consulentes na plateia, que não devem fumar, ficar conversando em voz alta, usando celular etc.

d - Abordar, reservadamente e com a paciência do educador, as pessoas que estiverem com roupas exageradamente decotadas, inclusive com blusas de alças mínimas ou sem alças e homens com camisetas sem mangas; ou ainda pessoas de shorts ou mulheres com saias muito curtas, mostrando a necessidade de se vestirem mais adequadamente na próxima vez, visto tratar-se de um templo religioso como outro qualquer. Será providenciado um jaleco da casa para que possam ser atendidos sem constrangimentos.

e - Deve preparar e apresentar aos consulentes, rotineiramente, antes de cada trabalho de caridade, pequenas explicações sobre as regras de funcionamento da casa, daquele trabalho específico ou sobre a própria umbanda, como se fosse um ligeiro curso para iniciantes. Por exemplo: o que são orixás, o que é a umbanda, sua verdadeira história, o que são os pontos cantados, entre outros assuntos, de forma simples, breve e acessível às pessoas comuns. Poderia usar 10 minutos antes de cada trabalho começar para tal finalidade. Esse procedimento ajuda a ir acalmando os ânimos de quem vem da rua num primeiro momento; depois de começados os trabalhos acontece então a palestra sobre evangelização.

De qualquer forma estará sempre disponível para fornecer as explicações sobre o funcionamento da casa, intervindo, com paciência e tolerância, nas contendas e confrontos que possam surgir entre os consulentes descontentes, como demoras, por exemplo.

f - Pode também ser o encarregado das palestras de evangelização, quando deve também preparar pontos sobre a necessidade da evangelização, como paciência, tolerância, ganância, egoísmo, perdão etc. Essas apresentações poderão ser feitas em forma de rodízio entre os cambonos, de acordo com o interesse de cada um e serem apresentados durante os trabalhos de caridade.

g - Caso aconteça uma incorporação na plateia ele pode simplesmente retirar a entidade, com técnica própria, como passar a mão rapidamente no frontal do consulente ou, se necessário, levar o consulente incorporado para o abassá, onde será atendido por uma das entidades manifestadas da casa. Deve cuidar para que as demais pessoas não fiquem agitadas com o acontecimento, acalmando e harmonizando o ambiente.

h - Providencia e organiza a distribuição de fichas numeradas de atendimento de forma que não haja disparidade no número de atendimentos entre os médiuns. Cada consulente recebe uma única ficha, que dá direito a um único atendimento. Os atendimentos são individuais, a menos que a entidade manifestada chame o parente acompanhante junto. Se possível for, o consulente será atendido pela entidade ou médium de sua preferência.

Caso o médium já tenha completado o número de fichas previstas para aquele trabalho, lhe será oferecida ficha com outra entidade.

Caso não existam mais fichas disponíveis para atendimento, lhe será oferecido tomar um passe, sendo-lhe explicado que só pelo fato de estar no terreiro, já está recebendo um tratamento pela espiritualidade. Este procedimento costuma disciplinar um pouco a chegada dos consulentes, pois muitos não dão prioridade ao tratamento espiritual e chegam apenas no apagar das luzes, para não perder muito tempo. Isto costuma acontecer com aqueles frequentadores habituais da casa. Após o início dos trabalhos não serão mais distribuídas fichas.

Cada médium será avisado antes do início dos trabalhos do número de consulentes previstos para o atendimento. Algumas exceções sempre devem ser esperadas, como um caso grave que chega depois do começo dos trabalhos. De qualquer maneira o médium sempre consultará o cambono antes de permitir a subida da entidade.

O cambono que estiver fora do abassá se encarregará da troca das fichas de chegada pela de atendimento e, posteriormente, de chamar os consulentes num quadro magnético ou lousa; os cambonos não deveriam chamar nominalmente os consulentes para o atendimento, pois prestar atenção no quadro faz com que o silêncio e atenção se mantenha com mais facilidade. Se um número for indicado e o consulente não estiver presente ele não será mais chamado, a não ser que haja uma explicação convincente, a critério do cambono, para evitar que as pessoas peguem as fichas e só voltem mais tarde, no final dos trabalhos, como é usual acontecer.

Crianças e idosos não terão preferência necessária no atendimento, pois, usualmente, eles terminam sendo usados para esse fim, sendo trazidos pelos familiares desnecessariamente, muitas vezes até com sacrifício e de forma egoísta, ao centro. O mesmo se dá com pessoas doentes, cujo atendimento prioritário fica a critério do cambono; este explicará rotineiramente aos consulentes que essas pessoas, idosos, doentes e crianças, geralmente não precisam ser atendidos pessoalmente, pois basta contar seu caso às entidades e mentalizá-los para que o tratamento à distancia aconteça com a mesma eficiência.

Só terão preferência no atendimento pais, filhos, esposos ou avós dos médiuns, além de outros parentes idosos ou doentes fisicamente, caso não possam esperar até o fim dos atendimentos, pois a tranquilidade do médium é importante para seu desempenho. Esse procedimento será explicado aos demais consulentes, se necessário for. E serão atendidas por outros médiuns, nunca por seu parente, pois isso isenta o médium em questão de interferir no atendimento, já que está emocionalmente envolvido.

i - Os cambonos se encarregarão dos passes antes dos atendimentos para poupar o tempo dos médiuns e para que o consulente já entre mais equilibrado para a consulta.

j - Providenciará o direcionamento dos consulentes encaminhados para passe de cura e doação de ectoplasma, juntamente com as explicações necessários, as quais veremos no momento apropriado.

Em capítulo próprio mostraremos os sintomas de acúmulo de ectoplasma, assim como as técnicas de doação do mesmo, além de explicarmos do que se trata esse fluido de cura, como se acumula, como é manipulado pelas entidades negativas etc.

O cambono pode e deve, sempre que o encaminhamento para qualquer procedimento de cura lhe parecer curioso ou inapropriado, questionar do médium a razão desse encaminhamento, para uma melhor compreensão e orientação do quadro entre todos. Naturalmente esse questionamento não se dará na presença do consulente.

O caso também poderá se discutido posteriormente com o médium para melhor uniformização das condutas, lembrando que as entidades se adaptam de forma espontânea e humilde à organização da casa. Deverá sempre perguntar ao consulente o porquê de ter sido encaminhado para este ou aquele trabalho.

k - Encarregar-se-ão da limpeza e arrumação do gongá antes de cada trabalho e da troca dos elementos da natureza do otá e do assentamento dos agentes mágicos; estas atividades podem se dar juntamente com outros médiuns que se interessarem ou desejarem cooperar; também prepararão e executarão a defumação. Além disso, prepararão o espaço reservado para doação de ectoplasma e para os passes de cura. O ideal é o cambono chegar sempre com alguma antecedência ao centro para essas atividades.

11. Orientação para ectoplasmia: É a doação de fluido de cura. Quando o consulente for diagnosticado como médium de cura e for encaminhado a vir rotineiramente para doação ou se for encaminhado apenas para tratamento, deve ser entregue ao mesmo um folheto, como o do exemplo abaixo, após as devidas explicações. Falaremos deste assunto em capítulo próprio, mas é preciso que ele saiba que no caso de ser médium de cura e vir doar ectoplasma regularmente, isso, todavia, não faz dele um médium da casa. Nenhuma doação se dará no mesmo dia do encaminhamento, pois necessita de preparação. Apresentamos a seguir um modelo de folheto para ser entre ao consulente.

12. Controle das fichas de atendimento: Recomenda-se ao cambono organizar uma tabela de atendimento, como o exemplo acima, na hora de distribuição de fichas, para não sobrecar-

---

Orientação para trabalho de ectoplasmia

1 - não comer carne naquele dia (de nenhum tipo).
2 - não fumar durante todo o dia do trabalho, desde que acordou pela manhã (se possível for).
3 - não ingerir bebidas alcoólicas naquele dia.
4 - manter-se harmonizado e em preces durante todo o dia (evitar contendas e discussões). Não se irritar. Ser generoso e resignado. Este procedimento em especial vai ensinando o consulente que na vida não se recebe nada sem esforço, dedicação e mudança interior. Que ninguém pretenda receber qualquer assistência, por menor que seja, sem merecimento. O consulente pode enganar o médium, mas não pode enganar ao guia e muito menos a si próprio. Este também é um bom tema para ser tratado no "momento de evangelização".
5 - tomar normalmente suas medicações e em nenhum momento abandonar o tratamento dos médicos da matéria.
6 - não tomar calmantes que não tenham sido prescritos por seu médico.
7 - fazer o preparo dos três dias com água fluidificada à noite, juntamente com as preces dirigidas ao seu protetor.
8 - vir com roupas claras (no mínimo com camisa ou camiseta branca).
9 - chegar até, no máximo, o horário de início dos trabalhos para se harmonizar com o ambiente.
10 - não necessita se consultar ou pegar fichas sempre que vier para a doação. Basta procurar o cambono e dizer que veio para doar ectoplasma.

Figura 22

regar um determinado médium e não criar a falsa crença que um determinado guia é melhor que outro. Deveria haver um número máximo fixo de atendimentos por médium e depois disso o consulente, na ordem de chegada, necessariamente, escolher entre os que restaram.

As fichas podem ser coloridas e numeradas, facilitando a chamada, sem precisar ficar repetindo o nome da entidade ou do médium. Ao entregar a ficha o cambono marca um traço para fazer uma distribuição igualitária. Um quadro na sala de espera poderá indicar as cores com os guias ou médiuns, que seriam sempre as mesmas. E ao chamar seria assim: **vermelho 4**, por exemplo.

Controle das fichas de atendimento

13. Imantação de cristais e guias de proteção: A imantação pode simplesmente ser feita por uma das entidades manifestadas na

1. Caridade de Caboclos				2. Caridade de pretos velhos			
entidade	cor da ficha	médium	nº de atendimento	entidade	cor da ficha	médium	nº de atendimento
Pena Verde	azul	Antonio	/////	Pai João	vermelha	Maria	/////
Ubirajara	verde	Helena	/////	Pai Benedito	roxa	José	/////

Figura 23

casa. Todavia, o médium, se desejar se aprofundar nos procedimentos de magia, pode fazer a imantação de seu próprio material, como sua guia ou cristal, usando uma caixa preparada para isso. A FGC tem sua caixa própria e que pode ser usada por qualquer médium.

Caixa de imantação

- deverá ser do tamanho aproximado de uma caixa de charutos, ou a própria, pintada de branco, por exemplo.
- deverá ser forrada de branco por dentro com papel ou pintada.
- colocar um ou dois dedos de terra das matas ou areia do mar forrando o fundo.
- confeccionar um pano branco pouco maior que a caixa com o sinal riscado da vibração original do médium; o ideal mesmo é que fosse traçado o ideograma do chakra da vibração

original do médium; veremos mais sobre o assunto em capítulo adiante. Se houver uma só caixa para todos será usado o sinal do orixá no qual a casa é firmada. O sinal poderá ser riscado com uma pemba ou giz comum.
- colocar dentro um potinho de barro para álcool.
- deverá também ter uma vela de cera, se possível, pois é a mais pura.
- finalmente colocar dentro um pequeno cristal da cor do orixá do médium ou do casa. O cristal pode ser o chamado cristal tcheco, pequeno, barato e fácil de ser encontrado em casas de pedras.

Procedimento
- verificar a hora de maior atuação do orixá em questão, que pode ser visto no capítulo sobre orixás.
- abrir a caixa e colocar dentro dela o objeto a ser imantado.
- acender a vela e colocar pequena quantidade do álcool no potinho com cuidado para que não peque fogo.
- abrir o pano com o chakra riscado e colocá-lo na frente da caixa.
- mentalizar por uns momentos a imantação do objeto que está sendo vibrado com os 4 elementos:
a. fogo: a vela acesa
b. terra: a terra das matas ou areia do mar
c. éter: a emanação do álcool
d. água: contida no álcool
- apagar a vela e cobrir a caixa aberta com o pano sem retirar nada.
- repetir o procedimento por 3 dias seguidos.
- após a imantação do objeto ninguém mais além do dono pode colocar as mãos, para não misturar as energias, mas o objeto pode ser lavado.
- os objetos vão perdendo com o tempo a imantação, que deve ser repetida de quando em quando; anualmente, por exemplo.
- não é possível imantar objetos para outras pessoas, pois é um procedimento pessoal; apenas entidades manifestadas imantam objetos para outras pessoas,médiuns ou consulentes, com imposição de mãos.

Umbanda um Novo Olhar 131

14. Defumação: Tanto na casa do consulente quanto no centro a defumação, se possível, deveria ser feita com flores secas ou ervas secas e não com incensos comprados prontos. Qualquer flor pode ser usada. No caso das ervas o cambono orientará o consulente quais ervas podem ser usadas, de acordo com a vibração original do mesmo, o que pode ser visto em capítulo próprio. O cambono entregará a orientação por escrito ao consulente, da mesma forma que faz com banhos e outros procedimentos. Estas informações fazem parte daquelas que podem ser deixadas sempre disponíveis plastificadas para os cambonos.

O cambono deve estudar as ervas para saber quais as que se aplicam na defumação do centro, de acordo com a vibração no qual ele é firmado que é a vibração original do médium chefe.

Apresentamos a seguir um modelo de folheto para ser entregue ao consulente.

Orientação para defumação

1 - Pode ser usada uma cumbuca ou outro tipo de pote para a defumação. Tomar cuidado para não se queimar. O ideal é ser usado um incensorio ou um turibulo.

2 - A forma mais fácil é colocar dentro do pote carvão em brasa, que pode ser facilmente conseguido colocando-se alguns pedacinhos de carvão numa panela velha e depois aquecendo no fogão; transferir depois para a cumbuca; uma pequenina quantidade é suficiente.

3 - A seguir jogar sobre a brasa, aos poucos, pequenas porções de flores ou ervas secas selecionadas.

4 - Em preces, sem alarido e sem a presença de curiosos, a defumação é iniciada.

5 - A defumação começa pela porta da frente da casa, fazendo-se a planta da mesma pela direita de quem entra. Naturalmente ela termina na mesma porta da frente, do lado esquerdo.

6 - Deixar queimando o resto que sobrar do lado de fora da porta ou, se não for possível, jogar o restante na bacia do banheiro.

7 - Ervas (se for o caso): _____

Figura 24

Capítulo 6

Características e relações dos orixás

Definição

Os orixás são os grandes arquitetos siderais ou construtores de sistemas solares e nós, seres humanos, devemos a eles nossa evolução intelectual e física.

São também chamados de hierarquias criadoras e se ocupam da construção do universo. Completaram sua própria evolução em idades e universos pretéritos. Poderíamos dizer que, em épocas pretéritas, foram indivíduos como nós, guardadas as devidas situações de cada época, impensáveis para o homem atual. É preciso saber que orixás não são espíritos ou entidades e, portanto não podem incorporar os médiuns, como alguns cultos africanistas pensam.

Orixás são divindades, sendo também conhecidos como os mensageiros do senhor ou luzes do senhor ou ainda como as 7 emanações do senhor. A origem do nome orixá vem da palavra purushá, do idioma sânscrito, o idioma sagrado que deu origem a todas as línguas, em suas raízes.

O nome sagrado de cada orixá foi totalmente perdido e os nomes que hoje conhecemos são corruptelas dos nomes originais, com a exceção de Yori e Yorimá.

No esoterismo cada um dos nomes usados atualmente tem um significado específico, os quais apresentamos a seguir.

Nomes dos sete orixás e seu significado esotérico
- Oxalá - a imanência de Deus
- Ogum - o fogo da salvação
- Oxossi - o caçador de almas

- Xangô - o comandante das almas
- Yemanjá - a mãe do mundo
- Yori - relação com a lei divina
- Yorimá - lei divina em ação

Atuação dos orixás num ritual de magia

De uma forma superficial e didática poderíamos compreender melhor a ordem de atuação das entidades enfeixadas nas diversas linhas, lembrando que orixás não são seres incorporantes, são divindades. A saber:

- Oxalá - distribui o serviço.
- Yorimá - primeiro faz o planejamento da contra magia e num segundo momento atua na magia tendo sempre um agente mágico sob suas ordens.
- Ogum - atua nas demandas, entendendo-se por demanda uma luta contra a magia negra, isto é, quando é preciso opor uma magia à outra.
- Oxossi - trata das doenças da alma e da saúde; neste último caso costuma trabalhar junto com a linha do oriente, enfeixada na linha de Oxalá.
- Xangô - trabalha na lei do carma, onde cada ação tem uma reação.
- Yemanjá - faz a limpeza magnética do ambiente de trabalho.
- Yori - faz a chamada, isto é, faz a evocação dos elementais, que são seres da natureza para o trabalho. Cada tipo de elemental atua num dos elementos da natureza, que são fogo, água, ar, terra ou éter, queimando miasmas, promovendo limpezas etc.

Breves considerações teosóficas

Originalmente eram 12 ordens de divindades nos 12 esquemas de evolução. Como cinco esquemas de evolução já terminaram cinco ordens também já passaram para um estado de imanifestação na ronda atual, isto é, atingiram um estado misterioso para a espécie humana e desta forma não mais se manifestam da forma que compreenderíamos; restam 7, com a 8ª ordem, a de Obaluyaê, o orixá oculto da umbanda, retornando em outra ordem, a 3ª.

1ª ordem: Chamas divinas - Oxalá

2ª ordem: Unidades duplas - Yori
3ª ordem: Tríades ou triplos - Yemanjá e Obaluayê
4ª ordem: Monadas - Oxossi
5ª ordem: Makara - Ogum
6ª ordem: Agnishvattas - Xangô
7ª ordem: Pitris - Yorimá
8ª ordem: Obaluayê. Está passando para um estado de imanifestação; como essa ordem está terminando na ronda atual, Obaluayê está voltando na 3ª ordem, voluntariamente, e atua com sua contra parte feminina, Yemanjá.

O Triangulo fluídico
O triangulo fluídico representa os três aspectos em que a lei da umbanda trabalha no mundo astral ou da forma. O mundo da forma é a maneira pelo qual as entidades se manifestam aqui no planeta.

Representa a síntese do movimento da umbanda e foi traçado pela primeira vez no astral da Atlântida, na antiga Aumbandhã, sendo posteriormente traçado nos céus aqui da América, quando a espiritualidade superior decidiu reimplantar a umbanda do planeta, no projeto chamado Terras do Sul, sobre o qual já falamos em capítulo anterior.

Representa a vontade, a sabedoria e a atividade dos orixás. Sua consequência é o equilíbrio da manifestação.

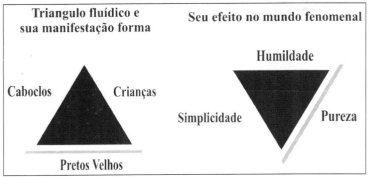

Figura 25

Umbanda um Novo Olhar 135

Manifestações no triangulo da forma

Também chamadas de manifestação forma; cada uma demonstrando a aparência com a qual a entidade se manifesta.
São apenas 3 tipos de manifestações na umbanda:
Caboclos: manifestam-se entidades das vibrações de Oxalá, Yemanjá e Oxossi. Entidades das vibrações de Ogum e Xangô também se apresentam na manifestação forma de caboclos, mas não se denominam como caboclos e sim como Oguns e Xangôs, e muitíssimo mais raramente, as da vibração de Obaluayê, o orixá oculto, que se denominam Obaluayês.
Crianças: manifestam-se entidades da vibração de Yori.
Pretos velhos: manifestam-se entidades da vibração de Yorimá.

Observações
- É preciso que se entenda que a forma que as entidades se manifestam, isto é, caboclos, pretos velhos e crianças, não representam sua identidade real ou original.
- Isto quer dizer, por exemplo, que todas as entidades que se manifestam como crianças, na verdade são Nyrmanacayas e não crianças no sentido cronológico de idade. São entidades de alta evolução, como já citamos anteriormente; são apenas chamados de crianças no sentido daquele que renasceu ou está renascendo para o mundo espiritual, pois já esgotou seu carma ou tem apenas resíduos.
- Os que se apresentam como pretos velhos, por exemplo, são geralmente grandes magos do oriente e não pretinhos velhos africanos como as pessoas carinhosamente pensam.
- Da mesma forma as entidades que se apresentam como caboclos não são sílvícolas com arco e flecha.
- Os dirigentes do movimento da umbanda apenas usaram a herança xamânica de nosso povo para criar as manifestações forma quando de seu renascimento no planeta.
- No triângulo da forma temos então:
 a. Caboclos representando a simplicidade.
 b. Pretos velhos representando a humildade.
 c. Crianças representando a pureza.

- Na antiga Aumpram, as entidades que se manifestavam eram os Nyrmanacayas e os Encantados. Estes últimos eram espíritos que nunca reencarnaram no planeta e se apresentavam no triângulo da forma nas vibrações de anciãos, instrutores e puros, o que nos dias de hoje corresponde aos pretos velhos, caboclos e crianças.

- As formas de pretos velhos e caboclos foram, portanto escolhidas quando se estabeleceu o reinicio da umbanda para aproveitar a tradição do povo brasileiro, acostumada aos escravos africanos com suas mirongas e aos índios brasileiros com suas pajelanças.

Apresentamos a seguir a disposição gráfica dos orixás, quando os triângulos invertidos se sobrepõem, isto é, o triângulo das manifestações forma e o triângulo que representa seus efeitos no mundo dos fenômenos.

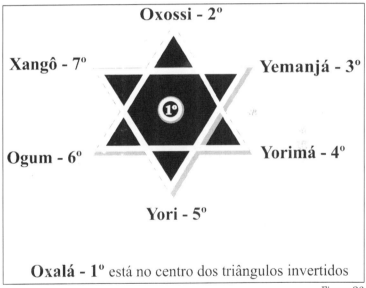

Figura 26

Os triângulos sobrepostos mostram os caminhos que sempre se cruzam. Representa também o entrelaçamento do triângulo fluídico e seu efeito no mundo fenomenal. Os números representam a ordem de sua disposição.

Relação dos chakras com os orixás

a. Grafia dos chakras: mostramos aqui a grafia dos chakras, da forma que como é usada nas obrigações de cabeça dos médiuns. Numa apresentação rara os chakras aqui foram traçados e denominados por Roger Feraudy. Detalhes sobre o assunto são encontrados no capítulo sobre mediunidade.

Grafia dos chakras

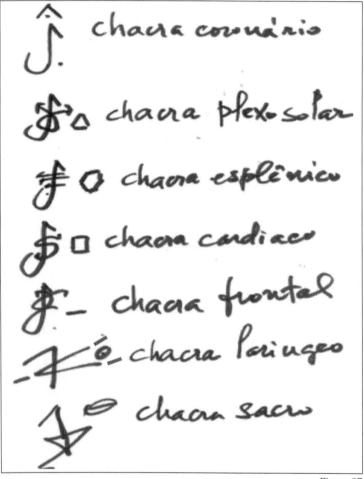

Figura 27

b. Cores, nomes e relações dos chakras: mostramos abaixo uma pequena tabela com os orixás relacionados a cada chakra e as cores correspondentes. O chakra no centro dos triângulos será sempre o 1°. O do topo será o 2°. E no sentido horário a partir desse teremos o 3°, o 4°, o 5°, o 6° e o 7°, lembrando que Obaluayê atua no 3°.

	Chakra	Orixás	Cor
1°	Coronário	Oxalá	Branco
2°	Esplênico	Oxossi	Azul
3°	Frontal	Yemanjá	amarelo
4°	Sacro	Yorimá	Anil ou índigo
5°	Laríngeo	Yori	Laranja
6°	Cardíaco	Xangô	Verde
7°	Plexo Solar	Ogum	Vermelho

Figura 28

Dias de culto aos orixás

Os dias de culto foram determinados pelos umbandistas em diferentes épocas e se tornaram tradicionais, não tendo sido indicados pelas entidades e não estão relacionados a nada em especial.

Orixás	Dia de cultos dedicados aos orixás
Oxalá	Junho: no dia de Corpus Cristi
Oxossi	20 de janeiro
Yemanjá	15 de agosto
Yorimá	13 de maio
Yori	27 de setembro
Xangô	30 de setembro
Ogum	23 de abril

Figura 29

Planetas sagrados, signos e orixás correspondentes

Planetas sagrados	Signos zodiacais	Orixás
Sol	Leão	Oxalá
Marte	Aries e escorpião	Ogum
Vênus	Libra e touro	Oxossi
Júpter	Peixes e sagitário	Xangô
Lua	Câncer	Yemanjá
Mercúrio	Gêmeos e virgem	Yori
Saturno	Capricórnio e aquário	Yorimá

Figura 30

Entidades no grau de chefe de legião

Mostraremos a seguir uma tabela dos chefes de legião. São os auxiliares diretos dos orixás. São também chamados de orixás menores.

Nesse nível a entidade não se manifesta pelas mecânicas da incorporação ou irradiação. Comunicam-se apenas mente a mente, da mesma forma que a maioria dos chefes de falange.

Muitos médiuns têm a impressão que estão incorporando entidades chefes de legião por conta da grande desinformação em relação aos nomes. Muitas e muitas entidades se apresentam com os mesmos nomes; até mesmo guias e protetores, que podem adotar nomes diversos às vezes se manifestam com os usados por essas entidades de alta hierarquia.

Falaremos mais desse assunto a seguir.

Linha de Oxalá	Linha de Ogum	Linha de Oxossi	Linha de Xangô	Linha de Yemanjá	Linha de Yori	Linha de Yorimá
Ay-Mhoré	Matinada	Jurema	7 Montanhas	Indaiá	Damião	Pai Joaquim
Guaracy	Beira Mar	Araribóia	7 Pedreiras	Nanã Buruquê	Cosminho	Pai Benedito
Ubiratan	Ogum Iara	Cobra Coral	Pedra Preta	Estrela do Mar	Doum	Pai Tomé
Urubatão da Guia	Da Lei	Arranca Toco	Kaô	Yara	Yari	Pai João
Tabajara	Rompe Mato	Tupyara	Agodô	Oxum	Tupanzinho	Pai Congo ou Rei Congo
Tupy	Megê	Arruda	Pedra Branca	Inhassã	Ory	Pai José de Arruda
Guarany	De Malê	Pena Branca	7 Cachoeiras	Sereia do Mar	Yrai	Vovó Maria Conga

Figura 31

Observações

- Como já foi dito é preciso reforçar e deixar claro, para evitar confusões, que os chefes de legião ou orixás menores não se manifestam através de incorporação ou irradiação. Só mesmo através da comunicação mente a mente.

- Se desdobram em sete, isto é, popularmente falando, cada um faz sete com o mesmo nome, o que significa que abaixo dos 7 chefes de legião de cada linha, estão 49 entidades, de hierarquia imediatamente inferior, com os mesmos nomes, que são os chefes de falanges.

- Abaixo deles estão os guias, em número de 343. E abaixo deles estão os protetores, em número de 2401. Esses números são para cada linha.

- Guias e protetores se manifestam sob os mais variados nomes. Mostramos abaixo um gráfico representativo de uma das linhas, no caso, Oxalá, apenas como exemplo.

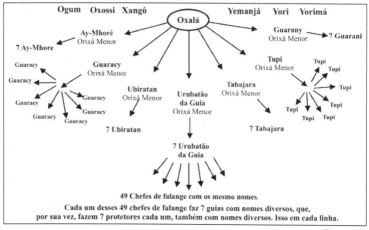

Figura 32

- Não é incomum vermos entidades se manifestarem com os mesmos nomes de chefes de legião, quando seu conhecimento demonstra obviamente que não o são; isto se dá, geralmente, apenas como uma forma carinhosa de manifestação ou por um desejo, inconsciente ou não, do médium. Às vezes o médium é mal desenvolvido e não consegue, simplesmente, captar o pensamento da entidade que lhe passa o nome. Outras vezes trata-se apenas de falta de informação do médium ou ainda, como todo médium é consciente, ele simplesmente escolhe para a entidade que recebe um nome que lhe é simpático ou que ouviu falar. De qualquer forma o nome não é o mais importante, desde que todos estejam fazendo sua caridade. Por esta razão é comum encontrarmos entidades com nomes de chefes de legião atendendo nos centros, até mesmo nos mais populares onde, eventualmente, atuam médiuns com pouca informação.

- Naturalmente deve ficar claro, já que parece por demais óbvio, que para um médium incorporar uma entidade de alta hierarquia, como um guia, por exemplo, deve ser uma pessoa excepcional, tanto moralmente quanto na área de conhecimento da umbanda.

- Isto quer dizer que um mesmo caboclo Pena Branca, por exemplo, que se manifesta num centro, não deve ser, necessariamente, aquele que se manifesta em outro e tampouco que ele seja necessariamente um guia ou mesmo um protetor. E muitíssimo menos um chefe de legião. A maioria dos nomes das entidades são estabelecidos pelos médiuns de forma aleatória, o que não interfere no seu trabalho.

- Como se vê muitas entidades que trabalham junto ao movimento da umbanda não estão enfeixadas na síntese da mesma, nas manifestações formas de caboclo, preto velho ou criança. São apenas espíritos de homens comuns com desejo de ajudar, muitos sem grande luz ou conhecimento. São chamados de auxiliares. Desta maneira, como em tudo na vida, tudo o que se ouve ou vê na umbanda deve passar sempre pelo crivo do bom senso e da razão.

- Além destas todas, precisamos lembrar daquelas que fazem parte de agrupamentos, enfeixadas nas diversas linhas, com um número ilimitado de entidades. Os agrupamentos mais conhecidos são:

a. Agrupamento das Almas, conhecido como Linha das Almas, enfeixado nas linhas de Xangô e de Yorimá, embora seus participantes não se apresentem nem como caboclos e nem como pretos velhos. São magos brancos que se apresentam como velhos.

b. Agrupamento do Oriente, conhecido como o Povo do Oriente, enfeixado na linha de Oxalá. Da mesma forma que o agrupamento anterior, estas entidades também não se apresentam como caboclos. São curadores e se apresentam com a aparência do extremo oriente, como chineses, por exemplo.

Total de entidades para cada hierarquia

	Total para cada linha	Multiplicado por	Total geral
Chefes de legião	7	7 linhas	49
Chefes de falange	49	7 linhas	343
Guias	343	7 linhas	2401
Protetores	2401	7 linhas	16807
Entidades em agrupamento	número desconhecido	---	número desconhecido
Auxiliares	incontáveis	---	incontáveis

Figura 33

Entidades que trabalham na umbanda em grau de Guia

Relacionamos aqui apenas algumas dessas entidades; alguns chefes de falange podem se apresentar humildemente como guias. Como sabemos existem guias com os mesmos nomes de chefes de legião.

Linha de Oxalá - Caboclos: Grajaúna, Graúna, Água Branca, Tupã, Rompe Nuvem, Yamari, Tamoio, Gira Sol, Guaraná.

Linha de Oxossi - Caboclos: Pena Azul, Pena Dourada, Tupynambá, 7 Flechas, Tupyara, Tupayba, Turyassu, Ipojucan, Mata Virgem, Rei da Mata, Pery, Jundiay, Rompe Folha, Paraguassú, Coqueiro, 7 Palmeiras, 7 Coqueiros, Pena Verde, Folha Verde, 3 Estrelas, Jurema, Pena Branca, Roxo, Araguary, Cachoeirinha, Ubiracy, Jatay.

Linha de Ogum - Caboclos ou oguns: 7 Espadas, 7 Lanças, 7 Escudos, Timbiri, Tira-Teima, Humaitá, Rompe Mato, Icaray, Beira Mar.

Linha de Xangô - Caboclos ou xangôs: Cachoeira, Junco Verde, Gira Mundo, Sumaré, Anhanguera, Rompe Ferro, Rompe Aço, Rompe Fogo, Ventania, Caboclo do Vento, Urucutum, Rompe Serra, Nazareth, Tupanguera, Javaré, Juruá, Jaranan.

Linha de Yemanjá - Caboclos: Jandyra, Jupyara, Jupyra, Jacyra, Cabocla da Praia, Ire, Jassanã, 7 Ondas, Estrela D'alva, Rosa do Ar.

Linha de Yori - Crianças: Crispim, Crispiniano, Mariazinha, Zequinha, Chiquinho, Duquinha, Pedrinho, Luizinho, Paulinho, Joãozinho.

Linha de Yorimá - Pretos velhos: Pai João D'Angola, Pai Jacó, Vovó Ana, Pai Simplício, Tia Chica D'Angola, Pai Chico D'Angola, Pai Miguel das Almas, Vovó Catarina, Pai Serapião, Vovó Cambinda, Tio Antonio, Pai Moçambique, Pai Jovino, Pai Fabricio, Pai Tomás, Vovó Luiza, Vovó Cambinda, Vovô Luiz, Vovó Sabina, Pai Joaquim, Pai João, Pai Benedito.

Guias e protetores

- Os guias podem se apresentar com vários corpos de ilusão

e os protetores apenas com um único corpo de ilusão. Corpo de ilusão é a forma plasmada pela entidade para se manifestar. Por exemplo, uma entidade que se manifesta na umbanda com o nome de Pai Benedito, pode se manifestar no Kardecismo, por exemplo, com o nome de dr. Fulano de Tal, e assim por diante.

- É interessante notar, quando se fala em corpo de ilusão, que cada vidente, vai ver ou ouvir, compreender ou deduzir, aquilo que já acredita, ou melhor falando, aquilo que já é um engrama registrado em seu cérebro. Por exemplo, num dia de caridade de caboclo um consulente chamou um dos médiuns da casa e, maravilhado, confidenciou sobre os belos índios que se encontravam trabalhando com os médiuns. O mesmo médium ao olhar para a mesma corrente de trabalho via, no entanto, apenas sacerdotes e magos, paramentados com seus trajes tradicionais auxiliando na assistência dos consulentes.

- Definição de engrama: quando vemos um gato, reconhecemos imediatamente que aquilo é um gato, pois já temos registrado o engrama gato em nosso cérebro. Mas, se nunca tivéssemos visto um gato, ao vermos o animal, ficaríamos pensando do que se trataria. Da mesma forma que se o engrama caboclo está registrado como um silvícola, ao nos depararmos com um, vamos reconhecê-lo de acordo com o registro que já temos. Por isso o acúmulo de cultura, altera os engramas e nossa capacidade, inclusive de desenvolvimento mediúnico. Os registros podem ser sensoriais ou culturais. Quando lemos um livro compreendemos a história e montamos o cenário de acordo com nossos engramas, isto é, de acordo com os registros que já temos. Por isso, é preciso cuidado com aquilo que você acha que está vendo, pois pode não corresponder à verdade.

- Os guias são entidades que estão encerrando praticamente seus compromissos cármicos; podem ter ainda algum resíduo de carma; muitos já são o que chamamos de nyrmanacayas, das quais já falamos anteriormente; praticamente já não precisariam reencarnar no planeta. Protetores são entidades que ainda tem pela frente algumas poucas reencarnações. Chefes de legião e chefes de falange não incorporam; estes últimos raramente.

- É importante esclarecer que muita gente confunde entidades auxiliares não enfeixadas na síntese do movimento da umbanda com guias e protetores, como é comum acontecer no kardecismo, por exemplo, onde esses termos são usados de outra maneira. Lá, geralmente, a maioria dos espíritos bondosos que se apresentem na mesa de intercambio onde os médiuns dão passividade, são chamados de protetores.

O problema é quando o mesmo se dá com entidades malévolas que vêm às casas espiritualistas, incluindo a umbanda, para atrapalhar ou brincar. Muitas vezes conseguem, até com facilidade, se fazer passar por guias ou protetores; lembrando sempre que entidades trevosas, podem ter os mesmos conhecimentos de entidades de luz e sabem também falar com palavras doces.

A diferença não está, portanto, no que eles dizem de forma geral ou na forma como dizem, mas no conteúdo mais profundo do que dizem, isto é, naquilo que podem induzir médiuns ou consulentes a pensar ou fazer. Isto é, a parte moral de sua fala. Existe uma grande diferença entre conhecimento e ação.

É preciso pois atenção de médiuns e cambonos, pois um guia ou protetor verdadeiro nunca pedirá que alguém faça ou pense qualquer coisa que vá contra aquilo que a umbanda acredita. Por exemplo: fazer o médium beber, pedir um sacrifício de um animal ou qualquer outro ato que implique numa atitude não amorosa ou ainda que coloque o médium ou o consulente em risco ou em situação constrangedora.

Nunca esquecer também que uma entidade de luz jamais inferirá no carma do consulente e, portanto, não tomará decisões por ele e tampouco conseguirá para ele o que não merece ou não é para ser seu. Falaremos de carma em outro capítulo.

Orixás e datas de nascimento

A vibração original do médium significa a vibração do orixá que predominava na data de seu nascimento; na ocasião de seu batismo no centro, este deverá ser feito para esse orixá. Falaremos desse assunto no capítulo sobre mediunidade, assim como as demais obrigações e cabeça.

DATA DE NASCIMENTO DO MÉDIUM	ORIXÁ CORRESPONDENTE - VIBRAÇÃO ORIGINAL -
21 de janeiro a 20 de fevereiro	Yorimá
21 de fevereiro a 20 de março	Xangô
21 de março a 20 de abril	Ogum
21 de abril a 20 de maio	Oxossi
21 de maio a 20 de junho	Yori
21 de junho a 20 de julho	Yemanjá
21 de julho a 20 de agosto	Oxalá
21 de agosto a 20 de setembro	Yori
21 de setembro a 20 de outubro	Oxossi
21 de outubro a 20 de novembro	Ogum
21 de novembro a 20 de dezembro	Xangô
21 de dezembro a 20 de janeiro	Yorimá

Figura 34

Ervas e plantas das 7 linhas de umbanda

Oxalá - ervas regidas pelo Sol: Arruda, Arnica, Erva Cidreira, Erva de São João, Folha de Laranja, Alecrim do Mato, Alecrim Miúdo, Hortelã, Folha de Levante, Erva de Oxalá, Folhas de Girassol, Folha de Bambu.

Ogum - ervas regidas por Marte: Losna, Comigo-Ninguém-Pode, Folha de Romã, Espada de Ogum, Lança de Ogum, Cinco Folhas, Macaé, Folha de Jurubeba, Erva de Coelho, Erva de Bicho ou Jurupitan.

Oxossi - ervas regidas por Vênus: Malva Rosa, Malvaísco, Mil Folhas, Sabugueiro, Funcho, 7 Sangrias, Folhas de Aroeira, Azedinho, Folha de Fava de Quebrante, Gervão Roxo, Grama Pernambuco, Grama Barbante.

Xangô - ervas regidas por Júpiter: Folha de Limoeiro, Erva Moura, Aperta Pipi, Erva Lírio, Maria Preta, Folhas de Café, Folha de Mangueira, Erva de Pipi.

Yemanjá - ervas regidas pela Lua: Unha de Vaca, Picão do Mato, Folha de Lágrimas de Mamãe Oxum (Lágrimas de Nossa Senhora), Erva Quaresma, Mastruço, Folha de Trevo, Chapéu de Couro, Açucena, Folha de Rosa Branca, Pariparoba, Erva de Santa Bárbara.

Yori - ervas regidas por Mercúrio: Folha de Amoreira, Fo-

Umbanda um Novo Olhar

lha de Anil, Erva Abre Caminho, Alfazema, Suma Roxa, Folha de Quina Roxa, Capim Pé de Galinha, Salsaparrilha, Arranha Gato, Manjericão.

Yorimá - ervas regidas por Saturno: Mal-Com-Tudo, Guiné Pipi, Negramina, Folha de Tamarindo, Folha de Eucalipto, Cipó Caboclo, Cambará, Erva Grossa, Vassoura Preta, Vassoura Branca.

Resumo das características e das relações dos orixás

Apresentamos a seguir um resumo das características e relações do orixás dividida em 3 tabelas, para melhor compreensão.

Orixá	Chakra	Dia da semana e Som	Sensação na incorporação	Tipo de fala	Metal e Elemento
OBALUAYÊ O orixá oculto	Launa ou do mestre - situado no entre olhos	2ª. Si	Raros médiuns os recebem; vibraçã o no entre olhos	Correta Fala pouco	Prata Água
OXALÁ	Coronário	Domingo Mi	Vibração nas costas e nuca; curva a cabeça	Correta Fala pouco	Ouro Prana
YEMANJÁ	Frontal	2ª Si	Sensação de perder o centro da gravidade - gira; frio e choro	Pausada Fala pouco	Prata Água
OXOSSI	Esplênico	6º Sol	Vibração nas pernas de baixo p/ cima; movimento de rotação	Pausada Fala bastante	Cobre Ar
OGUM	Umbilical ou solar	3º Fá	Vibração brusca, tipo arranque, de baixo para cima; portanto postura ereta	Em arranque Fala pouco	Ferro Fogo
XANGÔ	Cardíaco	5ª Ré	Incorporações bruscas; movimento dos punhos no peito	Praticamente não fala	Estanho Terra
YORI	Laríngeos	4ª Dó	Vibração na garganta; a voz se afina	Fina Fala pouco	Mercúrio Éter
YORIMÁ	Sagrado ou sacro	Sábado Lá	Vibração na base da coluna; portanto o médium se curva; aparência cansada	Pausada e cansada. Fala bastante.	Chumbo Manas

Figura 35 - parte 1

Orixá	Consulta	Atividade principal	Entidades	Cor	Agente Mágico
OBALUAYÊ O orixá oculto	Raramente	Cura Astrologia	Senhores da arte de curar e astrólogos - só guias	Violácea	Caveira
OXALÁ	Raramente	Aulas Orientação	Nyrmanacayas e Orientais - só guias	Branco	7 Encruzilhadas
YEMANJÁ	Não	Limpeza	Povo da água e Povo do mar - guias e protetores	Amarelo	Pomba Gira
OXOSSI	Sim	Cura e Atendimento	Caboclos - guias e protetores	Azul	Marabô
OGUM	Raramente	Demanda	Caboclos - guias e protetores	Vermelho	Tranca Rua
XANGÔ	Não	Justiça	Caboclos e Linha das almas guias e protetores	Verde	Giramundo
YORI	Só palestras tema doutrinário	Aula Orientação	Nyrmanacayas - só guias	Laranja	Tiriri
YORIMÁ	Sim	Magia Atendimento	Pretos velhos - e Linhas das almas - guias e protetores	Anil	Pinga Fogo

Figura 36 - parte 2

Orixá	Dualidade	Planeta Sagrado	Signo	Dia de Culto	Mantra	Ponto cardial
OBALUAYÊ O orixá oculto	Yemanjá	Lua	Câncer	15 de agosto	Canto	Sudoeste
OXALÁ	Oxum	Sol	Leão	Corpus Crist	Nenhum	Norte
YEMANJÁ	Obaluayê	Lua	Câncer	15 de agosto	Canto	Sudoeste
OXOSSI	Ossânhe	Vênus	Libra e Touro	20 de janeiro	Assobio e estalar dos dedos	Noroeste
OGUM	Obá	Marte	Aries e Escorpião	23 de abril	Ôôô!	Norte
XANGÔ	Inhassã	Júpiter	Peixes] e Sagitário	30 de setembro	Êêê! Dedos em riste	Sul
YORI	Yariri Nanã	Mercúrio	Gemeos e Virgem	27 de setembro	Risinhos	Oeste
YORIMÁ	Nanã Buruquê	Saturno	Capricórnio e Aquário	13 de maio	Resmungos	Leste

Figura 37 - parte 3

Capítulo 7

Seres no astral

Segundo Roger Feraudy "Entidade espiritual é todo ser desencarnado, consciente do plano evolutivo em que se encontra. Essas entidades podem ser de vários estados evolutivos, desde os mais adiantados aos mais atrasados. Cada um ocupa um plano próprio ou inerente ao seu estado evolutivo".

Nem todo ser, todavia, é uma entidade espiritual, mas ainda assim ele pode transitar pelo plano astral; além disso o ser pode estar encarnado ou desencarnado e pode inclusive não estar em nenhum desses estados, sendo muitos apenas uma criação de outras consciências como, por exemplo, os artificiais, dos quais falaremos mais adiante.

Antes de citarmos cada tipo de ser que transita pelo astral, é preciso que se compreenda que astral não é um lugar que paira sobre nossas cabeças, como pensam alguns adeptos de religiões espiritualistas. Ele permeia nosso plano físico, da mesma forma que os demais corpos ou veículos de manifestação da consciência humana. Esses corpos formam o chamado setenário. Fazem parte desse setenário, o quaternário inferior, onde se encontram os corpos mais densos, como o físico e astral, por exemplo, e o ternário superior, onde se encontram os corpos mais sutis da parte divina do homem. E cada corpo se manifesta no seu próprio plano. Embora existam muitos outros modelos, usaremos neste momento esse conceito teosófico para falar do astral pela sua simplicidade.

O que queremos dizer é que da mesma forma como existem muitas formas de compreensão da divindade, o que sempre proporcionou o surgimento das mais diferentes religiões e crenças em todas as épocas, servindo cada uma para um determinado grupo de pessoas, o mesmo se dá com o entendimento dos diversos planos e estados de consciência. O plano de manifestação fora da matéria pode receber os mais diferentes nomes, desde astral, passando pelos céus e paraísos, até os mais profundos vales do inferno. Não importa de fato. Estamos apenas querendo falar de vida fora da matéria física como a conhecemos.

Falando de uma forma simples, o plano astral nada mais é que um estado de consciência do homem. Usando um conceito kardecista, por exemplo, poderíamos citar a conhecida proposição de que cada homem cria seu próprio umbral; um local transitório de sofrimento para onde se encaminham os espíritos confusos, raivosos, inconformados, malévolos ou simplesmente ignorantes das coisas da espiritualidade, situado no astral do planeta. E como é uma criação de cada um, significa que os meus monstros, aqueles que terei eventualmente de me defrontar no umbral não são os seus monstros; os meus medos não são os seus medos; da mesma forma nos lugares melhores do astral, nas chamadas cidades ou colônias espirituais, as minhas alegrias não serão as suas alegrias; meus conceitos de felicidade, tristeza ou excitação tampouco serão os seus.

Quando se fala numa cidade espiritual, como por exemplo a conhecida colônia de Nosso Lar, não se deve entender que ela flutue sobre a cidade do Rio de Janeiro, como se diz de uma forma até certo ponto ingênua. No conceito kardecista, ela seria plasmada, realimentada a cada instante pela vontade consciente das milhares de entidades que se encontram nesse local em particular do astral, vibrando de forma a direcionar energia e matéria astral para a manutenção dos edifícios e tudo mais que nela se instalou, unidas que são essas entidades pelas mesmas crenças, desejos, sentimentos e nível de evolução. Semelhante atrai semelhante. Apesar disso, a maioria dos espíritas ainda têm a ideia que a cidade paira nas alturas.

Acreditamos que esses conceitos de que o astral é algo que está acima de nós, enquanto encarnados, vêm das antigas crenças sobre céu e inferno, onde o céu era o paraíso que planava nas alturas e o inferno um local situado nas profundezas da terra. Mas, de fato, os planos coexistem no mesmo espaço, como quando estamos em nossa casa ouvindo nosso rádio. Não vemos as ondas de rádio que chegam, mas elas estão lá, ocupando o mesmo espaço que nós, sem que um tipo de matéria atrapalhe a outra e mais, sem que uma se aperceba da presença da outra. E, naturalmente, as ondas não podem nos tocar ou impressionar; da mesma maneira que não podemos guardá-las numa gaveta.

Assim como nós poderíamos achar que Nosso Lar seria um mundo maravilhoso nas alturas, muito distante e inacessível, seus prováveis habitantes, em sua maioria, também achariam que estão muito longe de nós.

Aproveitando o assunto de que tudo apenas se passa em diferentes estados de consciência, poderíamos voltar a falar brevemente da comunicação com o mundo astral, pois muita confusão existe a esse respeito. Os processos das ditas incorporações, nome que geralmente induz ao erro da realidade, pois alguns pensam que existe algo, um outro ser, entrando no seu corpo, ou irradiações, são apenas interações entre mentes. Interações essas que ocasionam a formação de ilusões associadas a influencias físicas. Essa interação mental pode ocasionar, através de um processo relativamente complexo, influências no médium em vários níveis, desde o comando motor, passando pelas visões, audições e sensações induzidas, até as intuições.

As informações captadas pelo médium numa manifestação espiritual, numa irradiação, por exemplo, são transferidas para seu cérebro físico; este por sua vez processa e decodifica as informações em sintonia com aquelas que já estão nele armazenadas. Posteriormente, através de um processo de expansão mental, do qual falaremos em outro capítulo, o médium retransmite para o ser desencarnado que os transforma em seu meio de entendimento, que não é físico, isto é, não é cerebral, pois entidades, obviamente, não têm ouvidos físicos para nos ouvir. E o caminho inverso é o mesmo.

Este é apenas um exemplo do que acontece quando um encarnado pensa estar falando com um desencarnado numa comunicação mediúnica; o médium geralmente espera receber o pensamento do desencarnado pronto, palavra a palavra, e no seu próprio idioma, como se isso fosse a coisa mais natural do mundo. E pensa também que a entidade o escuta. Simples assim. Na verdade isso tudo se dá porque costumamos pensar no mundo astral condicionados ao modelo de nosso mundo físico, o que, infelizmente, é natural.

Quando oramos, por exemplo, apesar da multiplicidade das palavras proferidas em nossas intermináveis rogativas através da fala ou pensamento, ambos processados por nosso cérebro físico, o que se expande para o astral de fato e pode ser, eventualmente, captado por desencarnados é apenas a emoção ou intenção contida no bojo, no conteúdo de nossas súplicas.

Nossa prece pode, portanto, ser ou não recebida e decodificada pelos seres do astral, da mesma forma que fazemos quando eles querem se comunicar conosco. Captamos ou não, processamos ou não o que vem do astral para nós. Depende de nossa sintonia, mas de qualquer maneira também não captamos palavras; apenas as emoções nelas contidas, as quais decodificamos de acordo com o que sabemos, desejamos, sentimos e somos, enfim. Falaremos mais desse assunto em capítulo futuro.

De qualquer maneira, o processo de comunicação, nos dois sentidos, isto é, médium para desencarnado e vice-versa, só pode ocorrer de forma interativa quando existe consciência intelectual das partes. Um ser desencarnado sem consciência de seu estado ou sem o conhecimento dos processos de interação com a expansão mental, devido às diferenciadas formas de como se processa o pensamento e também devido a tênue expansão mental do encarnado, não tem a habilidade de se comunicar de forma organizada com os seres encarnados, tendo como limite a comunicação dos sentimentos que se processa de forma espontânea, mas que pode ser muitas vezes mais forte que a comunicação induzida.

É comum pessoas tidas como doentes mentais, pois aparentemente estão alucinando, dizerem estar vendo ou ouvindo coisas estranhas. Segundo a medicina tradicional estariam com distúrbios da senso percepção. Podem ainda apresentar distúrbios do juízo de realidade, ou seja, delírios, pois acham que coisas estranhas acontecem. Na maioria das vezes, todavia, estão apenas recebendo essa carga descontrolada e espontânea de sentimentos vinda de algum ser do astral que se mantém numa faixa de desequilíbrio raivoso, por exemplo. E o encarnado, de acordo com aquilo que acredita ou tem armazenado como experiência ou informação em seu cérebro físico diz, por exemplo, que alguém quer matá-lo, que a polícia está vindo para prendê-lo ou que está sendo perseguido. Ouve vozes que o acusam de coisas absurdas. Ora, o chamado obsessor não está dizendo absolutamente nada e sim é o encarnado que está processando a raiva daquele provável desafeto de outros tempos dessa maneira.

Os chamados doentes mentais tidos como psicóticos, que são os que apresentam essa psicopatologia, nada mais são que médiuns desequilibrados e ignorantes do real significado dos fenômenos vivenciados por eles.

Voltando então ao médium comum, o que ele acredita ser um pensamento, nada mais é que a captação desses sentimentos, pois os espíritos não têm um aparelho fonador adaptado de qualquer maneira ao nosso mundo físico; tais sentimentos são por ele traduzidos em palavras, o que torna a comunicação com os seres do astral muitas vezes perigosa quanto à sua veracidade. Por isso a comunicação mediúnica de alto nível depende não só do estado moral do médium, mas também de treinamento intenso e disciplinado, para que ele possa distinguir conteúdos verídicos de simples captações espontâneas e desajustadas que possam se passar por verdades inquestionáveis que escravizem ou iludam.

Além disso precisa aprender a ser humilde e perceber quando está, consciente ou inconscientemente, dizendo apenas aquilo que gostaria de dizer, de acordo com seu sistema de crenças.

Certa vez ouvimos um chefe de terreiro, aparentemente incorporado por uma entidade durante os trabalhos de caridade, pedir que as flores do altar fossem compradas em ramalhetes e depois colocadas nos vasos apropriados no altar, que estava lindamente adornado, apesar da simplicidade, por pequenos vasos com flores plantadas. O médium com certeza havia se esquecido que dias antes, ele mesmo, tinha criticado duramente a situação, mesmo sabendo que a casa não tinha dinheiro para comprar flores novas a cada trabalho. Entidades de luz, generosamente, não dariam a menor importância ao fato. O médium estava, portanto, apenas expressando sua própria opinião, em nome do guia.

Muitas vezes caímos na tentação de achar que tudo o que

Umbanda um Novo Olhar 155

um médium incorporado diz é a mais pura verdade, especialmente se o que ele diz é aquilo que gostaríamos de ouvir; ainda mais se o médium em questão formos nós mesmos.

Continuando, embora o assunto seja controverso, não podemos também acreditar que as chamadas doutrinações durante comunicações mediúnicas consigam curar, libertar ou esclarecer espíritos, regular e rapidamente, como muitos acham; um simples insight, isto é, uma simples constatação de uma pretensa verdade ou um conselho, por mais lógico ou bem intencionado que seja, seria mesmo capaz de promover transformações imediatas na mente de espíritos milenares? Isto parece pura arrogância nossa. Somos pequenos e ignorantes demais para conseguir resolver as coisas dessa forma. Por esta e outras razões a umbanda não faz este tipo de atividade durante os trabalhos.

Todavia, se o trabalhador conseguir crescer interiormente e compreender melhor a lei maior e os meandros da espiritualidade e dos seres, já terá realizado um grande feito. O universo é tão sábio que permitindo sua compreensão através de um único ser, possibilita a melhora de todos os seres nele contidos, pois nossos sentimentos de amor e solidariedade, generosidade e compreensão se expandem da mesma maneira que a raiva de um desencarnado. E se, além disso, aprendermos a direcionar de forma consciente esses sentimentos, estaremos então fazendo um ótimo trabalho.

Desta forma acreditamos que qualquer tipo de intercambio espiritual, mesmo que bem feito, apenas possibilita o crescimento interior das pessoas, ainda que não resolva diretamente os seus problemas ou o dos desencarnados. Isto viria apenas como uma decorrência do entendimento do amor, do despojamento e da resignação; a conscientização do sofrimento alheio, aliado a um desejo compreendido e desinteressado de colaboração com toda a natureza, pode ser o real significado da mediunidade. Ela funcionando como a mola propulsora que carrega o indivíduo em direção ao trabalho de caridade.

Como se vê, para conseguir a solução de um processo obsessivo, por exemplo, ou paz de espírito, ou ainda qualquer outra cura espiritual, se torna necessário um longo e incessante trabalho, que apenas uma comunicação espiritual num centro não vai fazer acontecer como num passe de mágica, como esperam a maioria dos consulentes e, às vezes, os próprios médiuns.

Precisamos, portanto, entender toda complexidade da comunicação entre os estados de consciência de nossos corpos astrais e o de outros seres. Encontramos uma rede complexa e cheia de diversas interpretações, passíveis de erros, desvios e perturbações. Precisamos compreender e aceitar as difíceis e falhas comunicações entre os mundos. O conhecimento humilde desta situação nos levará a uma necessária analise crítica dos processos mediúnicos, enormemente vulgarizados e utilizados como sabedorias a prova de contestações. Se nem os homens da terra conseguem muitas vezes transmitir suas ideias uns aos outros com a clareza necessária quando conversam, tanto mais difícil quando tentam se entender com outros níveis de consciência.

Tipos de seres que transitam pelo astral

1 – Astrais humanos:
a. vivos:
- pessoas dormindo
- estudantes de escolas iniciáticas desdobrados
- mestres e discípulos
- magos negros e discípulos

b. mortos:
- mortos normais
- suicidas e mortos violentamente
- sombras: são cadáveres astrais deixados para trás quando uma entidade desencarnada passa do plano astral para outro superior, com matéria mental aderida se desintegrando. São semelhantes ao corpo físico. Podem ser vitalizadas por adeptos ou outros para serviço.
- cascões: são cadáveres astrais quase totalmente desintegrados.
- cascões vitalizados: são cascões vitalizados e usados por magos negros para suas magias.
- vampiros e lobos astrais: são raros; ainda existem em paí-

ses com rastros da 4ª raça raiz, a atlante; por exemplo, na 7ª sub raça atlante, a mongólica, de onde se originaram os japoneses.
- magos negros e discípulos esperando encarnação
- nyrmanakayas: são espíritos que não precisam mais reencarnar mas abdicam de migrar para planos superiores porque do astral é mais fácil ajudar o ser humano encarnado. Se apresentavam nos rituais dos templos iniciáticos da antiga Aumpram.
- guias: caboclos, pretos velhos e criança. Espíritos que habitam planos superiores e projetam um corpo de ilusão no astral para se comunicarem. Criam um ou mais corpos de ilusão, que destroem depois dos trabalhos para não deixar cascão.
- protetores: caboclos e pretos velhos. A mesma coisa, mas criam um único corpo de ilusão permanente; geralmente criam tipos humildes para se identificarem com consulentes mais simples, embora não precisem mais disso.
- auxiliares invisíveis: são espíritos que cuidam dos corpos de ilusão dos protetores, que não são destruídos após cada trabalho e necessitam de cuidados para que não sejam utilizados por outras entidades.

2 – Astrais não humanos:
a. essência elemental: também conhecida como matéria astral ou campo eletro magnético. Trata-se de uma matéria extremamente sensível ao pensamento humano.
b. animais dormindo desdobrados
c. corpos astrais de animais
d. espíritos da natureza: são os elementais. Sem estrutura interna, sua evolução completa se dá apenas no planeta Terra e podem ser de diversas naturezas:
- elementais da terra: gnomos
- elementais das águas: ondinas, yaras e sereias
- elementais do fogo: salamandras
- elementais do ar: silfos, sílfides e fadas
e. devas: Anjos. Seres de um reino superior ao hominal.
f. kama-rajás: são os chamados reis do astral ou encantados. Seres de outro tipo de evolução e que se unirão à humanidade em outra cadeia. Se apresentavam nos rituais dos templos iniciáticos da antiga Aumpram.

g. exus: é o agente mágico universal. Seres de fluido impessoal e sem representação forma. Servem de veículo para a magia.

h. outros seres que se colocam como guias e protetores, mas não são ligados ao movimento da umbanda.

3 – Astrais artificiais não humanos: são os elementares: citando Feraudy temos que "... a essência elemental astral, sendo muito sensível e plástica, é capaz de ser modelada por meio de impulsos de pensamentos de uma entidade encarnada ou desencarnada. Assim, os seres artificiais são pensamentos-forma criados artificialmente ou coletivamente." Podem ser criados de duas maneiras:

- formados inconscientemente: o pensamento humano atrai essência elemental, que é plástica. O ser humano comum atrai a matéria astral geralmente através de suas emoções negativas. Modela instantaneamente um ser vivente, de vida geralmente efêmera. Este ser, que não está sob a vontade do criador, pode ser, por exemplo, uma cobra ou um monstrinho qualquer. Quando falamos criador não queremos dizer Deus e sim a pessoa que o modelou ou criou.

- formados conscientemente: é o mesmo processo de criação, mas feito por magos negros ou brancos. Modelam, por vontade própria, formas reais com existência real no astral e que podem continuar existindo por anos ou séculos, atuando sob a vontade do criador. Depois desse tempo passam a atuar independente do criador. Tanto faz se forem para o bem ou para o mal. Por outro lado, milhares de pessoas comuns pensando a mesma coisa também podem modelar a matéria astral com grande facilidade e deixar os seres criados livres no astral mais tarde; por exemplo, o diabo ou demônio cristão ou os compadres e comadres da umbanda, pois muitos não são humanos comuns, sem luz ou entendimento, que simplesmente decidiram trabalhar com os exus.

Observação

Como se pode notar neste item, temos grande parcela de responsabilidade nos seres que transitam no astral e nas consequências que nossos pensamentos podem trazer, não só para nós mesmos, mas como para toda a humanidade. Imagens agressivas, como por exemplo monstros ou cobras gigantes de ferocidade ímpar, usadas sem maiores pretensões, mas com paixão, por tribos de jovens em tatuagens, símbolos ou roupas ou ainda por seitas de adoração às sombras, propositalmente, ou mesmo por marcas de produtos que querem atrair esta ou aquela faixa de mercado, podem atrair matéria astral e criar artificiais. Artificiais de vida efêmera ou pior, permanente, e que no futuro estarão soltos no astral.

4 – Astrais artificiais humanos: são os kama-rupas: eram criados na Atlântida pelos magos vermelhos, os chamados magos brancos menores, para combater a magia negra. Eles os criavam de duas maneiras distintas:

- aprisionavam e usavam espíritos desencarnados, atrasando momentaneamente sua evolução, mas ganhando créditos quando liberados. Não havia sofrimento. Eram apenas usados para o serviço.

- usavam as sombras, que são restos astrais de humanos mortos, que eram magnetizadas e vitalizadas, também para combater a magia.

Capítulo 8

Agentes mágicos ou exus

Origem da palavra exu

Exu vem da palavra exud, do hebraico, originada do sânscrito, que é oriundo do idioma adâmico, e que significa povo banido. Foi usada originalmente pelos etíopes, povo originário dos atlantes. É preciso sempre lembrar que com as grandes migrações atlantes, os etíopes foram para a África, levando consigo toda a cultura ancestral da Aumpram original.

Com sua miscigenação com os povos autóctones africanos e seus cultos tribais, quando os escravos vieram para o Brasil eles trouxeram o culto aos exus adaptado à cultura africana através do candomblé, que em sua essência, depois de milhares de anos, nada mais tinha a ver com a umbanda. Sugerimos a leitura do livro 5, onde é falado sobre as origens das escolas Jônica e Dórica, que corroboram a ideia de povo banido.

Na Atlântida, nos Templos da Luz, na primitiva Aumpram, os exus eram seres conhecidos como agentes mágicos e identificados pelos magos brancos como formas geométricas.

Agente mágico

Roger Feraudy ensina que exu ou agente mágico "...é um ser composto por um fluido impessoal, sem representação forma, servindo de veículo para toda e qualquer magia, sintetizada em suas sete gradações nos 7 planos de manifestação".

Contrariando o que muitos pensam, os agentes mágicos

originais, verdadeiros ou mais importantes, não são seres com reencarnações terrestres. Não são, portanto, espíritos de homens desencarnados e, além disso, não se sabe de fato sua origem cósmica.

É o veículo universal através do qual podem se transmitir todas as vibrações do cosmo, isto é, o meio condutor da luz, do som, do calor, da eletricidade, da telepatia, das ondas hertzianas, das micro-ondas etc. Se ouvimos o som das palavras, por exemplo, é porque a transmissão do som está acontecendo e quem faz isso são os agentes mágicos. Conhecido pelos antigos magos brancos como o subconsciente de Deus, seria a própria essência elemental que vai se constituir na setessência da matéria. Pode se saber mais sobre esse assunto no capítulo Seres no Astral.

Foram individualizados simbolicamente pelos magos brancos pelos efeitos que produziam no plano físico, através dos 7 planetas aos quais estavam ligados. Daí cada um ter recebido o nome de um planeta sagrado, que veio a ser seu nome esotérico.

Apesar do assunto ser de difícil compreensão, quando falamos que na umbanda verdadeira trabalham apenas aqueles voltados para o bem e para o amor, é preciso que se entenda que exus não bons ou maus, tendo em vista que não são espíritos; são apenas seres transmutadores de energia que atuam como poderosos auxiliares de orixás, pelo comando das entidades de luz. Trabalham como auxiliares dessas entidades, não tendo, portanto, nada a ver com magia negra como muitos pensam. Basta lembrar que na história da umbanda a entidade iluminada que veio para comandar os exus foi Kalami, irmão gêmeo e ainda mais adiantado que Thamataê, o futuro caboclo das 7 Encruzilhadas. Um espírito dessa magnitude jamais se prestaria para conduzir seres das sombras. Falaremos mais desse assunto adiante.

Exus verdadeiros não bebem, não promovem sacrifícios de qualquer tipo, não fazem solicitações materiais de nenhum tipo ao médium, não usam roupas extravagantes, não fazem magia negra e, portanto, não interferem no carma das pessoas, entre outras coisas. Não têm atributos ou desejos próprios de seres humanos. É fácil perceber que esses comportamentos, por vezes até bizarros, pertencem aos médiuns ou a homens comuns, que após o desencarne, resolvem trabalhar junto aos exus. Estes sim, médiuns e homens comuns desencarnados, podem querer fazer o mal, prejudicar pessoas ou buscar proveito próprio.

Eventualmente podem usar charutos, mas não porque tenham o hábito de fumar ou porque queiram impressionar as pessoas, o que, naturalmente, seria ridículo pensar; usam o charuto apenas para direcionar com a fumaça a ação do elemento fogo, por onde podem transmutar a magia. E apenas porque nós, seres encarnados, ainda somos incompetentes para trabalhar de outra maneira. Temos muita dificuldade de interferir no universo com nosso pensamento.

Portanto, é antiga e enganosa a ideia que se faz de que exus são criaturas brutas, vulgares e que trabalham na chamada esquerda.

Nomes esotéricos e razão dos nomes populares dos agentes mágicos

Infelizmente em função da antiga tradição oral da umbanda, quando as informações eram transmitidas boca a boca os nomes verdadeiros dos exus foram se perdendo, assim como muitos outros conhecimentos. Mas, através dos tempos, muitas observações foram feitas por médiuns competentes, que mesmo sem contar com informações precisas sobre esoterismo e teosofia, intuitivamente ou por leitura psíquica, perceberam os efeitos mágicos produzidos e atribuíram nomes populares aos agentes mágicos que não fogem muito de sua verdadeira ação no astral.

Procuraremos no gráfico que se segue mostrar como cada nome apareceu, suas origens esotéricas e sua verdadeira ação no astral. Como se pode observar, apesar de usarem hoje em dia nomes populares, mesmo estes tem uma razão de ser.

Na hierarquia dos exus, sobre a qual falaremos mais adiante, nomes indiferenciados somente se aplicam aos de baixa hierarquia, aqueles chamados de exus não verdadeiros, espíritos reencarnantes no planeta, assim como os artificiais.

Os nomes esotéricos que transcrevemos a seguir eram conhecidos apenas pelos magos brancos da Atlântida.

Nome popular	Razão dos nomes populares	Nome esotérico
7 ENCRUZILHADAS	Senhor dos planos e sub planos do mundo astral. Transita pelos caminhos que se entrelaçam e se cruzam em densidades variadas. Daí o nome **7 Encruzilhadas**.	HALASHURÚ
TRANCA RUA	Responsável pelos portais dimensionais do mundo astral. Impede a passagem ou seleciona aqueles que podem transitar pelas comunicações vibracionais, como ruas, de um sub plano a outro. Daí o nome **Tranca Rua**.	MUAINGA
MARABÔ	Era conhecido como Para Ago. Para: Terra e Ago: perdão. Responsável pelo alívio das culpas e perdões dentro da lei justa de causa e efeito para todos os filhos encarnados. Daí o nome Para Ago, que significa perdão aos homens da Terra. Por corruptelas deu o nome **Marabô**.	ISOSHÔ
GIRAMUNDO	Agente mágico da justiça. Em qualquer lugar dos sub planos ele redistribui a lei cármica. Presente em todos os quadrantes do mundo físico. Ele se desloca, gira pelo plano astral e denso. Daí o nome **Giramundo**.	AGANAX
POMBA GIRA	No culto público que os magos brancos efetuavam na Atlântida, nos Templos da Luz, este agente mágico era representado nas procissões por um estandarte amarelo, tendo ao centro uma pomba branca de asas abertas, responsável pela energia do kundalini. Representava a pureza e as asas abertas significavam que ela estava em toda parte. Daí o nome **Pomba Gira**.	YAMANÁ
TIRIRI	Seu nome original era Ianji, que significava o primogênito ou a criança no idioma devanagari, também chamado de língua dos deuses. Por sucessivas corruptelas deu o nome **Tiriri**.	YROY
PINGA FOGO	Responsável pela manipulação do elemento ígneo no seu aspecto transcendental; o fogo invisível. Daí o nome **Pinga Fogo**.	AMYROY

Figura 38

Hierarquia dos agentes mágicos

Antes de apresentarmos a hierarquia é preciso que se fale antes de Kalami. Trata-se de um espírito venusiano, irmão gêmeo de Thamataê, o fundador da umbanda no Brasil. Se Thamataê se manifestava com o corpo de ilusão do Caboclo das 7 Encruzilhadas, Kalami usava como veículo de manifestação um exu guardião com o nome de Exu das 7 Encruzilhadas, trabalhando sob a vibração de Oxalá.

Quando falamos em veículo de manifestação, estamos apenas dando ênfase numa comunicação diferenciada, neste caso por tratar-se de exu guardião, mente a mente. É mais fácil entender sobre as mediunidades e sua moderna concepção, que exclui a mecânica da incorporação, quando se trata de agentes mágicos do que quando se fala de entidades, tendo em vista que eles não são espíritos humanos que possam, a qualquer tempo, incorporar um médium.

De qualquer maneira agentes mágicos são seres que se fazem presentes apenas a serviço da magia e não para conversas. Fazem seu trabalho e se retiram. Até de forma brusca muitas vezes. Uma exceção rara poderia, eventualmente, ser feita aos exus guardiões, que são os de mais alta hierarquia. Todavia, a maioria absoluta não têm traquejo social e tampouco costumes humanizados, podendo até aparentar certa rudeza, o que põe por terra crenças inocentes de muitos dirigentes e médiuns que pensam que exus gostam de usar ternos brancos ou chapéus de malandro, assim como têm atitudes sedutoras, fumam cigarrilhas elegantes etc.

Resumindo, as atuações de exus se dariam da seguinte forma: trabalhando sob as ordens de uma entidade de luz transmutam a magia e, eventualmente, se comunicam brevemente com um médium. Para ambas as ações usam apenas a intuição. Podem precisar riscar pontos ou escudos, andar pelo abassá ou ainda realizar outros breves rituais necessários para realizarem o trabalho específico de magia. Sempre usando a mecânica da intuição.

Kalami, espírito ainda mais evoluído que Thamataê, veio em seu auxílio nesta obra para organizar o trabalho dos agentes mágicos; e repetindo, usava como veículo para se comunicar o Exu das 7 Encruzilhadas, ligado ao orixá Oxalá. Mais detalhes podem ser vistos no capítulo sobre a história da umbanda.

1. Kalami

Colocamos Kalami no alto da hierarquia dos agentes mágicos por ser o organizador do trabalho desses seres. Como já foi citado usava um exu guardião como veiculo para se comunicar, mente a mente, chamado Exu das 7 Encruzilhadas. É comum o engano de achar que o próprio Kalami é um agente mágico.

2. Exus guardiões

Também chamados de Chefes de Linha ou Grandes Exus. São em número de 7, um para cada uma das 7 linhas, e podem se tornar guardiões dos chefes de terreiro. Depende do plano de desenvolvimento no qual se encontra esse médium. São seres não incorporantes e que nunca tiveram encarnações na Terra.

Se pudéssemos comparar lembraríamos que, da mesma maneira que as entidades que são chefes de legião não se manifestam através de incorporação ou irradiação, estes seres chamados de agentes mágicos, no posto de exus guardiões e, portanto, de alta hierarquia, também não. Só mesmo através da comunicação mente a mente. Trabalham com prepostos, o que significa que usam outro ser, outro agente mágico, de hierarquia inferior para se comunicar.

Cada um faz 6, isto é, se desdobra em 6 com o mesmo nome, num total de 42, pois são 7 linhas. Cada um é elemento de ligação com um orixá e trabalha sob a orientação de entidades de luz, também de alta hierarquia. Por exemplo: agente mágico Tranca Rua é ligado ao orixá Ogum e assim por diante. Seriam 6 Tranca Ruas, 6 Marabôs e assim por diante. Ver tabela mais abaixo.

3. Exus chefes de legião

Também chamados de exus coroados. São incorporantes e assim como os anteriores não tem encarnações terrenas, e desta maneira não devem ser confundidos com entidades. São um total de 42, cada um também se desdobrando em 6, mas com outros nomes, num total de 252, pois são 7 linhas. Também trabalham sob as ordens de entidades de grande luz, como guias, por exemplo.

Em todos os casos quando falamos incorporantes queremos apenas dizer que não precisam de um preposto para se comunicar, como os guardiões, que só se comunicam mente a mente, mas não significa que incorporem, como já explicamos. Toda a comunicação é pela intuição.

4. Exus batizados

Também chamados de exus chefes de falange. São incorporantes e assim como os demais também não possuem encarnações terrenas. Todos trabalham como auxiliares de guias e protetores. São um total de 252. Deste nível para baixo não se desdobram mais com os mesmos nomes e podem ser infinitos com outros nomes.

5. Exus pagãos

Também conhecidos como auxiliares, capangueiros ou rabos de encruza. São espíritos de homens comuns reencarnantes na Terra, sem grande luz ou evolução espiritual. Podem trabalhar tanto para o bem como para o mal, depende de sua evolução. Seu número é infinito. Não trabalham, necessariamente, sob as ordens de outras entidades.

Os que trabalham nas trevas também poderiam ser chamados simplesmente de obsessores, pois é só uma questão de nomenclatura. Como não existe luz sem trevas, muitas vezes cumprem a Lei, mas criam um carma para si mesmos.

Destes exus pagãos para baixo, incluindo eles, como podem trabalhar para o bem ou para o mal, até porque são apenas gente comum como nós ou ainda artificiais criados pela magia, acabam servindo de referência para o censo comum para reafirmar que exus são seres que atuam de forma nefasta. Até mesmo por conta de serem a maioria dos exus que se manifestam nas casas de umbanda. Isso se dá pela falta de informação dos dirigentes, médiuns e consulentes sobre a verdadeira origem e essência dos agentes mágicos verdadeiros, possibilitando a criação de uma falsa ideia de que exu é um ser que se presta para obtenção de favores espirituais, sejam eles éticos ou não.

A grande confusão sobre seu caráter vem de lendas ancestrais. Mas como homens comuns reencarnantes ou artificiais criados por inteligências malignas, nada mais poderia se esperar. Como acontece conosco mesmo, podemos ser bons ou maus e o fato de desencarnarmos não vai mudar nossa condição. Não viramos santos ao morrer.

6. Compadres e comadres

São seres artificiais, cujos detalhes podem ser vistos no capítulo sobre os seres no astral. Porém, evoluindo no trabalho auxiliar a outros exus de hierarquia superior, para o bem, podem se transformar em elementos positivos para a magia e, em futuro próximo, entrarem em vida evolucionária.

Os magos negros ao criarem artificiais usam o falso argumento de que trabalham para a Lei, que são agentes fazendo a Lei se cumprir; porém, o homem assaltado não precisa do justiceiro, pois está nessa posição por carma pessoal. Na verdade estão só fazendo magia negra mesmo, ou seja, se locupletando da Lei.

Total de seres para cada hierarquia

	Total para cada linha	multiplicado por linha	Total geral
Exus guardiões	1	7	7
Exus chefes de Legião	6	7	42
Exus batizados	36	7	252
Exus pagãos	infinitos	---------	infinitos
Compadres e comadres	n° desconhecido	---------	n° desconhecido

Figura 39

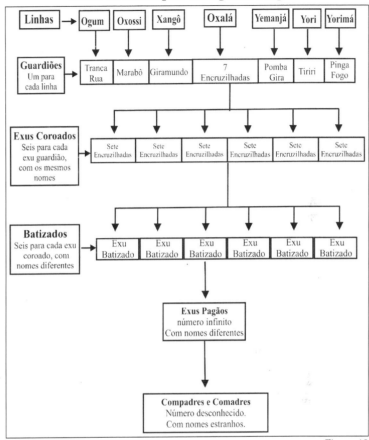

Figura 40

Umbanda um Novo Olhar

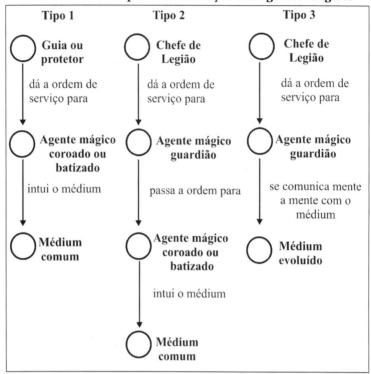

Figura 41

Observação

Para melhor compreensão deste item é preciso que se considere como médium comum todo aquele que ainda está nos graus inferiores de iniciação, do 2° ao 4°. grau e como médium evoluído todo aquele que se encontra nos graus superiores de iniciação, do 1° ao 3° grau. Essas limitações justificam os diferentes caminhos utilizados pelos exus para se manifestarem. Médiuns neófitos do 1° grau de iniciação inferior não podem receber exus. Como se pode perceber agentes mágicos de alta hierarquia não se manifestam em médiuns comuns, pois estes não são ainda capazes da comunicação mente a mente.

Escudos, pontos riscados e mantras dos agentes mágicos

É preciso saber inicialmente que os Agentes Mágicos usam geralmente escudos riscados e, mais raramente, também pontos riscados. Vamos lembrar novamente dos triângulos fluídicos e a disposição gráfica dos orixás:

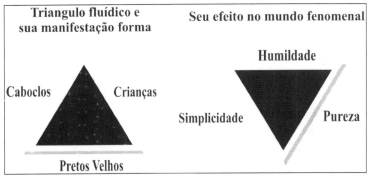

Figura 42

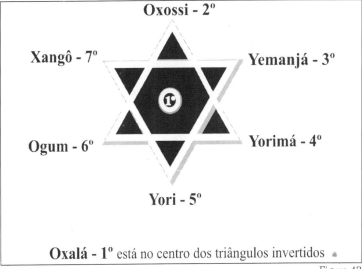

Figura 43

Disposição gráfica dos agentes mágicos

Os agentes mágicos se encontram nas intersecções dos 2 triângulos invertidos. O 7° agente mágico estará no prolongamento das intersecções, como mostra o gráfico abaixo.

Agentes mágicos ou exus são chamados popularmente de o povo da encruzilhada. Originalmente isso se deu em função do nome do caboclo das 7 Encruzilhadas, o que criou nas pessoas a ideia errônea que esses seres trabalham em encruzilhadas. Na verdade pensam o mesmo até de entidades de grande luz. Mas como sabemos o nome 7 Encruzilhadas é uma alusão aos 7 planos da manifestação, que se cruzam em densidades variadas, o que também justifica a disposição gráfica dos orixás e dos agentes mágicos, nas intersecções dos triângulos invertidos. Não são, portanto, encruzilhadas no plano físico do planeta e sim os pontos onde vibram os agentes mágicos

Muita gente também confunde os exus com o povo do cemitério, o que nada tem a ver com a umbanda. Seres que se prestam a este tipo de atividade são geralmente artificiais usados em rituais de magia de outros tipos de culto. São os chamados omulús, que costumam ser confundidos com Obaluayê, o 8° orixá oculto da umbanda. Detalhes sobre esse assunto podem ser vistos no capítulo sobre os orixás.

Figura 44

Escudos dos agentes mágicos

São a expressão dos triângulos das formas e por essa razão falamos deles anteriormente a esta questão. São triângulos fluídicos de força imantados pelos Orixás para serem usados por eles.
Ações dos escudos riscados dos agentes mágicos:
- tem uma ação saneadora e purificadora do baixo mundo astral.
- causam modificações vibratórias, tornando passivos os elementos básicos, que são ar, água, terra, fogo, e éter, assim como seus elementais e elementares.
- comandam as entidades astrais e etéricas, que vibram na mesma faixa e os elementais inferiores e elementares etéricos e astrais.

Considerações sobre os Tattwas

Como diz Babajiananda, no livro nº 5, tattwa poderia ser definido como a vibração das forças sutis da natureza.

> Tudo é vibração na natureza, tendo sua raiz no movimento que, ao afetar a matéria, é simplesmente vibração. A vida é movimento, a consciência é movimento. Quando ele é regular e rítmico diz-se que é vida; quando irregular, diz-se que é morte. Todo o Universo manifestado é um grande movimento, um perfeito movimento de vibrações variadas.

Em palavras simples tattwas são as vibrações pelas quais os magos brancos identificavam os agentes mágicos na antiga Atlântida como figuras geométricas. Os pontos e escudos riscados são baseados na ciência dos Tattwas. São vibrações associadas aos Orixás. Isso nos explica porque os tattwas estão inseridos nos pontos dos agentes mágicos, que são os transmutadores da magia.

O átomo é conhecido cientificamente por ser formado por partículas chamadas de prótons, nêutrons e elétrons, além de outras menores. A grosso modo poderíamos dizer que os átomos estão em permanente movimento e vibram no espaço; por causa dessa vibração uma de suas partículas, o próton, que é a que faz a parte

Umbanda um Novo Olhar 173

do equilíbrio do átomo, passa a formar figuras geométricas ao arrastar elétrons e nêutrons, justamente na tentativa de estabiliza-lo. Quando o que chamamos prana ou energia cósmica atua sobre essas vibrações, elas se tornam onduladas ou animadas e são elas que impressionam a nossa retina. Atuando portanto, dentro do átomo, podemos compreender como em processos de alta magia, um objeto pode ser transformado em outro, mudar de lugar e até desaparecer.

Seres de cadeias mais adiantadas, como muitos dos que participaram dos primeiros socorros no desenvolvimento desta nossa humanidade, e que dominam a ciência dos tattwas, são capazes de interações que, em nosso mundo, parecem ser mágicas, como ficar invisíveis. Nos dias atuais a ciência já trabalha nesse sentido sendo bastante conhecidas experiências fantásticas capazes de reproduzir este tipo de efeito. Cientistas do Instituto de Física da Universidade de Dallas nos Estados Unidos já trabalham com um tipo de invisibilidade através da nanotecnologia. Usando micro nano tubos de carbono, que tem a propriedade de esconder a matéria densa, criam um efeito parecido com a miragem, fazendo objetos desaparecerem. Isto é, a ciência moderna começa a compreender e trabalhar com os tattwas.

Isso tudo quer dizer então que os tattwas traduzem os mistérios da integração e desintegração do universo. Suas ondulações vibratórias dão origem aos sete estados da matéria, a saber:

Tattwas e suas associações

tattwa	estado da matéria	orixá associado
terra ☐	estado sólido da matéria	Xangô
água ᴗ	estado líquido da matéria	Yemanjá
ar ○	estado gasoso da matéria	Oxossi
fogo △	estado etérico da matéria	Ogum
éter ☾	estado super atômico da matéria	Yori
manas ☽	estado subatômico da matéria	Yorimá
prana ◇	estado atômico da matéria	Oxalá

Figura 45

Grafia dos escudos riscados e tattwas dos agentes mágicos

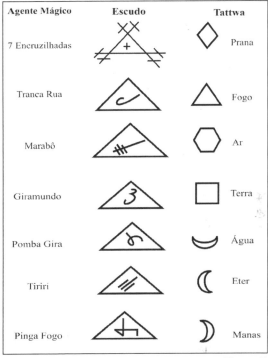

Figura 46

Mantras dos agentes mágicos

São os sons mágicos que produzem efeitos especiais nos mundos etéricos e astrais. São sons uma oitava abaixo do som de cada um dos 7 orixás, em tom menor, variando nas 3 notas sagradas, que são ré, lá e sol, que vieram dar o AUM. Detalhes podem ser vistos no capítulo sobre pontos Cantados.

Isto significa que o ideal quando se trata de agentes mágicos seria entoar mantras na tonalidade correspondente e não pontos cantados. Frente todavia à dificuldade de se encontrar ogãs, que são aqueles médiuns que entoam ou puxam os pontos durante os trabalhos, capacitados para tal tarefa, termina-se geralmente cantando os chamados pontos de evocação.

Alguns centros chegam a ter algum instrumento musical para ajudar na tarefa, como uma flauta ou um pequeno teclado. Mostramos abaixo uma tabela com a tonalidade dos mantras de cada um dos agentes mágicos guardiões, que podem ser usados para os desdobrados por eles.

Agentes Mágicos	Notas musicais
7 Encruzilhadas	mi bemol menor
Tranca Rua	fá # menor
Giramundo	sol # menor
Marabô	ré # menor
Tiriri	do # menor
Pomba Gira	si bemol menor
Pinga Fogo	lá bemol menor

Figura 47

Assentamento dos Agentes Mágicos

É o local usado para a segurança de todo o centro. Lá são colocados os objetos e elementos da natureza para a firmeza dos agentes mágicos. Funciona como um imã, agindo como defesa do agrupamento durante os trabalhos. Por conta de sua irradiação cria uma espécie de cinta magnética que impede a entrada dos indesejáveis. É um catalisador de magia porque concentra e dissolve toda e qualquer magia negra direcional.

Características gerais
Faz-se uma pequena caixa de madeira de 60 cm de largura por 60 cm de profundidade e 15 cm de profundidade. Deve ser pintada de cinza, que é a cor dos agentes mágicos e colocada no chão do lado de fora da entrada do abassá. Os elementos

perecíveis da natureza que forem colocados no assentamento são trocados cada 21 dias. A flores podem ser trocadas a cada trabalho. Dentro dele devem ser colocados:

- um ou dois dedos de terra das matas ou de cachoeiras onde tenha havido pouco ou nenhum trânsito de pessoas, o que corresponde ao elemento terra.

- pedra virgem da natureza imantada na vibração do orixá no qual a casa estiver firmada. Funciona como um ponto de fixação e descarga das correntes negativas e também condensadora das positivas. Um concentrador ou dispersor de energia mágica.

- álcool ou éter, que corresponde ao elemento éter, mais a água que já está contida nesse elemento, que corresponde, naturalmente, ao elemento água. Funciona como o elemento volátil que difunde a magia. Deve ser colocado numa pequena cumbuca de barro ou louça. Sempre do lado oposto ao fogo.

- vela acesa, que corresponde ao elemento fogo. Naturalmente quando a vela é acesa mobiliza-se também o elemento ar. Junto da vela acesa sempre o copo com água. Da mesma forma que o éter, o fogo é usado pelos agentes mágicos para difundir a magia, especialmente de forma direcional.

- pequeno metal relacionado à vibração na qual a casa está firmada. O metal depositado na caixa é que liga o agente mágico ao orixá que o comanda, isto é, ao qual está associado. É o veículo para o plano no qual trabalha.

- flores lunares em número impar; as mais comuns são dália, rosa, orquídea e copo de leite; geralmente colocam-se 03 flores. São apenas uma homenagem. Usam-se as lunares pois as solares estão relacionadas apenas aos orixás.

- cristal lapidado correspondente à vibração na qual a casa está firmada. Também funciona como concentrador ou dispersor da energia da magia.

- tábua quadrada de mais ou menos 12 cm por 12 cm e 1 cm de espessura para o escudo riscado do agente mágico relacionado à vibração na qual a casa está firmada. Deve ser colocada em pé, na parte traseira da caixa. O escudo pode ser riscado de forma permanente pelo agente mágico que trabalha com o chefe da casa, mesmo que não seja, como provavelmente não será, um dos chamados exus chefe de legião. Por exemplo: se a casa é firmada na vibração de Oxossi, o escudo será o de Marabô, mesmo que o agente mágico que se manifeste no babalaô tenha um outro nome, mais popular. Para serem aceitos no centro exus de hierarquia inferior a batizados, que são os exus pagãos, é preciso que fique demonstrado claramente suas intenções e hábitos, que devem corresponder aos preceitos da umbanda aqui relatados. Compadres e comadres não deveriam ser aceitos nas lides umbandistas. Sua evolução pode se dar nos trabalhos apenas do astral.

- pano cinza, na tonalidade do agente mágico, para cobrir a caixa no final dos trabalhos. Cada agente mágico usa uma tonalidade diferente de cinza. Frente à dificuldade da tarefa recomendamos usar simplesmente um cinza claro.

Observação

Gostaríamos de repetir que tudo o que se usa no assentamento, assim como em outras magias ou locais de magia é, de certa forma, simbólico. Nada disso seria necessário se os médiuns conseguissem mentalizar no astral os elementos. Na umbanda que já atua com o desenvolvimento esotérico essa mentalização é o que se espera dos médiuns num futuro próximo. Espera-se que toda a magia se dê no astral e coletivamente, atingindo toda a humanidade e não se façam mais necessários atendimentos individuais. Outros detalhes sobre o assunto podem ser vistos nos capítulos sobre ritualística e sobre orixás.

Capítulo 9

Pontos e mantras cantados

Tudo no cosmo, sendo uma vibração, tem um som próprio. O devaganari, a língua dos deuses, é baseado no som vibratório de todas as coisas.

Quando falamos de língua dos deuses, a qual já nos referimos várias vezes neste livro, estamos querendo dizer o idioma que era usado pelos seres celestiais, homens vindos das estrelas em socorro aos homens da Terra, desde a antiga Lemúria. Desse idioma derivaram outros no planeta, como o pali e o sânscrito, com suas derivações, entre outros.

Quando se fala em som na umbanda estamos nos referindo a sons mágicos e desta forma sempre é bom lembrar o que já foi dito sobre o AUM em capítulo anterior: a pronúncia correta do vocábulo sagrado AUM, como diz Babajiananda, cria um som mágico, capaz de movimentar os universos físicos.

Em primeiro lugar é preciso diferenciar pontos cantados de mantras, usados de formas e em ocasiões diferentes nos trabalhos de umbanda.

Mantras ou som mágicos

Os mantras que são entoados estão baseados nos sons vibratórios mágicos. São mantras de harmonia entre o som das entidades e os produzidos pelo canto sagrado. São sons místicos que põem em movimento certas ondas vibratórias e que produzem acordes perfeitos.

Os sons mágicos são formados pelas notas ré, lá e sol. Esta última nota, o sol, se for entoado uma 8ª acima é igual a Dó, que é o som da umbanda. O que se ouve hoje é uma combinação interminável de notas, mas nem sempre foi assim. Na antiga Aumpram apenas mantras com as 3 notas citadas eram entoados. Na FGC o mantra no início dos trabalhos é sobre a nota Dó, usando-se a palavra AUM, com ambas as sílabas na mesma tonalidade.

Mantras são ditados pelas próprias entidades, não sendo, portanto, uma composição do músico inspirado. Assim como os pontos cantados, os mantras também necessitam de um agente físico que transforme o som captado do universo em pensamento.

Existe um mantra para cada linha, que deve ser na tônica certa, a saber:

Oxalá	Oxossi	Ogum	Xangô	Yemanjá	Yori	Yorimá
mi	sol	fá	ré	si	dó	lá

Quando se pensa em mantra, e também para compreende-lo, é preciso relembrar a síntese do movimento da umbanda e os sons relacionados às cores de cada linha, pois cor é uma vibração tonal.

Triângulo da forma, cores e notas correspondentes

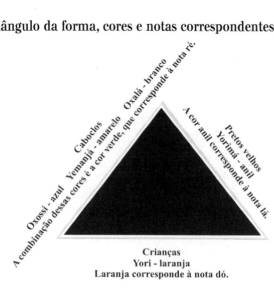

Figura 48

Somente aparecem as cores de Oxossi, Oxalá e Yemanjá na manifestação forma de caboclos porque as entidades manifestadas nessas vibrações, como já vimos, se denominam caboclos, embora Oguns, Xangôs e Obaluayês estejam igualmente associados ao movimento da umbanda.

Pontos cantados

Hoje em dia, na maioria absoluta das casa de umbanda não se cantam mais os mantras, como na antiga Aumpram e como deveria ser. O que se canta são os conhecidos pontos cantados, que de fato são apenas hinos. Embora seja raro, alguns dos pontos cantados são ou foram ainda ditados pelas entidades, mas na maior parte dos casos foram compostos por médiuns com talento para a música.

Naqueles ditados pelas entidades se observa que em cada tipo de manifestação o que muda é o ritmo, a cadencia e a entonação. Senão, vejamos:

Caboclos - ritmo vivo, com som estridente e dissonante, para produzir deslocamento nos campos magnéticos dos médiuns, da corrente de trabalho e dos assistentes.

Pretos velhos - ritmo arrastado e repetido, semelhante aos orientais.

Crianças - ritmo alegre, agudo, em 8ª quase inaudível.

Definição

Tendo como ponto de partida o entendimento que não é são as entidades que precisam do ponto cantado e sim os encarnados, poderíamos dizer que ele funciona como um elemento de concentração do médium.

Falando com palavras simples neste primeiro momento, pois nos aprofundaremos neste assunto quando falarmos de pontos riscados, o ponto cantado é também um direcionamento do pensamento do médium para uma determinada linha. É como se o médium se sintonizasse com a vibração adequada. O médium transmite seu pensamento e se torna receptivo para a linha que está cantando.

Se assim não fosse, poderíamos pensar num gravador reproduzindo um ponto numa sala vazia. Nada acontecerá. Nenhum efeito vai se obter sem essa interface humana, direcionando, com seu pensamento, o som. Da mesma forma de nada adianta o médium repetir palavras e melodias decoradas, sem compreender o trabalho que está sendo realizado naquele momento, pois seria como um rádio fora de sintonia, incapaz de se conectar com a estação desejada.

Por isso causam certa estranheza os centros onde, durante os trabalhos, os pontos são cantados aleatoriamente ou de forma automática, ou ainda de forma absolutamente desafinada e sem nenhum sentido musical. Cantados desta forma eles de nada servem além de confundir o pensamento, não só daqueles que cantam como também dos médiuns irradiados, prejudicando uma sintonia mais adequada entre os planos. Resumindo, nesses casos, os pontos cantados mais atrapalham que ajudam.

A entidade capta o sentimento da música existente no pensamento do médium e não aquela que ele está cantando, como se um farol tivesse sido acendido, sinalizando o desejo do médium de sintonizar com determinada linha.

Torna-se desnecessário dizer a importância do conhecimento do médium sobre a ação desejada ou necessária nos determinados momentos dos trabalhos espirituais, além de saber relacionar quais linhas trabalham, mais especificamente, com os diversos problemas.

Se o trabalho pede em determinado momento por uma linha que trabalhe com demanda, por exemplo, o médium precisa saber que a linha mais habitualmente afeita a esse tipo de trabalho é a de Ogum. Canta-se então um ponto de demanda dessa linha, geral ou de determinada entidade, direcionando o pensamento dele e do grupo para a ação desejada.

Algumas pessoas poderiam dizer que nada deste conhecimento é necessário para o médium que está atendendo, pois não é ele que puxa ou canta os pontos e atende quase sempre com a mesma entidade. Ele pode não puxar pontos, mas lembrando que todo médium irradiado está consciente, ele participa ativamente de todo o processo, ajudando ou atrapalhando com seu pensamento.

Observação

A seguir estão apresentadas as letras de alguns dos pontos que já foram cantados na FGC. Alguns são pontos antigos e tradicionais, ditados por entidades em tempos passados; vários outros tiveram as melodias captadas diretamente da espiritualidade por R. Feraudy e os demais foram compostos por ele, sob intuição das entidades que o assistiam. Cada centro deveria ter os seus próprios pontos, relacionados com as entidades lá manifestadas. Por essa razão não exibimos aqui os pontos particulares de cada entidade. Estaremos mostrando apenas alguns pontos gerais e que podem se usados por todos.

Pontos cantados na Fraternidade do Grande Coração

Apresentamos os pontos na ordem que devem ser cantados, o que pode ser visto no sobre ritualística. As melodias desses pontos, cantadas de forma singela e em tom baixo, apenas para ajudar em sua mentalização estão disponibilizadas no site da FGC. Naturalmente, servem apenas como exemplos, pois cada casa cantará os pontos que desejar.

A recomendação, para que haja uma melodia harmoniosa, é que o Ogã da casa cante o ponto uma vez sozinho, em tom de voz baixo e tranquilo, pois ponto de umbanda não é música de coral, para ser cantado alto e forte, e depois todos cantem juntos uma segunda vez, da mesma forma. O único ponto que é cantado mais de duas vezes é o ponto de defumação, que é cantado até que a defumação termine.

Outra exceção são os pontos de demanda, onde o ogã ou o cambono geralmente canta sozinho, a menos que existam outros médiuns não irradiados disponíveis para ajudá-lo. Da mesma maneira ele canta uma vez, seguido pelos demais. Nesse caso não se deve cantar mais que três vezes; em algumas casas o grupo canta até que a demanda termine, mas isso só serve para desarmonizar o ambiente, assim como cantar de forma ininter-

rupta durante todo o trabalho, como acontece em muitas casas.
O ideal é que o ogã seja um homem, pois a voz aguda das mulheres geralmente dificulta a entonação de todo o grupo. Se isso não for possível, a mulher que se tornar ogã deveria ter voz de contralto, isto é, a menos aguda entre todas as vozes femininas.

Pontos de abertura

Antes de começar cada ponto o ogã indica o ponto que vai ser cantado. Na FGC simplesmente o ponto se anuncia com: salve tal linha ou salve a defumação, salve o caboclo tal etc.

1. Agente mágico - ponto de evocação: deve ser cantado o ponto do agente mágico correspondente à vibração da entidade chefe da casa. No caso da FGC, como a casa é firmada em Oxalá, o agente mágico é 7 Encruzilhadas. Lembrar que não há manifestação nesse momento. É chamado de evocação, pois não se trata de uma entidade.

2. Ponto da entidade chefe da casa - ponto de saudação: deve ser cantado o ponto da entidade chefe da casa, caso não seja a mesma que se manifesta no babalaô. Se for a mesma entidade não é necessário este ponto. No capítulo sobre ritualística podem ser vistos mais detalhes sobre esse assunto.

3. Ponto de defumação: cantado enquanto se defuma o terreiro.
1ª parte: é cantada enquanto se defuma a casa
Povo de umbanda defuma este terreiro
Defuma defuma na hora de Deus
2ª parte: é cantada quando se defuma as pessoas
Povo de umbanda defuma os filhos teus
Defuma defuma na hora de Deus

4. Pontos das 7 linhas de umbanda: devem ser cantado na ordem abaixo. Quantos colocarmos a letra B, significa bis do refrão inteiro.

a. Linha de Oxalá:
Oxalá meu pai
Tenha pena de nós tem dó
Se a volta do mundo é grande
Seu poder ainda é maior

b. Linha de Ogum:
Em seu cavalo branco
Ogum vem montado
Calçado de botas ele vem armado - B
Vinde vinde vinde
Ogum é nosso protetor
Vinde vinde vinde
Ogum é nosso salvador

c. Linha de Oxossi:
Eu vi chover eu vi relampear
Mas mesmo assim o céu estava azul
Firma seu ponto na folha da Jurema
Que Oxossi é bamba no maracajá

d. Linha de Xangô:
Xangô meu pai
Deixa essa pedreira aí - B
Umbanda está te chamando
Deixa essa pedreira aí

e. Linha de Yemanjá:
Atraca atraca
Quem vem na onda é Nanã - B
É Nanã é Oxum é quem vem saravá êá
É Nana é Oxum é o povo do mar êá

f. Linha de Yori:
São Cosme São Damião
Sua santa já chegou - B
Dois dois sereia do mar
Dois dois mamãe Yemanjá

Umbanda um Novo Olhar

g. Linha de Yorimá:
Eles vivem no meio das flores
Olhando o céu beirando o mar - B
Eles são pretos velhos de umbanda
Que vem de aruanda para nos salvar - B

5. Pontos de homenagem: podem ou não ser cantados. Devem ser escolhidos de acordo com o centro. Exemplos de pontos cantados na FGC:

a. Thamataê - Caboclo das 7 Encruzilhadas:
Chegou chegou chegou com Deus
Chegou chegou
O caboclo das 7 Encruzilhadas

b. Anhangá - corpo de ilusão de Thamataê na linha de Xangô:
Quando o cacique velho
Põe as folhas prá defumar
É hora de rezar, é hora de rezar
Quando o sol se esconde por trás da Montanha Azul
Anhangá, Anhangá
Venha nos ajudar

c. Roger Feraudy:
Pai Roger de Oxalá
É o coração que manda
Pai Roger de Oxalá
Ele é filho de aruanda
Pai Roger de Oxalá
Ele faz o escrevido
Pai Roger de Oxalá
Com amor e bem fazido
Pai Roger de Oxalá
É um alto mandingueiro
Um amigo de fé
E um grande companheiro

A partir deste ponto pode-se começar a cantar os pontos

de descida das entidades da casa. Como falamos não mostraremos os pontos das entidades manifestadas na FGC, pois em cada casa, naturalmente, se manifestam guias diferentes, com seus próprios pontos. Disponibilizamos depois os pontos gerais e cantados durante o decorrer dos trabalhos, dependendo da necessidade.

Pontos de descida das entidades

Devem ser cantados os pontos das entidades que atendem na casa, começando por aquela que se manifesta no médium chefe e depois médium a médium, tanto na caridade de caboclos como na pretos velhos, se houver. Lembrar que o guia chefe da casa, sempre um caboclo, sempre desce para abrir os trabalhos e se retira caso a caridade seja de pretos velhos.

Pontos gerais de caboclos

1. Ponto de subida geral: cantado quando cada caboclo vai embora; médium a médium:

Já vai já vai meu caboclo já vai
Já vai já vai vai na hora de Deus - B

2. Ponto de subida do caboclo chefe: cantado ao final dos trabalhos depois que todos os caboclos subiram, para a retirada da entidade chefe. É o último ponto a ser cantado no trabalho de caridade, tenha sido de caboclo ou de pretos velhos. Ler em capítulo próprio mais detalhes a respeito:

Caboclo pega a sua flecha
Pega o seu bodoque o dia já raiou
O dia já raiou lá na aruanda
Oxalá lhe chama para a sua banda
Ô caboclo

3. Pontos de demanda: os mais frequentes são os de Oxossi, Ogum e Oxalá. Geralmente cantados quando uma entidade risca ponto para um trabalho mais profundo para o consulente ou para o centro. Os apresentados são os das linhas que mais frequentemente trabalham com pontos riscados, além de Yorimá, é claro. Embora chamados de demanda as entidades podem riscar pontos para outros serviços. Devem ser cantados, no máximo, 3 vezes, mesmo que o trabalho não tenha terminado. Outra opção é cantar o ponto da entidade, caso o centro não conheça pontos de demanda.

a. Oxossi:
Ele é caboclo de cangá macaia
Ele é caboclo em qualquer lugar (B)
Oi não me apanha a folha da Jurema
Sem ordem suprema de pai Oxalá

b. Ogum:
Oi! Beira rio, beira rio, beira mar
O que se ganha de Ogum
Só Ogum pode tirar (B)
Seu Ogum de ronda
É que vem girar
Vem trazendo folha
Pra descarregar (B)

c. Oxalá:
Oxalá mandou e já mandou buscar
Os caboclos da Jurema lá no juremá - B

d. Oxalá e Yemanjá:
Pai Oxalá que está no céu
Mãe Yemanjá que é rainha do mar
Vou lhe pedir como filho de fé
Que venha a umbanda
Os seus filhos ajudar

Pontos gerais de pretos velhos

1. Ponto de subida geral:
Lá vai preto velho
Subindo pro céu
E Nossa Senhora
Cobrindo com véu

2. Ponto de subida da entidade manifestada no médium chefe: Cantado depois que todos os demais pretos velhos já se retiraram, ao final da caridade. Lembrar sempre que o guia chefe da casa, um caboclo, retorna para encerrar os trabalhos gerais do dia e seu ponto deve ser cantado para isso.

A lua é alta o céu clareia umbanda
É meia noite o galo já cantou
Adeus adeus pretos velhos vão embora
Fiquem com Deus e Nossa Senhora

3. Ponto de demanda:
Quenguelê quenguelê Xangô
Ele é filho da cobra coral (B)
Olha preto está trabalhando
Olha branco está assuntando

Pontos de agentes mágicos

1. Pontos de evocação: lembramos novamente que para agentes mágicos não se diz ponto de descida e sim ponto de evocação; os mais frequentes são os de agentes mágicos relacionados a Oxalá, Ogum e Oxossi, pelas mesmas razões dos pontos de demanda de caboclos.

a. 7 Encruzilhadas - Oxalá
Ó meu senhor das armas
Dizem que eu não valho nada
Olha lá que é o exu

Umbanda um Novo Olhar

Rei das sete encruzilhadas

b. Tranca rua - Ogum
O sino da igrejinha
Faz belém blem blom - B
É meia noite
O galo já cantou
Seu Tranca Rua
Que é dono da gira
Que é dono da gira
Que Ogum mandou
c. Marabô - Oxossi
Meia noite em ponto vibrou
Galo já cantou vibrou
Seu Marabô vibrou
Galo já cantou vibrou

2. Ponto de demanda geral:
Exu que tem duas cabeças
Todo mundo que saber o que é - B
Uma é de Jesus Cristo
A outra é de seu Lucifer

Ponto de trabalho do povo das águas

São entidades da linha ou de agrupamentos ligados a Yemanjá.
Trabalham na purificação dos ambientes e costumam vir, se necessário for, apenas no final dos trabalhos, depois que os caboclos ou pretos velhos que atendem já subiram:

Yemanjá
Rainha sereia do fundo do mar
Yemanjá
Seu canto é bonito quando tem luar
Ai como é lindo o canto de Yemanjá
Faz até o pescador sonhar

Quem ouvir o canto de Yemanjá
Vai com ela pro fundo do mar

Ponto de súplica

São entidades do agrupamento das almas, que trabalha junto às linhas de Xangô e Yorimá.

Geralmente cantado quando algum médium da casa está sofrendo de alguma forma ou quando há alguma morte; também quando aconteceu alguma tragédia na humanidade, como um furacão ou terremoto, e o centro quer disponibilizar algum tipo de ajuda espiritual aos encarnados sobreviventes e que, naturalmente, estão sofrendo:

Nossa Senhora protegei os vossos filhos
Nossa Senhora que é rainha de aruanda
Nossa Senhora protegei os vossos filhos
Que vossos filhos
Querem ir prá sua banda

Ponto de trabalho geral do agrupamento do Oriente

Cantado para a chamada do agrupamento quando há necessidade de trabalho de cura imediato e importante, no auxílio de algum médium ou consulente, que trabalha junto à linha de Oxalá:

De quando em quando
Quando eu venho de aruanda
Trazendo umbanda
Prá salvar filhos de fé
Ó marinheiro
Olha as costas do mar
Ó japonês
Olha as costas do mar
Egum egum é de Timbiri

Umbanda um Novo Olhar 191

Pontos festivos

Cantados apenas em festas.

1. Ponto de saudação a uma visita: também usado quando um evento excepcionalmente bom acontece durante os trabalhos; neste último caso é cantado depois do término dos trabalhos. Lembrar que qualquer visita deve ser programada com antecedência e muito bem avaliada sobre sua conveniência. Ainda assim a visita fica na assistência e pode ou não ser convidada a entrar no abassá ao fim dos trabalhos, antes do guia chefe subir, pois ele é que vai recepcioná-la. Visitas não incorporam de forma nenhuma, nem mesmo se forem babalaôs de outros centros e devem ser avisados disso também com antecedência:

Hoje teve alegria (B)
Hoje teve alegria
Na casa de Zambi
Hoje teve alegria

2. Ponto de aniversário: pode ser cantado depois do término dos trabalhos, quando já não existirem entidades em terra, em aniversários conjuntos mensais dos médiuns ou da casa; pode até mesmo ser cantado fora do abassá, caso haja uma festinha de comemoração:

Parabéns a você
Na luz deste Gongá
Muitas felicidades
E a benção de Oxalá

Capítulo 10

Pontos riscados

Definição

O ponto riscado é uma ordem escrita a uma série de entidades. Quando um médium risca um ponto irradiado por uma entidade, está geralmente mobilizando a falange que com ela trabalha, ou, eventualmente, outra falange; direciona a energia mobilizada para o objetivo desejado, dependendo do merecimento do consulente e da ética do médium.

Os pontos riscados obedecem à vibração original ou flecha, da qual falaremos a seguir. Tudo começa com um simples ponto. Um ponto sozinho nada produz em termos de magia, mas vários pontos geram uma linha e várias linhas fazem um ponto riscado.

Todavia é importante saber que o ponto riscado não produz nenhum tipo de magia se não for impulsionado pelo pensamento. Muitos médiuns acreditam que podem simplesmente riscar um ponto e que as entidades vão fazer tudo por ele. Este é o primeiro dos enganos.

Vemos em muitos centros de umbanda médiuns riscando pontos que de fato nada têm a ver com os princípios dos pontos riscados. Pontos onde aparecem barcos, estrelas, serpentes etc. É possível que, em alguns casos, a espiritualidade, considerando o merecimento do consulente, e o desconhecimento não proposital do médium, além de seu real desejo de manipular forças amorosas para aquele consulente, promova o necessário para o auxílio.

Não se engane todavia, o médium achando que ele próprio está promovendo magia com pontos sem os elementos básicos dos quais eles se compõem. Este costuma ser o segundo engano. Os sinais aqui apresentados são os chamados sinais positivos, que propiciam apenas magia branca, digamos assim. De forma que não adianta a ninguém tentar fazer outro tipo de magia usando estes sinais. Os sinais negativos, os chamados ocultos, não podem ser aqui revelados.

Elementos básicos de identificação dos pontos riscados

Oriundos do desenvolvimento das linhas, eles são três, o que, minimamente, o médium deveria conhecer:
1. Flecha: identifica a vibração forma da entidade, isto é como ela se manifesta na matéria, no mundo fenomenal.
2. Raiz: identifica a origem, isto é, a linha a que pertence e trabalha a entidade.
3. Chave: identifica o grau hierárquico da entidade.

Sinais positivos que identificam cada ponto

São sete e incluem os elementos básicos citados acima. Os sinais negativos também são em número de sete, mas não serão apresentados por questões óbvias.
1. Flecha ou vibração forma: identifica a forma como a entidade se apresenta. A Flecha, que é baseada na linha, que por sua vez é formada de pontos, representa o equilíbrio e a dualidade sendo, portanto, a vibração original ou reflexo da escrita divina. Sempre orientada para o alto, para o céu, em louvor e respeito às divindades que a ensinaram aos homens. No movimento da síntese da umbanda existem três diferentes manifestações formas: caboclo, preto velho e criança.
2. Raiz ou linha: identifica em qual das sete linhas de umbanda a entidade trabalha. As linhas são: Oxalá, Ogum, Oxossi, Xangô, Yemanjá, Yori e Yorimá.
3. Chave: identifica o grau hierárquico da entidade, que podem ser dois. Além disso identifica também se é chefe de legião, chefe de falange ou de sub falange. São apenas dois, pois nos

graus de chefia são todos guias. Os graus hierárquicos são: guia e protetor.

4. Planeta regente: identifica os planetas sagrados e os respectivos signos zodiacais associados aos quais a entidades está relacionada. São sete planetas e doze signos.

Os planetas sagrados são: Sol, Lua, Marte, Vênus, Júpiter, Saturno e Mercúrio.

Os signos são: Leão, Peixes, Aquário, Áries, Libra, Gêmeos, Câncer, Capricórnio, Touro, Virgem, Sagitário e Escorpião.

5. Cor fluídica: ajuda a identificar, não apenas a manifestação forma da entidade, como também a linha na qual trabalha. Elas são: azul, amarelo, branco, anil, e laranja. Ver detalhes adiante.

6. Elementos que manipula: ajuda a identificar quais elementos básicos da natureza a entidade manipula. Este sinal positivo pode ser grafado de formas diferentes e uma delas é usando os tattwas, dos quais já falamos no capítulo sobre Pontos Cantados. São quatro os elementos da natureza: ar, água, terra e fogo.

7. Entidades que comanda: podem ser de dois tipos e já foram citadas no Capítulo sobre Seres no Astral. São naturais e artificiais.

Sinais grafados nos pontos

1. Flecha ou vibração forma da entidade: grafado na parte central do ponto riscado.

Figura 49

Umbanda um Novo Olhar   195

2. Raiz ou linha da entidade: é o sinal grafado na parte inferior da flecha.

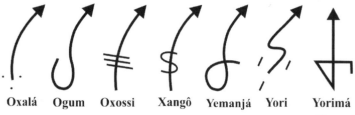

Figura 50

3. Chave ou grau hierárquico: este sinal é sempre grafado do lado esquerdo da flecha, em posição alta.

Figura 51

Lembrando, todavia, que os guias podem ainda ser chefes de legião, chefes ou sub chefes de falange, ainda temos outros sinais que indicam hierarquia. Eles são dois:

- Chefe de legião: além do sinal de guia, grafa acima da flecha o sinal de sua vibração original. Na alta magia esse sinal tem grande poder e comanda um número infindável de entidades. Os sinais e suas explicações teosóficas são apresentados a seguir.

Grafia e significado dos sinais de chefe de legião

Oxalá	●	Imanência de Deus
Ogum	△	Fogo da salvação
Oxossi	○	Ação envolvente
Xangô	□	Equilibrio
Yemanjá	—	Eterno feminino da natureza
Yori	⊙	Relação com a Lei
Yorimá	⊖	A Lei em Ação

Figura 52

- Chefes de falange e sub falange: além do sinal de guia grafam o mesmo sinal grafado pelos chefes de legião, mas abaixo da flecha.

Apresentamos a seguir um exemplo de ponto riscado considerando as informações até este momento e imaginando o quadrado externo como o tamanho da tábua onde é riscado, apenas para dar a noção de proporcionalidade.

1º exemplo de ponto riscado

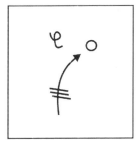

Caboclo de Oxossi.
Plano de guia.
No grau de chefe de legião

Figura 53

Umbanda um Novo Olhar 197

4. Planetas e signos zodiacais: são grafados ao lado direito da flecha, em altura mediana. Apresentamos abaixo uma tabela contendo as vibrações originais, planetas sagrados e os signos zodiacais correspondentes.

Planetas Sagrados	Signos Zodiacais	Data	Orixá
Sol ☉	Leão ♌	21/07 a 20/08	Oxalá
Júpiter ♃	Peixes ♓	21/02 a 21/03	Xangô
	Sagitário ♐	21/11 a 20/12	
Marte ♂	Áries ♈	21/03 a 20/04	Ogum
	Escorpião ♏	21/10 a 20/11	
Vênus ♀	Touro ♉	21/04 a 20/05	Oxossi
	Libra ♎	21/09 a 20/10	
Mercúrio ☿	Gemeos ♊	21/05 a 20/06	Yori
	Virgem ♍	21/08 a 20/09	
Lua ☾	Câncer ♋	21/06 a 20/07	Yemanjá
Saturno ♄	Aquário ♒	21/01 a 20/02	Yorimá
	Capricórnio ♑	21/12 a 20/01	

Figura 54

O símbolo do sol pode também ser grafado com metade do círculo.

Apresentamos a seguir um exemplo de ponto riscado considerando as informações até este momento.

Caboclo da linha de Oxalá
Plano de Guia
No Grau de Chefe de Legião
Planeta Sol. Signo Leão

Figura 55

5. Cor Fluídica: as cores são consequência dos sons. São apenas vibrações. A grafia das cores é dada apenas pela cor da pemba ou giz usados para riscar o ponto. No geral basta mentalizar a cor.

A cor da umbanda esotérica está relacionada ao sétimo raio da Confraria Branca, dirigido por Saint Germain, que é o raio da magia e este é violeta. Como são vibrações, a cor violeta tem sua ação se contrapondo à magia negra, através de seu mediador que é o arcanjo Ariel.

A cor todavia, está mudando, pois o quinto raio da Confraria está se unindo no auxílio ao movimento e sua cor é verde. É o raio da ciência. Ele é comandado por Serapis Bay. A união das duas cores dá uma cor próxima do petróleo, que pode ser visualizada no site da FGC como pano de fundo. Detalhes sobre a Confraria no capítulo sobre a hierarquia da umbanda.

O triangulo da forma fluídico plasmado no astral pelos mestres siderais na Atlântida e depois pelas entidades que reimplantaram a umbanda no planeta também é violeta e tem diferentes representações para as diversas linhas.

Apresentamos abaixo um quadro com a relação das manifestações forma, a vibrações e as cores relacionadas.

Relação entre as manifestações forma, cores e orixás

Vibração	Manifestação Forma	Cor
Oxossi	Caboclo	Azul
Yemanjá	Caboclo	Amarelo
Oxalá	Caboclo	Branco
Yorimá	Pretos Velhos	Anil
Yori	Crianças	Laranja

Figura 56

Observação

A cor de Ogum é vermelho e Xangô é verde, mas não estão representadas no triangulo da forma. Apesar de se apresentarem como caboclos, chamam a si próprios de Xangôs e oguns. Isto não significa, todavia, que oguns e Xangôs não estejam inseridos no movimento da síntese da umbanda. Trabalham normalmente na umbanda em caridades de caboclo, especialmente nas necessidade específicas.

Mais detalhes sobre esse assunto podem ser encontrados no capítulo sobre mediunidade.

6. Elementos que manipula: Os elementos básicos da natureza podem ser grafados de duas maneiras. São grafados do lado esquerdo superior do ponto. As formas mais comuns estão marcadas com um asterisco.

Apresentamos a seguir uma tabela com as diferentes formas de grafar os elementos da natureza.

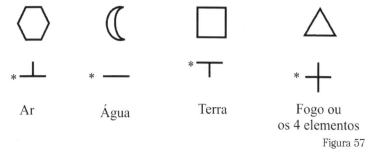

Figura 57

Breve consideração teosófica sobre os 4 elementos

A inscrição na cruz de Cristo – INRI – na verdade não significa Jesus Nazareno Rei dos Judeus e sim, o seguinte:

I: Iammin - água
N: Nour - fogo
R: Ruach - ar
I: Iabashad - terra

7. Entidades que comanda: estes sinais são grafados abaixo da flecha, no canto esquerdo.

Chaves das entidades naturais

 Chaves das entidades elementares
(egrégoras, artificiais)

Figura 58

Outros sinais grafados

Mais raros de serem encontrados, pois são usados somente por entidades de alta hierarquia.

 Chave de abertura da alta magia, gravada acima da flecha no canto direito do ponto. Sinal usado apenas por entidades de hierarquia excepcionalmente alta.

 Sinal da magia branca, grafado acima da flecha no canto esquerdo do ponto. Pode ou não ser grafado junto com o sinal dos 4 elementos abaixo dele, como é mostrado aqui. Usado apenas do grau de guia para cima.

 Triangulo da força cósmica, grafado acima da flecha à direita. Atua modificando correntes cósmicas, produzindo modificações na matéria. Exemplo: abertura para limpeza. Usado por guias de alta estirpe.

 Sinal do Pi, que significa a lei, do qual já falamos em outro capítulo. Grafado logo acima da flecha. Usado apenas pelos chefes de legião. Entidade trabalha com todas as leis da umbanda. Quando encarnado era mago da luz divina.

 Mago branco. Sinal grafado à direita da flecha em altura mediana. Pode vir com um ou mais sinais de +, o que significa ser um caçador de feiticeiros. Ver a seguir.

 Mago branco caçador de feiticeiros, grafado da mesma forma que o sinal anterior, mas do lado esquerdo. Geralmente usado por entidades de alta hierarquia da linha de Yorimá.

Figura 59

Observações gerais

O médium precisa controlar seu desejo de colocar no ponto todos os sinais ou desejar que a entidade que trabalha consigo tenha uma alta hierarquia, pois isso nada significa no plano espiritual.

O que importa é o trabalho na caridade, independente de tudo o mais. Naturalmente é preciso também compreender que não há como uma entidade de alta hierarquia se manifestar por um médium que não tenha na vida um comportamento condizente com a ascendência moral da mesma. Semelhantes se atraem, diz o ditado.

Que ninguém espere ser na vida uma pessoa com um ou mais defeitos muito evidentes e ainda assim achar que vai receber uma entidade de grande luz, porque não vai mesmo. Entre os inúmeros defeitos conhecidos os mais comuns seriam: rancor, mal humor, tirania, irritação, melindre, insatisfação, vaidade, egoísmo, ganância, beber, comer ou fumar em exagero; e ainda vida sexual desregrada ou achar normal ter relacionamentos fora do casamento. Sabemos que não vamos virar santos de um dia para o outro, mas o médium tem a obrigação, caso queira ser bem assistido pela espiritualidade, tentar se melhorar a cada dia.

Podemos até riscar pontos que impressionem as pessoas, mas não podemos enganar o plano espiritual e desta forma nenhuma magia será mobilizada por ele, na medida que toda magia é mental. O ponto é apenas um instrumento de concentração do médium. Apresentamos a seguir exemplos de pontos riscados.

Procuramos apresentar os pontos como se estivessem grafados numa tábua e na proporção que são feitos. Esses pontos foram copiados dos originais grafados pelas entidades.

O primeiro que mostramos é o ponto riscado do caboclo Tabajara, entidade de alta hierarquia e que se manifesta na FGC mente a mente. Foi o sumo sacerdote nas terras altas e participou da reimplantação da umbanda no planeta. Conheça sua história no livro 4, que é uma continuação do livro 2, ambos citados anteriormente.

Caboclo Tabajara

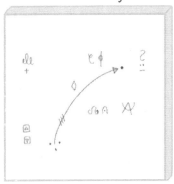

Figura 60

É preciso lembrar que existe apenas um caboclo Tabajara com estas características. Como já falamos em outro capítulo deste curso, a entidade que se manifesta num determinado centro não é a mesma que se manifesta em outro. Isto quer dizer que muitas entidades podem até se apresentar com esse nome, o que não significa ser a mesma.

Entidades cruzadas com outra linha

Como se sabe as entidades podem ser cruzadas com outras linhas. O caboclo Tabajara que se apresenta na FGC é da linha de Oxalá, cruzado com a linha de Oxossi.

Observar que ao longo da Flecha ele grafa tanto a raiz de Oxalá, que é sua linha original, quanto a de Oxossi, linha com a qual é cruzado. Ser cruzado significa que trabalha nas duas vibrações. Naturalmente uma entidade dessa hierarquia pode trabalhar em qualquer linha, mas originalmente trabalha nas duas.

Ele poderia também ter grafado duas ou mais flechas com as duas raízes, uma cruzando sobre a outra.

Resumo dos sinais grafados no ponto de Tabajara

- comanda entidades naturais e artificiais: triângulos na base esquerda do ponto.
- entidade que trabalha com todas as leis da umbanda: sinal do pi grafado acima da flecha.
- caboclo da linha de Oxalá: observar a raiz na flecha.
- cruzado com a linha de Oxossi: observar a outra raiz grafada em tamanho discreto.
- plano de guia: observar o sinal acima da flecha.
- no grau de chefe de legião: observar o sinal acima da flecha.
- entidade que trabalha magia branca e com os 4 elementos: sinal em cima e à esquerda do ponto.
- tem acesso à chave de abertura da alta magia: sinal em cima e à direita do ponto.
- tattwa: grafado no meio e à esquerda da flecha, o losango.
- planeta: Sol, no meio à direita da flecha.
- signo: Leão, na mesma posição.
- mago branco: observar o sinal grafado no meio e à direita da flecha.

Mostraremos a seguir no ponto do caboclo Anhanguera, outra entidade manifestada na FGC e cuja história é contada nos livros 2 e 1, dos quais também já falamos. Algumas de suas reencarnações no planeta estão relatadas nessas obras.

Trata-se também de uma entidade de alta hierarquia e que se apresenta na FGC sob a mecânica da irradiação. Foi igualmente uma das entidades que participou do Projeto Terras do Sul que, sob a tutela de Aramu-Murú e de Thamataê, o caboclo das 7 Encruzilhadas, trouxe a umbanda para o Brasil, quando de sua reintrodução no planeta.

Essa entidade teve grande importância em algumas civilizações oriundas das migrações atlantes na América do Sul, como a dos Andes e a do litoral do Espírito Santo.

Caboclo Anhanguera

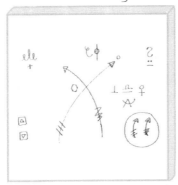

Figura 61

Trata-se de uma entidade que trabalha na linha de Oxossi cruzado com a linha de Xangô. Grafa em seu ponto duas flechas que cruzam. Caso a entidade grafe mais de uma flecha, como no caso de Anhanguera, as voltadas para a direita mostram sempre sua vibração original e as voltadas para a esquerda mostram a linha com o qual a entidade é cruzada.

No canto inferior do ponto pode-se observar um sinal diferente: um circulo pequeno com as duas flechas correspondentes às linhas que trabalha: Oxossi e Xangô. Esse sinal particular ajuda a identificar a entidade. É como se fosse uma assinatura. Como é raro e individual, não foi citado na lista de sinais grafados.

De fato todo ponto identifica uma determinada entidade. Qualquer pessoa que domine seu entendimento poderia dizer qual entidade está realmente manifestada.

Resumo dos sinais grafados no ponto de Anhanguera

- comanda entidades naturais e artificiais: observe os triângulos na base esquerda do ponto.
- entidade que trabalha com todas as leis da umbanda: sinal do pi grafado acima da flecha.
- caboclo da linha de Oxossi: observar a raiz na flecha voltada para a direita.

- cruzado com a linha de Xangô: observar a raiz na flecha voltada para a esquerda.
- plano de guia: observar o sinal acima da flecha.
- entidade que trabalha magia branca e com os 4 elementos: observar o sinal em cima e à esquerda do ponto.
- trabalha preferencialmente com o elemento ar: sinal grafado à direita e em posição mediana na chave de Oxossi.
- tem acesso à chave de abertura da alta magia: sinal em cima e à direita do ponto.
- tattwa: grafado no meio e à esquerda da flecha, o hexágono.
- planeta: Vênus, na mesma posição.
- signo: Libra, também na mesma posição.
- mago branco: sinal grafado no meio e à direita da flecha
- assinatura: sinal grafado na base direita do ponto e circunscrito por um pequeno circulo.

Observação

Há pequeno erro no ponto copiado pelo médium, pois a entidade não é chefe de legião apesar desse sinal estar exibido acima da flecha.

Entidades ligadas à outra linha

As entidades podem ainda ser ligadas com outras linhas. Estar ligado com outra linha significa que a entidade trabalha, eventualmente, junto com a outra linha, dependendo da necessidade do trabalho.

A flecha da linha não original à qual a entidade está ligada é grafada ao lado da original, em tamanho menor. Mostraremos como exemplo o ponto riscado pelo caboclo Cachoeirinha.

Pode ser notado que ao lado das flechas de sua vibração original, que é Oxossi, a entidade grafa, por cima, em tamanho menor, a flecha com a raiz de Xangô, que é a linha com a qual trabalha eventualmente.

Caboclo Cachoeirinha

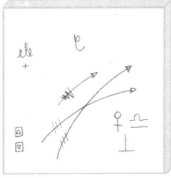

Figura 62

É possível notar que o caboclo Cachoeirinha, entidade também de alta hierarquia manifestada na FGC através da mecânica da irradiação grafa duas flechas de Oxossi. Esta é apenas outra forma de se identificar. A entidade pode grafar quantas flechas quiser. É difícil, no entanto, que uma entidade grafe mais que 3 flechas de cada vibração. A exceção conhecida é o ponto do caboclo das 7 Encruzilhas, que grafa 7 flechas.

Quando a entidade grafa mais de uma flecha da mesma linha e não é cruzado com outra, desde que grafe uma para a direita, pode grafar as outras originais para a esquerda, por exemplo.

Esta entidade, assim como os demais citados, trata-se na verdade de um corpo de ilusão do próprio caboclo Anhanguera. É possível saber mais sobre esse assunto no capítulo sobre seres no astral. Um guia geralmente fará corpos de ilusão no mesmo grau.

Resumo dos sinais grafados no ponto de Cachoeirinha

- comanda entidades naturais e artificiais: triângulos na base esquerda do ponto.
- caboclo da linha de Oxossi: observar a raiz nas flechas maiores.
- ligado com a linha de Xangô: observar a raiz na flecha pequena acima das maiores.
- plano de guia: observar o sinal acima da flecha.

- entidade que trabalha magia branca e com os 4 elementos: sinal em cima e à esquerda do ponto.

- sinal grafado à direita e em posição mediana na chave de Oxossi mostra que trabalha preferencialmente com o elemento Ar - planeta Vênus e signo Libra

Informações adicionais

Nunca é demais lembrar que cada médium recebe para trabalho efetivo duas, no máximo três entidades, pois as demais, geralmente, são corpos de ilusão das primeiras. Isto no caso da entidade atuar no nível de guia, pois protetores podem fazer apenas um corpo de ilusão.

Como já foi dito em outro capítulo, o caboclo das 7 Encruzilhadas, por exemplo, manifestado exclusivamente no médium Roger Feraudy durante muitos anos, apresentava-se com vários corpos de ilusão, como o caboclo Anhangá, que atuava na vibração de Xangô, por exemplo. Ou ainda como Simeon o mago, do agrupamento do Oriente, ligado à linha de Oxalá, entre outros, dependendo da necessidade da tarefa a ser realizada. anos. Detalhes no capítulo sobre a história da Umbanda.

Colocamo-nos à disposição dos leitores para analisar eventuais pontos riscados de suas entidades, que podem ser enviados para o endereço eletrônico da FGC com as devidas explicações sobre a entidade e avaliação técnica do médium sobre o ponto. Pontos sem as explicações não poderão ser avaliados. Adiantamos também que não podemos grafar pontos pelos médiuns. Só podemos considerar erros técnicos. Os endereços estão disponibilizados ao final do livro.

Para completar apresentamos um ponto de preto velho. Não daremos explicações como forma de convidar as pessoas a pensar e estudar; esperamos que tentem compreender sua grafia e nos colocamos à disposição para eventuais dúvidas.

Preto Velho Aby-Kubebe

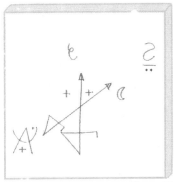

Figura 63

Entidade também manifestada na FGC através de Roger Feraudy através da mecânica da intuição, trabalhava apenas com magia. Não dava consultas. Também participou da implantação da umbanda no Brasil. Instamos os leitores a perceberem por si só os detalhes grafados no ponto.

Nos colocamos à disposição para comentar os pontos grafados pelas entidades manifestadas nos leitores em seus centros, assim como as observações do ponto de Aby-Kubebe. Para tanto basta que o leitor envie um e-mail para nosso endereço eletrônico ou comunique-se conosco através do site da FGC. Pedimos que toda e qualquer figura seja colocada no corpo da mensagem e não em anexo, pois não poderemos abri-los.

Os endereços se encontram no final do livro.

Capítulo II

Trabalho de cura espiritual

Ectoplasmia

Apresentaremos neste capítulo a proposta de trabalho de cura da FGC, simultâneo com o trabalho de fitoterapia. Este segundo trabalho, todavia, não entraremos em detalhes aqui por razões que explicaremos adiante.

É preciso lembrar que embora neste capítulo os trabalhadores da casa sejam chamados de médiuns, não é condição necessária eles terem mediunidade, pois o trabalho de cura é um trabalho de doação de amor e requer deste trabalhador apenas estudo e dedicação.

Apresentamos um trabalho complexo, mas que pode, naturalmente, ser adaptado à realidade de cada casa espiritual, pois cada passo, cada etapa de sua preparação e execução são explicados em detalhes.

É preciso atenção quanto ao uso da palavra cura, pois além de parecer uma proposta pretensiosa, pode também ser ilegal. Cura é algo restrito à área médica ou afim e, portanto, sempre que nos referirmos a ela, estaremos querendo dizer cura espiritual. Cura espiritual no sentido das palavras de Cristo: curate a ti mesmo. Apesar de haver na equipe da FGC um médico responsável por este trabalho, sabemos que isso nem sempre é possível na maioria dos centros.

Antes de falar das técnicas ou do trabalho em si, vamos discutir um modelo de entendimento sobre a origem das doenças e também sobre o chamado fluido de cura espiritual ou ectoplasma. Do que se trata? Como funciona? O que é um passe de cura?

As doenças

Causas das doenças: usando neste capítulo, para facilitar o entendimento, um modelo espiritualista comum podemos admitir que, geralmente, as causas de nossas doenças são psíquicas ou emocionais, baseadas nos desmandos cometidos em vidas passadas. Imantamos nosso perispírito com as energias negativas de nosso passado. E como não fazemos na vida atual a necessária mudança interior de nossos temperamentos e defeitos, isto é, não fazemos a chamada reforma íntima frente às dificuldades e dissabores da vida, vamos aprimorando nossas partes negativas.

Dessa forma é como se carregássemos nossos defeitos na alma. O problema é que isso tudo termina, na maior parte das vezes, por se transformar numa doença física.

Vida após vida vamos nos especializando em nossas raivas; além disso, se não formos muito cegos e indiferentes a quem realmente somos, não podemos nos esquecer de nossa frequente intolerância, nosso orgulho, eventual prepotência e sem esquecer também dos muitos melindres. De fato adoramos achar que sempre temos razão e que o mundo sempre está contra nós. Resumindo: estamos sempre achando ser nosso legítimo direito nos irritarmos quando contrariados.

Tipos de doenças

1. Doenças cármicas: também chamadas de doenças redentoras, são aquelas doenças com as quais nascemos. Nossos defeitos, aqueles guardados em nossa alma, geram uma energia negativa para o espírito reencarnante. Se não drenarmos essa energia numa vida, na seguinte, na fase pré-encarnatória, quando o espírito vai se acoplar ao ovo, ele passa para o cromossomo essas energias negativas, que se transformam. É como se ficasse então impresso no cromossomo o aprendizado que queremos ou precisamos fazer.

Algumas pessoas podem achar estranha a palavra aprendizado, pois muitos gostam de achar que carma é um resgate. Todavia, por consideramos nosso carma justamente as condições de nosso nascimento, e nisso incluímos não apenas nossas condições físicas e intelectuais, mas também sociais, trata-se apenas de uma oportunidade de aprendizado, da qual se pode tirar ou não um bom proveito.

Depende nesses casos, geralmente, de resignação e vontade de seguir adiante. Na maioria das vezes podemos, de alguma forma, modificar, transformar ou ao menos minimizar nosso carma através do aprendizado. O primeiro passo seria talvez compreender qual seria o aprendizado necessário para cada espírito.

Trata-se, via de regra, nos casos mais graves, de espíritos corajosos que desejam crescer de forma acelerada, ao contrário da maioria mais ou menos preguiçosa do resto da humanidade. Muita gente costuma torcer o nariz, até com certo desprezo, frente à pessoas com grandes e evidentes problemas cármicos, justamente por achar que são grandes devedores. Ora, devedores somos todos e, por isso mesmo, deveríamos ter admiração e respeito por estas pessoas.

2. Doenças não cármicas: são aquelas doenças adquiridas no decorrer da vida atual. Nossas emoções negativas, aquelas contidas em nossas irritações, das quais já falamos em várias ocasiões, movimentam energias, que por sua vez geram fluidos irritantes que se aderem ao perispírito formando pústulas de magnetismo tóxico.

Quando há uma saturação elas fluem para o corpo denso através do duplo etérico, que é como uma válvula de escape para o expurgo dessas pústulas. São as chamadas cartas na manga. Aquele empurrão para o impulso do bem que a parte divina e sábia de nosso espírito guardou para uma necessidade, já que nos conhece de longa data.

O perispírito funciona como um molde para o corpo denso e se ele fica saturado e adoece nosso corpo também adoece. Resumindo neste segundo caso:

1º Defeitos não resolvidos, que são as tendências negativas carregadas na alma que não geraram carma, mas nos fragilizam no dia a dia.

2º Perispírito absorve as energias negativas através do duplo etérico.

3º Corpo denso adoece.

Relações entre defeitos e doenças

Alguns defeitos	Algumas doenças correspondentes (observadas pela espiritualidade)
Sarcasmo	Cistos
Inveja	Doenças de partes moles (colágeno)
Luxuria	Paralisias / Parestesias
Ciúmes	Escleroses / Problemas Ósseos
Egoísmo	Infecções / Inflamações /Doenças vasculares
Maledicência	Câncer / Tumores
Ira / raiva	Ulcerações
Ódio	Hemorragias

Figura 64

E por que isso acontece?
Porque os conteúdos energéticos permanecem atuantes e potentes independentemente do tempo, formando no espírito núcleos calcificados de energia negativa. As dores têm vibrações altissonantes que desalojam os blocos energéticos e os escoam para fora da alma na forma de doenças.

A saúde
Definição: estado de saúde é igual ao estado de alegria.
Alegria, por sua vez, ao contrário do que se pensa, se compõe de dois elementos, que são fé e resignação. Poderíamos definir esses elementos da seguinte forma:
Fé: é a capacidade de compreender que tudo aquilo que acontece para nós é o que é melhor para nós naquele momento.
Resignação: é a capacidade de compreender que nem tudo pode ser do nosso jeito.
Desta maneira começamos a ver as vicissitudes e adversi-

Umbanda um Novo Olhar   213

dades da vida não mais como problemas e sim como oportunidades de aprendizagem, na medida em que todos nós, como já foi visto, viemos para aprender alguma coisa no sentido de nosso crescimento espiritual.

Viemos nesta vida, entre outras coisas, para aprendermos a ser menos egoístas, miseráveis, invejosos, melindrosos, prepotentes, mandões, orgulhosos, sedutores, vitimizados, preguiçosos etc. etc. Além disso não podemos descuidar de como reagimos quando somos confrontados pela vida em nossos desejos ou opiniões. Estamos sempre aborrecidos porque parece que a vida e as pessoas nunca atendem mesmo as nossas expectativas. Esquecemos, todavia, que nem as pessoas e nem a vida estão aí para isso.

Desta forma, se pudermos compreender a razão de nossas dores, se tivermos mais fé e mais resignação frente às vicissitudes e contrariedades, podemos voltar a ficar alegres, o que nos leva para o estado de saúde espiritual e, por consequência, física. Estaremos entrando num processo de desintoxicação espiritual, liberando as energias negativas represadas na alma, sem a necessidade da dor para nos ajudar.

Estes ensinamentos devem ser passados aos consulentes na medida do entendimento de cada um, pois nenhuma cura acontecerá fora dessas premissas. Cada um tem que fazer seu próprio milagre. Os médiuns e o trabalho de cura apenas apontam caminhos, ensinam e equilibram a pessoa na medida do possível. Já, a cura, depende de cada um.

Teoria Corpuscular do Espírito

A Teoria Corpuscular do Espírito foi um modelo espacial criado pelo dr. Hernani Guimarães Andrade, notável cientista espiritualista e fundador do Instituto Brasileiro de Pesquisas Psicobiofísicas, para ajudar a compreender o espírito humano. Tentaremos aqui passar uma noção superficial desta incrível teoria.

Para que possamos imaginar e compreender melhor o modelo espacial criado, ele é um losango, com dois cones unidos pelas bases. O losango representa o espírito e cada cone uma de suas partes. Segundo dr. Hernani, para entendermos do que se trata afinal o espírito precisamos compreender primeiro a composição do universo.

Composição do universo

1. Substância matéria, da 3ª dimensão: formada pela união de átomos, que por sua vez são formados por prótons, elétrons e nêutrons. Os átomos unidos formam o elemento matéria. A união dos elementos matéria formam a matéria.

2. Substância espírito, da 4ª dimensão, ou matéria psi: formada pela união de psiátomos, que por sua vez são formados por bions, que são os únicos que tem o quantum de vida, por intelectons e por perceptons. Os psiátomos unidos formam o elemento espírito. A união dos elementos espírito tornam possível as construções do plano espiritual, com ou sem vida, a saber:

- Ectoplasma
- Fluidos
- Perispírito
- Espírito - única formação da substância espírito que possui bions

Composição do espírito

1. Cúpula espiritual: é onde fica a consciência ou parte divina do espírito. É o depósito dos bons propósitos e dos desejos de melhoria. É a parte pensante do ser. Sua área de expressão são os corpos sutis.

2. MOB – modelo organizador biológico: é o arquivo das experiências biológicas de vidas passadas. É a parte não pensante do ser. Sua área de expressão são os corpos menos sutis. Pode ser imaginado como a metade de uma cebola, com camadas superpostas, onde cada camada representa uma vivência passada do indivíduo.

Entre essas duas partes do espírito se situa o corpo denso, o físico.

Um campo magnético une as duas partes, formando a alma da individualidade. Quando os campos magnéticos gerados se superpõem forma-se o perispírito da individualidade.

Quando o ser vai reencarnar a alma atrai para si os chamados corpúsculos psi livres formando a alma da personalidade atual. Quando necessário a alma da personalidade forma uma cópia do corpo denso, o perispírito da personalidade, atraindo para si bions negativos.

A emissão de ectoplasma

Relembrando a composição do espírito neste modelo proposto na teoria corpuscular e seu formato didático em forma de losango, podemos imaginar as duas partes separadas: em cima a cúpula e embaixo o MOB. E unindo as duas partes, quando o ser se encontra encarnado, está o corpo físico.

Num trabalho de cura quando o médium faz a doação do fluido de cura ou ectoplasma, isto só se tornou possível com o afastamento dos corpos. Isso acontece em duas fases:

1º Guias e protetores magnetizam o médium com bions negativos causando o afastamento dos corpos, que estão unidos ao corpo físico com polaridades invertidas. Tanto a cúpula espiritual como o MOB se afastam ligeiramente do corpo físico.

2º Nesse momento há emissão de grande quantidade de matéria chamada orgânica, o ectoplasma, com o afastamento dos corpos. Tão logo a doação termine os corpos se unem novamente.

O ectoplasma, por ser uma substância espírito, trata o molde original do ser e depois, se houver merecimento, o tratamento passa para o corpo denso. Se houver, de forma concomitante, a chamada mudança interior poderá então acontecer a melhora do perispírito e a ausência ou desaparecimento de doenças.

É preciso lembrar que da mesma maneira que entidades amigas podem magnetizar o médium, entidades malévolas bem informadas também podem fazer a mesma coisa, causando muitos problemas físicos, dos quais falaremos adiante. Pode-se acompanhar o processo pelo gráfico apresentado a seguir.

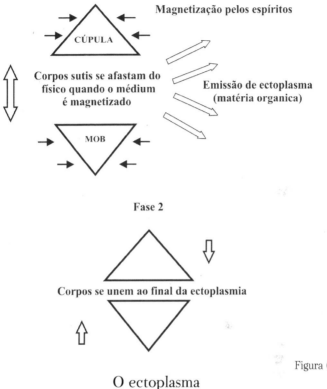

Figura 65

O ectoplasma

Continuamos neste capítulo usando um modelo de entendimento espiritualista comum, sem entrar em outras considerações. A grosso modo, visando apenas uma apresentação didática, ectoplasma é uma substancia semi material, capaz de interagir entre os dois mundos: o material e o espiritual. É um fluido universal, também chamado de prana. Encontra-se por toda parte, por toda a natureza, como uma nuvem; geralmente não é visível aos encarnados, a não ser que sejam clarividentes, isto é, quando o médium é capaz de perceber auras, chakras etc. Visível para muitas entidades astrais.

Para ilustrar, podemos pensar no seguinte: se todos víssemos um determinado espírito e tentássemos tocá-lo, nossa mão o atravessaria, do mesmo modo que se ele quisesse nos tocar, sua mão nos atravessaria também. Estamos, teoricamente, em dimensões incompatíveis. Ora, sabemos que muitos espíritos conseguem promover fenômenos de efeitos físicos, interagindo com o mundo de três dimensões no qual vivemos enquanto encarnados. Como podem fazê-lo se não são seres da 3ª dimensão? Se o ectoplasma fosse um barro e nele enfiássemos nosso braço, sairíamos vestidos com uma luva de barro. Da mesma forma, se uma entidade enfia seu braço, por assim dizer, nesse fluido chamado ectoplasma, sairá vestido com uma luva de ectoplasma.

E desta maneira ele pode impressionar nossa 3ª dimensão promovendo aqueles fenômenos conhecidos como poltergeist, onde são capazes de abrir portas, derrubar objetos, promover barulhos, ligar interruptores, causar combustão etc.

No entanto, o maior problema é o fato do ectoplasma estar concentrado na natureza, especialmente nos alimentos, o que faz com que estejamos sempre ingerindo-o juntamente com nossa alimentação. Desta maneira, apesar dele nos ser vital, na medida que ele não pertence ao nosso mundo, não temos como absorve-lo, assimilá-lo ou metabolizá-lo junto com os alimentos, o que faz com que o excesso do mesmo, isto é, a parte não utilizada para a manutenção da vida, retorne à natureza.

E de fato isso acontece, pois ele sai por todos os orifícios do corpo e também pela pele através do suor, pela boca enquanto falamos, pelo nariz quando respiramos e pelos ouvidos.

Mas, muitos de nós que viemos com o compromisso cármico da mediunidade de cura, promovemos essa troca com a natureza num ritmo mais lento que as demais pessoas, de forma automática e inconsciente. Isto serve para que sempre possa sobrar uma quantidade de ectoplasma para ser doado num eventual trabalho de cura. Ele então se acumula em torno da região do chakra umbilical, a espera da doação.

O ectoplasma só passa a ter seus efeitos curativos, como, por exemplo, combater infecções, ser anti-hemorrágico ou anti-inflamatório, cicatrizante etc., a partir do momento que ele passa pelo homem conduzido pelos alimentos, como se fossemos uma usina transformadora, por assim dizer. O ectoplasma estacionado na natureza, não serve para esta cura. Este último serve apenas para as construções do mundo espiritual.

Entretanto, muitas pessoas, na verdade a maioria, desconhece serem portadoras desse tipo de mediunidade e como não participam de nenhum tipo de trabalho de cura, e muitas vezes não exercem nem mesmo qualquer atividade espiritual, acabam acumulando enormes quantidades de ectoplasma na região do abdômen.

Esse acúmulo, por si só, promove vários sintomas físicos, como, por exemplo: distensão abdominal repentina fazendo com que o indivíduo ache as calças apertadas, especialmente na cintura, a chamada barriga estufada, como se tivesse engordado de um dia para o outro; dores abdominais, cólicas, queimação no estômago, azias, gazes, constipação intestinal ou diarreias sem razão aparente, problemas de pele, alergias etc.

Como, infelizmente, ainda trazemos arrastados em nossos compromissos cármicos nossos desafetos do passado, existem duas simples maneiras deles nos perturbarem: ou eles manipulam nosso ectoplasma ou eles nos passam intuições negativas, ou, mais comumente, as duas coisas. Por que ficariam simplesmente a manipular o ectoplasma que está na natureza, fazendo barulhos e outras coisas, se podem muito bem manipular o ectoplasma que está acumulado em nós, e causar-nos desconforto, não é mesmo?

Imaginemos, de forma figurada, que houvesse um pequeno caldeirão no nosso abdômen, cheio de ectoplasma sob alta pressão, com apenas um pequeno tubo para subir em direção à boca. Nosso desafeto coleta esse ectoplasma e empurra-o para cima com violência, o que pode causar na medida que vai subindo sintomas do tipo: náusea, ânsia, angústia ou aperto no peito, sensação do ar estar curto, batedeira no coração, impressão de bola na garganta e pigarro; promovem acúmulo de secreções como na sinusite ou rinite e também causam a popular labirintite, que é aquela sensação de tontura quando o ectoplasma atinge o nosso órgão de equilíbrio que é o labirinto, dentro de nossos ouvidos; ou ainda dores de cabeça e enxaquecas, entre outros muitos sintomas.

Já existem mais de 100 sintomas conhecidos relacionados ao ectoplasma. Também se acumula nas articulações, no líquido sinovial, que é o líquido fluidificante, causando inflamações e dores, artrites, artroses, tendinites etc. Ainda se detém em nossas cicatrizes cármicas invisíveis, impressas em nosso perispírito, aquelas que trazemos de nosso passado e que geralmente nos causam dores inexplicáveis.

Esses médiuns, na falta de informações sobre o assunto, vão de médico em médico, de exame em exame, geralmente sem nada encontrar. Precisam aprender, não só a doar ectoplasma, com técnicas respiratórias ou em trabalhos de cura, como também a não entrar na faixa vibratória desses inimigos do passado; de nada adianta doar hoje e entrar na sintonia do desafeto amanhã, pois a pessoa sempre vai estar acumulando ectoplasma, na medida em que não pode simplesmente parar de comer. Tradicionalmente alguns alimentos são mais carregados de ectoplasma que outros, como os carboidratos, por exemplo.

Costumamos perceber que os sintomas encontrados na região do abdômen são apenas os de acúmulo e os detectados em outros lugares do corpo são mais de manipulação.

O ser humano vibra, normalmente, em ondas curtas quando está equilibrado. Da mesma forma que nossos protetores e amigos espirituais. Nossos desafetos, as chamadas presenças, vibram em ondas médias.

Como exemplo podemos pensar que funcionamos como um rádio comum sintonizado numa estação qualquer. Se giramos o seletor do rádio apenas um pouquinho, imediatamente saímos da sintonia daquela estação. Não ouvimos mais sua transmissão. Se giramos bastante o seletor dá na mesma. Tanto faz. Esse teste pode ser feito facilmente.

Com nossa vibração é a mesma coisa. Nosso seletor de estações é a nossa irritação, o que quer dizer que se nos irritamos um pouquinho ou se nos irritamos muito, saímos da mesma forma da vibração correta, a de ondas curtas, e mergulhamos, imediatamente, em ondas médias, onde nossos desafetos estão a nos esperar.

Como já falamos outras vezes em outros capítulos, mas nunca é demais insistir, não são eles que nos acham e sim nós quem vamos ao seu encontro a toda hora, com nossas pequenas e grandes irritações. E uma vez nessa sintonia, levamos muitos dias, na maioria das vezes, para subir nossa vibração novamente para ondas curtas.

Isso significa que, mesmo quando percebemos que não estamos numa boa sintonia e passamos a lutar para nos libertar dos desafetos rezando, pedindo, fazendo caridade etc., frequentemente esquecemos de ser mais tolerantes com os pequenos ou grandes problemas do dia a dia. Aí caímos novamente, muito antes de nos libertarmos da caída anterior. O ser humano não costuma considerar a irritação como a causa dessa sintonia e muitas vezes nega até que a culpa seja sua. O culpado é sempre o desafeto, o chamado obsessor. Como se vê, a responsabilidade de um processo de obsessão é inteiramente nossa.

E lembrando novamente, somos ranzinzas, mal humorados e gostamos de reclamar de tudo que não nos agrada, como se isso resolvesse alguma coisa. Depois não sabemos por qual razão sofremos. A maioria das pessoas parece achar que ter razão em alguma coisa é um motivo lícito para se irritar. Mas isso só serve mesmo para cair na faixa vibratória de ondas médias. Mesmo porque, para nossos desafetos, que a habitam, não faz a menor diferença se lá caímos com ou sem razão, isto é, se tínhamos ou não motivos para nos irritarmos.

E assim vivemos sempre mais ou menos mal acompanhados e reclamando que nossas vidas não vão pra frente como gostaríamos, pois estas presenças, naturalmente, estão sempre disponíveis para nos dar intuições negativas que vão interferir em nossas decisões; além de estarmos sempre impregnados de dores e de outras sensações de mal estar injustificadas, pelo acúmulo e manipulação de nosso ectoplasma.

O mais importante e, por que não dizer, perigoso de toda essa questão é saber diferenciar quando existe um simples acumulo ou manipulação transitórios em função da mediunidade descontrolada ou não usada, de um acumulo ou manipulação antigos e que já causaram uma lesão no físico da pessoa, como uma artrose, por exemplo. Nenhuma técnica de doação de ectoplasma vai curar uma artrose, muito embora sua origem seja sempre a mesma. Pode até haver uma melhora no quadro geral, mas nunca uma cura. E assim por diante.

Por essa razão, talvez o ideal fosse ser chamado de trabalho de ectoplasmia, mesmo sendo por demais sofisticado para algumas pessoas.

De qualquer maneira, quando o consulente for encaminhado para a doação de ectoplasma, mesmo que seja de sua livre vontade, deve sempre receber orientações e, se possível, assinar uma ficha. Sugerimos que até mesmo um quadro poderia também ser postado na parede do centro com as informações. Colocamos um exemplo no final do capítulo.
Falaremos da técnica de doação de ectoplasma adiante.

Tabela dos sintomas mais frequentes

SINTOMAS GERAIS	babar no travesseiro
enxaqueca	hipoglicemia
dor de cabeça	vontade de comer doces
sensação de peso na cabeça	vontade de comer pães, bolachas, macarrão
tontura	dor e inchaço nas articulações
lacrimejamento	dor nas pernas
bocejo	dor nos ossos
soluço	dor nos joelhos
acordar cansado	sensação de calor nas pernas
cansaço crônico	ocorrência de efeitos físicos - poltergeist
alergia - principalmente de pele	
psoríase	**APARELHO AUDITIVO**
suor excessivo	coceira ou zumbido nos ouvidos
suor nas palmas das mãos	sensação de ouvido tapado
mãos inchadas	sensação de que escorre algo dos ouvidos
sentir-se mal em locais onde há pessoas doentes	diminuição temporária da audição
muito sono	inflamação freqüente do ouvido

Figura 66 - parte 1

SINTOMAS GERAIS	babar no travesseiro
enxaqueca	hipoglicemia
dor de cabeça	vontade de comer doces
sensação de peso na cabeça	vontade de comer pães, bolachas, macarrão
tontura	dor e inchaço nas articulações
lacrimejamento	dor nas pernas
bocejo	dor nos ossos
soluço	dor nos joelhos
acordar cansado	sensação de calor nas pernas
cansaço crônico	ocorrência de efeitos físicos - poltergeist
alergia - principalmente de pele	
psoríase	**APARELHO AUDITIVO**
suor excessivo	coceira ou zumbido nos ouvidos
suor nas palmas das mãos	sensação de ouvido tapado
mãos inchadas	sensação de que escorre algo dos ouvidos
sentir-se mal em locais onde há pessoas doentes	diminuição temporária da audição
muito sono	inflamação freqüente do ouvido

Figura 67 - parte 2

Rotina de um trabalho de cura e ectoplasmia

O trabalho de cura deve ser feito com os médiuns se dividindo em funções de magnetizadores ou doadores, passistas, atendentes de triagens, encaminhamento e orientação. Como ele pode ser feito em conjunto com o atendimento fitoterápico, outros médiuns se encarregam do laboratório e das funções de ligação e orientação aos consulentes.

É sempre bom lembrar novamente que, pela constituição brasileira, para o trabalho da fitoterapia é preciso a presença de um médico e do respaldo de um farmacêutico formado, para se responsabilizar pelos fitoterápicos. No caso de não haver no grupo de trabalhadores nenhum desses profissionais, poderão ser convidados voluntários de fora da casa. Portanto, em função desse impedimento, não apresentamos aqui detalhes sobre esse tipo de atendimento associado, pois o médico responsável em cada casa, juntamente com o farmacêutico saberão o que fazer e os procedimentos necessários.

Organização do atendimento

O ideal seria que o trabalho de cura pudesse acontecer no mesmo dia do trabalho de caridade. Dessa maneira os próprios médiuns que estão atendendo poderão detectar o problema do consulente e encaminhá-lo. Naturalmente, nesse caso, seria necessário que a casa dispusesse de mais dois cômodos, no mínimo, exclusivamente para isso. Se não for possível poderá então ser feito em outro dia, mas usando sempre o encaminhamento feito pelos médiuns irradiados pelas entidades.

Para o encaminhamento deverá ser levado em conta não apenas a mediunidade de cura detectada no consulente, como suas eventuais complicações. Parece ter ficado claro que todos acumulamos ectoplasma, em maior ou menor quantidade e que todos trocamos o ectoplasma com a natureza, em maior ou menor velocidade. Tudo é pouco e quase irrelevante naqueles que não tem mediunidade de cura, mas como se vê, até pela quantidade de pessoas que têm os sintomas relatados, ela é a mais co-

mum das mediunidades, embora as pessoas não saibam disso. Este tipo de conhecimento é excelente princípio de pensamento para levar à humildade, sabedoria e assertividade de uma casa de caridade:
- humildade para compreender que não curamos ninguém e sim orientamos um caminho de cura e que essa palavra é apenas usual e simplificadora.
- sabedoria para saber a diferença entre uma doença já instalada e apenas um acúmulo ou manipulação do ectoplasma.
- assertividade para poupar o consulente das habituais e desnecessárias promessas, na medida que lhe é explicado, em detalhes, sobre sua desconhecida mediunidade e sobre os procedimentos mais adequados para fazer dela motivo de felicidade e não de dor.

A maioria dos médiuns que trabalham nas giras costumam achar que nada precisam conhecer sobre trabalhos de cura, isto é, seguem com a ideia que nada mais tem a fazer além de atender os consulentes nesses dias de caridade. Essa postura é facilmente compreendida, pois é quase uma tradição as pessoas pensarem que as entidades falam sozinhas sem a participação do médium. Pensam também que os diversos trabalhos da casa são quase como compartimentos estanques. É comum ouvirmos médiuns dizerem: — Eu trabalho na 6ª e você? — e logo ouvirem a resposta: — Ah! Eu só na 3ª.

Precisam, todavia, aprender sobre todos esses assuntos, pois serão eles que encaminharão os consulentes para os demais tratamentos que a casa possa oferecer. Mas que ninguém se espante, pois não costuma ser fácil convencer médium de umbanda que o estudo é necessário, ainda mais aquele assunto que parece fugir ao que está acostumado.

Depois do encaminhamento feito no dia de atendimento comum, um médium de cura da casa, no mesmo dia, ficará encarregado de fazer uma segunda triagem no consulente encaminhado e checar eventuais enganos do médium que encaminhou, além de explicar detalhadamente do que se trata esse novo procedimento, suas limitações e, a partir daí, verificar se é de vontade da pessoa se submeter a ele. O médium de cura é um verdadeiro orientador. Sua entrevista com o consulente é tão ou mais importante que o trabalho em si, pois pode passar informações preciosas sobre a dor humana, as quais, geralmente, a pessoa nunca ouviu falar.

Parece estranho que um médium irradiado tenha sua conduta checada, mas como o próprio nome diz, ele está apenas irradiado e, portanto, consciente, sendo dessa forma passível de erros, como todo mundo. Muitas informações a respeito desse assunto já foram passadas no capítulo sobre mediunidade. Esses cuidados especiais são necessários pois uma casa de umbanda não é uma fábrica de sonhos e de promessas descabidas.

O consulente precisa saber de sua responsabilidade, pois, além de lhe ser explicado o que está acontecendo sobre sua mediunidade e sobre o ectoplasma, deverá ser explicado sobre seu temperamento, o que aliás já deveria ter sido feito nos atendimentos normais de caridade. Por isso indicamos um caminho de cura e não dizemos que curamos alguém.

E por isso também estranhamos muito quando alguém é reverenciado como um grande médium de cura, como é comum ouvirmos através da mídia, que costuma fazer grande estardalhaço sobre isso. Ora, ele apenas é capaz de doar ectoplasma de forma organizada, o que qualquer médium pode aprender muito rapidamente. Além disso, como já sabemos, mediunidade não é um dom. Montam-se verdadeiros palcos para o atendimento desses médiuns, os quais até admitimos terem sido úteis nos tempos que os espiritualistas precisavam provar a existência de algo além da matéria, o que já não se compreende na atualidade. Hoje em dia essas atuações espetaculosas só seriam admissíveis por servirem, eventualmente, como um ponto de fixação da fé dos consulentes, o que os auxiliaria a promoverem seus próprios milagres.

Então que ninguém se orgulhe disso e também não deixe que os consulentes se orgulhem, o que é comum acontecer. Mediunidade é apenas uma oportunidade e uma tarefa.

No dia do trabalho de cura é dada ênfase pelo médium que atende na triagem sobre uma eventual problemática emocional, que está colaborando para que sua vibração permaneça sempre baixa, em ondas médias, possibilitando a aproximação das presenças que manipulam o ectoplasma. O consulente não precisa contar ao médium que trabalha com a cura sobre essa problemática.

Depois dessa triagem o consulente é encaminhado para o chamado passe de cura e em seguida encaminhado a uma sala reservada para a doação do ectoplasma. Mostraremos os passos das duas técnicas adiante.

Após o término da ectoplasmia, apesar do cansaço que alguns relatam, a sensação de alívio é imediata, o que faz o consulente pensar que já está tudo resolvido. Deve então receber orientações mais específicas e sólidas sobre o ectoplasma, sobre sua mediunidade, sobre seus hábitos e alimentação. Deverá continuar voltando algumas semanas para a doação ou sempre que achar necessário. Para facilitar a vida do consulente ele poderia fazer a doação semanal no próprio dia do trabalho de caridade, num local previamente preparado, até porque o trabalho de cura acontece apenas uma vez por mês, geralmente. E doar apenas uma vez por mês é muito pouco para quem está com sintomas específicos de acúmulo ou manipulação de ectoplasma.

Não deverá nos dias de doação se descontrolar, se irritar, comer carne, beber e, de preferência, fumar o menos possível. Deverá se manter em estado de prece o maior tempo possível. Estas providencias, como parece óbvio, além de melhorar a qualidade de seu ectoplasma, já vai evangelizando e ensinando nosso consulente a ser uma pessoa melhor e, por consequência, a ter uma vida melhor. O mesmo vale para os médiuns.

Será encaminhado de volta, já na próxima semana, para os trabalhos de caridade para o seguimento e avaliação de seus tratamentos, assim como de suas modificações intimas, lembrando que a proposta da casa deve sempre ser a de não tornar as pessoas dependentes das entidades manifestadas na casa e sim uni-las aos seus próprios protetores.

Como se vê os consulentes podem se tornar, desde um primeiro momento em consulentes doadores e iniciar assim seu trabalho na caridade. precisam saber que a doação não faz do consulente um médium da casa, pois apenas é parte de seu tratamento. Vai se libertando aos poucos de seus sintomas físicos enquanto faz sua reforma interior e é evangelizado. Poderá no futuro, se houver essa proposta na casa, vir a fazer parte do corpo de médiuns da mesma.

Passe de cura

No chamado passe de cura a proposta é harmonizar o mais possível o consulente para que ele possa se beneficiar do tratamento que iniciará a seguir, portanto este tipo de passe já faz parte da rotina de um trabalho de ectoplasmia.

No retorno habitual ao trabalho de caridade o consulente nem precisaria entrar no abassá para falar sistematicamente com as entidades. Isso não deve ser incentivado, para não criar dependência. Pode simplesmente ouvir a palestra e depois ser atendido especificamente para a doação de ectoplasma em ambiente reservado, se possível. Caso não exista essa sala separada, poderá ser reservado um pequeno espaço em algum lugar no fundo da plateia, por exemplo, para que as pessoas encaminhadas para esse trabalho possam receber o passe de forma particular e depois fazer a doação em grupo.

O passe é dado por um dos médiuns da equipe de cura e deve ser ministrado com o consulente sentado.

Num primeiro passo ele recebe um passe magnético comum, rápido e sem nenhuma coreografia exagerada, pois elas nada significam. Depois então, num segundo passo, é o momento de ajustar o perispírito, pois geralmente ele se encontra desajustado num indivíduo em sofrimento, seja de que tipo for esse sofrimento.

Normalmente o perispírito, que no modelo kardecista, que é o que usamos nesse passe, se encontra atrás e cerca de 10 cm à esquerda do indivíduo, sendo uma cópia perfeita de seu corpo físico. O médium se coloca atrás do indivíduo sentado e com as mãos na altura do ombro dele, direciona a esquerda na posição onde o perispírito deveria estar e a direita na extensão máxima de seu próprio braço. Isso propicia que a mão esquerda do médium faça uma contenção desse perispírito, dê um limite; e permite também que sua mão direita ache e traga para seu devido lugar o mesmo.

Isso acontece com o médium fazendo levíssimos movimentos de onda com a mão direita, trazendo-a para perto da cabeça do consulente, sempre na altura dos ombros e nunca de sua cabeça. Um médium treinado sentirá com o tempo, na palma de suas mãos, sensações que variam de ligeiro calor ou formigamento, até mesmo a suavidade de um algodão, oferecendo leve resistência.

Ao chegar com a mão direita no meio das costas da pessoa que está sendo atendida, a da esquerda também será trazida para a mesma posição e a partir daí, suavemente, ambas as mãos serão retiradas juntas, espalmadas, por cima e para frente da cabeça do indivíduo, sem nunca encostar nele. O ideal é que tudo seja feito na distância da chamada aura da saúde, de 5 a 10 cm longe da pessoa. As imagens relativas ao passe estão disponibilizadas no site da FGC.

O terceiro passo é ajustar alguns chakras, a saber:
- frontal: situado na testa
- laríngeo: na região da garganta
- solar: situado no peito
- esplênico: na região do baixo ventre

O médium faz uma contenção na região do chakra com a mão esquerda, sempre na distância da aura da saúde, e com a direita faz suaves e vagarosos movimentos de retirada para o chão, onde já mentalizou um recipiente para recolhimento de ectoplasma.

Deverá realizar os movimentos apenas 3 vezes em cada chakra. A mão esquerda do médium apenas vai descendo de chakra em chakra, também suavemente, evitando entrar e sair da aura de saúde do indivíduo. Aliás todo o procedimento deve ser realizado com extrema suavidade, pois em pessoas muito sensíveis qualquer ação mais abrupta poderá causar enjoos, vômitos ou vertigens.

O quarto passo é doar ectoplasma de boa qualidade para o indivíduo, o que só se dará se o médium se preparou adequadamente. Isso se faz com o médium se postando cerca de meio metro à frente do consulente com as mãos estendidas em direção ao seu peito, em estado de prece, desejando que essa doação de amor possa acontecer. Um método fácil de se saber por quanto tempo se deve doar é o da duração de um Pai Nosso, por exemplo.

O quinto passo, na medida que não sabemos se retiramos demais ou se doamos demais, é espargir essa energia para equilibrá-la. A maneira mais simples é o trabalhador fazer delicados movimentos com as mãos na região de cada chakra, cruzando-as de fora para dentro para a seguir descruzá-las num movimento de quem está jogando algo para os lados. Também aqui são apenas 3 vezes em cada chakra.

O passe estará terminado e o consulente pronto e equilibrado para ser encaminhado para a ectoplasmia, que é a parte final do trabalho de cura.

Resumo
1. Passe magnético com consulente sentado
2. Ajuste do perispírito
3. Ajuste dos chakras
4. Doação de ectoplasma
5. Equilíbrio da energia

Técnica respiratória de doação de ectoplasma

A doação só pode ser feita em lugares protegidos, como um centro equilibrado e vibrado no amor desinteressado; nunca na residência dos consulentes ou mesmo dos médiuns da casa, pois o ectoplasma pode ser interceptado por entidades ignorantes e despejado, digamos assim, de volta em cima do doador, do consulente ou de outras pessoas do local, com efeitos indesejáveis, ou então, ser usado para outras finalidades maléficas. O entusiasmo com os resultados faz com que muitos consulentes, de forma inocente mas, irresponsável, queiram acelerar o tratamento em casa, devendo ser alertados para isso.

Tanto no trabalho de cura como posteriormente nas doações semanais, no espaço que foi reservado, os doadores podem ser sentados de forma confortável em círculo, onde serão esclarecidos sobre a técnica da respiração. Podem ir entrando individualmente, em silêncio, enquanto os demais já estão trabalhando. No centro do círculo são disponibilizados sobre uma mesinha lenços de papel, porque a produção de ectoplasma causa geralmente a produção de secreções, e copinhos com água para ser ingerida no final em pequeninos goles, para assentar o ectoplasma remanescente.

As pessoas, em estado de prece, e em ambiente com luz reduzida e de preferência azulada, pois o ectoplasma se desagrega frente à luz forte ou branca, o que faz com que todos os trabalhos de cura sejam feitos com pouca iluminação, inspira profundamente pelo nariz e expira, também profundamente, até o último ar sair, pela boca. Quando achar que já expirou tudo deve forçar um pouco mais para fora, com a boca bem aberta e fazendo força, para ouvir o barulho da respiração saindo. O exercício pode durar de 10 a 15 minutos. Causa geralmente uma grande saída de ectoplasma, que é observada com sons, bocejos, coriza, acessos de tosse, lágrimas e eventuais eructações. Não deve se envergonhar com os sinais produzidos.

Todo o ectoplasma doado, a princípio, será filtrado pelas entidades trabalhadoras da casa e aquele com vibrações negativas será descartado, para, a seguir, ser recolhido aquele de boa qualidade; este será armazenado pelos espíritos em grandes recipientes e levado para a espiritualidade, onde será utilizado pelas equipes espirituais que atuam nos hospitais espirituais e, principalmente, nos da matéria. Todo esse trabalho é feito pelas entidades ligadas, geralmente, aos grupamentos do oriente, relacionados com a linha de Oxalá.

Caso falte espaço na casa isso não deverá se tornar em motivo de impedimento para trabalho tão proveitoso. Como já dissemos, a doação poderá ser feita numa parte reservada da plateia; nas últimas filas, por exemplo, ou até mesmo num canto, em grupos de, no máximo 10 pessoas. Basta um médium da casa para esse atendimento de orientação e coordenação. Uma certa distância ou algumas poucas fileiras de assentos entre esses doadores e o restante da plateia deverão ser observadas, assim como um cordão de isolamento. Naturalmente toda a plateia receberá instruções sobre o que vai ocorrer antes do início dos trabalhos de caridade, para que se mantenha em silêncio e sem sobressaltos ou curiosidade. Como a iluminação deve ser fraca e azulada, nada impede que toda a plateia, se não houver outro jeito, seja iluminada dessa forma.

Como se vê um trabalho de cura pode e deve ser feito sem nenhum médium esteja incorporado, como se diz. Não é absolutamente necessário que macas sejam usadas para o consulente deitar, que se usem aventais, toucas, luvas ou que um espírito venha passar algodões, poções, desinfetantes com cheiro de éter, simular cirurgias ou suturas, fazer imobilizações, entre outras providências, até porque o que está sendo tratado, como já dissemos, não é o corpo físico do consulente nesse primeiro momento. E por causa disso, de nada adianta querer interferir nele de qualquer forma.

No entanto, compreendemos e respeitamos outras rotinas de tratamento, pois qualquer procedimento que nos pareça exagerado ou que simule metodologia da matéria, pode servir como ponto de fixação da fé do consulente e, as vezes, até mesmo do médium, tendo portanto sua validade em algumas casas. O único perigo nesses casos é a possibilidade desse tipo de ritual estimular a vaidade do médium, o que deveria ser evitado.

Por fim nunca é demais lembrar que acúmulo de ectoplasma, por si só, não é doença. É apenas algo, digamos, fisiológico.

Resumo
1. Deve ser feita apenas em local espiritualmente protegido;
2. Luz tênue e azulada;
3. Consulente sentado em estado de prece;
4. Inspirar profundamente pelo nariz;
5. Expirar fortemente pela boca bem aberta ouvindo a respiração;
6. Tomar pequenos goles de água no final.

Observações finais
No início do trabalho de cura, caso ele seja realizado em ambiente reservado na casa ou em dia separado, é lida uma explicação para os consulentes sobre o que é a doença e o adoecer; esta medida visa não só o esclarecimento, o que é uma proposta permanente da umbanda esotérica, como também conscientizar as pessoas sobre a necessidade de abandonar o padrão de vítima, no qual geralmente todos nos posicionamos quando nos sentimos doentes, e muitas vezes, de forma ampla na vida.

Também é lida uma prece de cura visando harmonizar o ambiente e acalmar os consulentes. A prece e o texto explicativo sobre doenças, mostrados adiante, utilizada na FGC são de

Ramatís, retiradas da obra *Fisiologia da Alma*. Caso não seja possível essa leitura, um pequeno folheto com essas informações pode ser distribuído aos consulentes ou então estar disponibilizado num quadro para ser lido por todos. Mostramos também ao final do capítulo um exemplo de ficha para ser preenchida pelo consulente para esse tipo de trabalho.

Texto sobre as doenças

"A saúde e a enfermidade são o produto da harmonização ou desarmonização do indivíduo para com as leis espirituais, que do mundo oculto atuam sobre o plano físico; as moléstias, portanto, em sua manifestação orgânica, identificam que no mundo psíquico e invisível aos sentidos da carne, a alma está enferma!

O volume de cólera, inveja, cobiça, ciúme, ódio, mágoa, autopiedade e autopunição, que por ventura o espírito tenha imprudentemente acumulado no presente ou nas existências físicas anteriores forma uma carga tóxica que, em obediência à Lei de Harmonia Espiritual, deve se expurgada da delicada intimidade do perispírito através da enfermidade.

Tudo depende do modo como interpretamos o fenômeno da doença; para uns é o castigo de Deus com o propósito de punir os pecados dos homens; para outros é o efeito das faltas cometidas em vidas anteriores; raros, porém, aceitam a doença como o processo de evolução espiritual. A doença somente se manifesta para dar um sentido útil, benfeitor e harmônico à Vida.

E como dispomos do livre arbítrio até o ponto em que nossos atos não causem perturbações ao próximo, poderemos extinguir a dor ou a doença pouco a pouco, à medida que nos integramos na vida harmoniosa criada por Deus.

Sendo o Amor o fundamento essencial de toda a vida, presente na afinidade de todas as substâncias, na união entre os astros e entre os seres, é suficiente a nossa união incondicional ao ritmo constante desse Amor para que em breve a saúde completa de nosso espírito tenha eliminado o sofrimento."

Preces de cura

1º modelo
Pai,
Pedimos para sermos banhados e iluminados com a luz branca de Cristo, a luz verde da cura e a luz violeta da transmutação.

Pelo bem superior e dentro da verdade de Deus, pedimos que todas as vibrações dissonantes sejam removidas de nós, encerradas dentro da sua própria luz e lavadas à fonte para serem purificadas, nunca mais retornando para nós nem para qualquer outro ser.

Pedimos por todas as pessoas que aqui estão e que sejamos rodeados pela luz e que a proteção do tríplice escudo da luz branca do Cristo Universal nos envolva.

Neste momento, aceitamos essas forças de cura que atuam em nós, aceitando apenas aquilo que está a serviço do Cristo Universal.

Queremos expressar nossa gratidão por todas as bênçãos que recebemos e, acima de tudo, pelo privilégio de saber que somos a manifestação do Divino.

Que assim seja!

2º modelo
Peço a Deus:
Que envie as suas energias curadoras para curar todos aqueles que necessitam; para todos nós que estamos vivendo na Terra, assim como para aqueles que habitam outros planetas e outras dimensões.

Que todos os seres sejam envolvidos pela energia de cor verde, energia Divina da transmutação, transformando as doenças em saúde de seus corpos físicos, mentais, emocionais e espirituais.

Que todos os seres sejam envolvidos pela energia de cor amarela, energia divina da vitalização, gerando, em todos a vontade de existir, de cumprir as missões reservadas para cada um, com vigor, determinação e alegria.

Que todos sejam envolvidos pela luz violeta, energia divina

da proteção, criando, ao redor de todos uma camada magnética, evitando a chegada de males do campo físico ou espiritual. Que todos os seres sejam envolvidos pela energia de cor rosa, energia divina do amor incondicional, para que todos aprendam e pratiquem esse amor singular; assim, estarão se libertando de doenças e sofrimentos, pois, estes existem pela falta de se vivenciar o verdadeiro amor ensinado por Jesus.
Amém!

Observações finais
Ao orar deve-se mentalizar as cores e, se a oração é para alguém, deve-se imaginá-lo rodeado com as cores descritas na oração e com os significados desejados. Outras preces para cura espiritual podem, naturalmente, ser escolhidas.

Um dos médiuns pode inclusive exibir pequeno cartão com a cor que está sendo invocada no momento para que todos vejam. Esse procedimento costuma facilitar a mentalização das mesmas.

Finalmente disponibilizamos uma sugestão de ficha de atendimento espiritual, o que cercará a casa de toda proteção legal; é impossível saber quando um consulente frustrado, apesar de toda a informação recebida e ciente que nenhuma promessa lhe foi feita, ao não receber a melhora esperada, o que sabemos se dá em função dele próprio, venha, do alto de sua prepotência, a reclamar de alguma maneira.

Fazer nossa reforma interior não é exatamente algo fácil. Gostamos muito de receber as benesses prontas, pois nos achamos todos boas pessoas, o que, provavelmente, somos mesmo. Todavia, costumamos olhar para nossos defeitos com olhos míopes, o que nos torna, momentaneamente, incapazes de fazer uma avaliação mais justa de nosso estado de evolução e de nosso merecimento. Esperneamos, sapateamos e exigimos os direitos que julgamos ter. Pode ser que pela lei dos homens isso seja até razoável, mas pela lei maior, somos todos absolutamente transparentes e só recebemos mesmo o que fazemos por merecer. Desta forma só nos resta trabalhar para atingir um estágio melhor. E nosso consulente não é diferente de nós.

Nome da casa espiritual

FICHA DE ATENDIMENTO ESPIRITUAL

Energização, passes e ectoplasmia

Por favor apenas leia e assine.
Devolva ao entrevistador.

Atenção

Este atendimento tem a finalidade de harmonização e conscientização da verdade homem-espírito.

De forma alguma você deve suspender ou paralisar o tratamento prescrito pelo médico que eventualmente o esteja atendendo, assim como deixar de procurar a assistência da matéria.

Termo de responsabilidade

Assumo a responsabilidade em continuar o tratamento médico que eventualmente estou sendo submetido, bem como o de não suspender a medicação que foi indicada pelo médico que me assiste. Da mesma maneira não deixarei nunca de ouvir a opinião do médico da matéria.

Declaro que estou ciente de que este atendimento espiritual, oferecido gratuitamente, provém de um trabalho religioso e se constitui em alternativa sem qualquer promessa de cura, onde a fé é o grande remédio.

Por ser a expressão da verdade, firmo a presente declaração, para que surta seus regulares efeitos de direito.

_____, ___ de _____ de _____

Nome:_____

Assinatura:_____

Figura 68

Capítulo 12

Um novo olhar

Condicionamentos

Um dos grandes problemas do ser humano é o condicionamento. O comportamento condicionado nos leva a fazer o que o grupo em que vivemos acha que é correto, nos mais diversos aspectos. É bom saber que a maioria de nossos condicionamentos ocorre de forma inconsciente, isto é, não fazemos de propósito.

Existem pessoas que, por exemplo, ascenderam a um bom nível cultural mas ainda adoram programas de TV direcionados para um público muito simples e desinformado ou ainda programas absolutamente bregas, simplesmente porque cresceram assistindo-os com a parentela, que tinha pouca ou nenhuma cultura. No final sentem uma leve sensação de perda de tempo, mas a vida continua e não param para refletir a respeito.

Outros exemplos simples:

- não querer nem conhecer determinado culto ou ritual religioso, mesmo que pareça interessante ou tenha curiosidade, porque o simples interesse já traz sensação de culpa.

- não comer manga com leite pois aprendeu que essa mistura faz mal, mesmo tendo a forte impressão que isso é uma bobagem.

- não conseguir usar determinado tipo de roupa, a qual aprecia e é completamente aceitável, porque a mãe acharia inadequada.

- ir sem questionar num determinado tipo de festa ou reunião, que aliás não tolera ou que vai contra seus princípios, só para os amigos ou parentes não acharem que é uma pessoa chata; ou ainda porque aprendeu que as vontades dos outros sempre vêm antes das suas, mesmo que nem sempre sejam democráticas ou razoáveis, já que os outros também são pessoas e, portanto, também tem seus condicionamentos ou egoísmos e muitas vezes não estão nem aí para os sentimentos alheios.

- sentir-se compelido a curtir determinados artistas ou gêneros musicais ou de entretenimento apenas porque estão na moda e todos que conhece parecem gostar; ou o inverso: ter vergonha dos próprios gostos.

- muitas mulheres ainda têm que fingir que não gostam de futebol ou de outros esportes porque, no fundo, lhes parece que esta seria uma atividade masculina.

- homens que olham para mulheres assertivas e bem sucedidas, que presidem empresas ou governos, por exemplo, ou ainda que fazem algo muito bem, como pilotar carros, com certo preconceito, lidando com elas com certo desprezo ou até mesmo agressividade, pois a seus olhos elas possuem qualidades restritas ao sexo masculino.

- preocupar-se com o fim do mundo, sentindo certa ansiedade quando o assunto vem à tona, porque estão todos discutindo se ele vai mesmo acabar em breve.

Muitos de nossos impedimentos são repetidos porque são sistematicamente verbalizados pelas pessoas ao nosso redor ou pela mídia, mas muitos estão apenas gravados em nosso Inconsciente, fazendo-nos funcionar numa espécie de piloto automático.

Somos condicionados através da vida a termos comportamentos que, se não cumpridos, costumam gerar sentimentos de medo. Medo de não fazer parte da turma; medo de não sermos adequados; medo de sermos criticados; medo da solidão; medo do ridículo; medo da morte; medo de irmos parar num inferno qualquer, tenha ele a denominação que cada religião queira dar; medo de desagradar aos outros etc. No fundo temos medo de sofrer e por isso simplesmente não paramos para pensar. Deixamo-nos levar, o que só serve para gerar insatisfação, ansiedade, desilusão, entre outras coisas.

Precisamos nos libertar. Libertar-nos dos comportamentos condicionados pelas verdades alheias, sejam elas trazidas por costumes familiares, sociais, emocionais ou religiosos. Precisamos parar de ter medo de coisas que não fazem sentido na nossa cabeça, mas que passaram a ser verdades ou meia verdades porque são ou foram feitas, faladas ou sentidas por outras pessoas ou instituições, sistematicamente. Veremos adiante como fazer isso.

E na umbanda isso não é diferente, incluindo condicionamentos diversos ao médium, como, por exemplo, ele achar que deve permitir a manifestação de uma entidade da mesma maneira que os outros médiuns, mesmo achando que está forçando ou inventando algo. Como sabemos cada casa se condicionou através dos tempos a incorporar seus trabalhadores de determinada forma, com um determinado ritual, como ruídos, batidas no peito, solavancos, ajoelhando etc. O pobre médium iniciante termina por achar que a entidade que o assiste tem que fazer o mesmo. E sofre com o medo de estar mistificando ou de perder seu lugar na corrente ou ainda de não ter competência para trabalhar naquele centro.

Como se nota, quase todos agrupamentos, maiores ou menores, desde uma pequena casa de caridade, passando por uma turma de surfistas que viaja o mundo atrás de boas ondas ou um povo inteiro, todos têm seus condicionamentos.

Na umbanda podemos ainda ver coisas do tipo:

- o trabalhador sentir-se compelido a acreditar que o babalaô ou como quer que se chame o médium chefe da casa, sempre tem razão, como se ele fosse um semideus detentor de todas as verdades e poderes espirituais; prevalece em certas ocasiões uma impressão escondida de que ele fala coisas estranhas e até sem muito sentido, parecendo, inclusive, saber bem menos do que deveria ou diz saber.

- este mesmo trabalhador sentir certo constrangimento ao saber que o comportamento do babalaô ou de outro médium tido como importante na casa, fora dos trabalhos, deixa a desejar. Como se ambos fossem seres superiores à prova de qualquer avaliação e não fosse de sua alçada entrar em suas intimidades, quaisquer que sejam.

Nunca é lembrado todavia, que o chamado babalaô, por exemplo, também tem seus defeitos, seus condicionamentos e que um deles, geralmente, é achar mesmo que sabe tudo, que pode tudo, que todos lhe devem obediência cega e que é um médium incrivelmente diferenciado. Ele próprio, frequentemente, costuma criar em torno de si uma aura de semideus, pois aprendeu com seu antecessor que é assim que deve ser. E nunca questionou, assim como, geralmente, não gosta ou não aceita ser questionado.

Aí ambos sofrem. O trabalhador comum não manifesta sua insegurança porque tem medo, caso duvide de algo ou não concorde com algum procedimento absurdo. Medo de estar cometendo um tipo qualquer de pecado ou falta e ser depois punido pela espiritualidade ou pela casa. Percebe vagamente que é proibido duvidar de algo. Se acomoda e simplesmente para de pensar, se submetendo aos mais estranhos rituais, comportamentos ou conceitos. Muitas vezes, no entanto, penitencia-se inconscientemente, pois existem coisas que perturbam seu senso de justiça, ético ou intelectual. Sente um desconforto permanente, mas na maior parte das vezes não faz absolutamente nada para resolver a situação.

O babalaô, por sua vez, tem medo de mostrar suas fraquezas ou incertezas, pois acha que será desacreditado ou até mesmo substituído. Precisa sempre ter as respostas prontas para tudo e para todos. Acha que deve resolver todos os problemas, tanto de médiuns como de consulentes, mesmo que a solução possa ser absurda, inadequada, ineficiente, antiética ou até mesmo perigosa. Com o passar do tempo nem se apercebe mais desta situação, se é que algum dia teve consciência dela. Tudo se passa num plano, digamos, de normalidade óbvia.

O mesmo acontece em outros tipos agrupamentos, templos ou casas de caridade com as mais diversas orientações filosóficas ou teológicas. Isso parece não importar de fato. O que importa mesmo é a forma e a facilidade como nos deixamos escravizar por verdades alheias. Nos acomodamos porque, inconscientemente, procuramos benefícios.

Como assim? Falaremos disso a seguir.

Libertação

No caminho da libertação dos condicionamentos, precisamos aprender a perceber o que está acontecendo à nossa volta através, principalmente, dos sentimentos negativos que determinados acontecimentos nos trazem. Em especial os medos. Se trouxermos para o nosso dia a dia poderemos entender melhor essas emoções.

Tornamos-nos dependentes ou condicionados a muitas coisas através de diversas mídias, como TV ou internet, ou ainda situações, tais como as características de um templo religioso, os costumes de nosso grupo ou família, além de nossos próprios desejos; qualquer tentativa de mudança ou libertação nos gera sofrimento. O problema é que muitas e muitas dessas coisas nos condicionam negativamente.

Voltando a citar, por exemplo, essa história do fim do mundo, tão em moda atualmente, ouvimos pessoas falando do assunto nos seus mais variados aspectos. Pessoas ligadas às religiões, aos movimentos teológicos ou esotéricos de todos os tipos e até mesmo à ciência nos fazem pensar no assunto, mas sem pensar de verdade. Não refletimos. Vamos apenas acumulando dados de forma inconsciente, como num barril de água sem fundo acumulando gota após gota, eternamente.

Somos bombardeados com uma avalanche de informações diuturnamente, mas não paramos muito para pensar sobre elas com discernimento para podermos ter uma melhor percepção das coisas e formar a nossa própria opinião ou verdade pessoal, seja esta um fato ou mesmo uma versão. O que também não importa muito, pois verdades não existem mesmo.

Verdades são apenas formas temporárias e pessoais de entendimento das coisas, que podem ou não se alastrar por um grupo ou uma sociedade. E justamente por isso costumam sofrer muitas mudanças no decorrer do tempo.

Todos falam e falarão, dentro de seus sistemas de crenças, cada vez mais alto à medida que a suposta e famigerada data final se aproximar:

— O mundo vai acabar!
— Corra para sua igreja!

— Se arrependa pecador!
— Fuja para as montanhas!
— Venha para nosso templo que você será salvo!
— Gaste tudo! Não seja bobo!
— Faça tudo que tiver vontade!

E nos lembraremos vagamente das lendas, além das histórias reais lidas, ouvidas ou estudadas ao longo de toda a vida e quem sabe até de vidas passadas, tanto nas escolas como nas igrejas; além disso outras foram contadas em nossas próprias casas e muitas outras foram gravadas em nosso Inconsciente através de programas acessados em mídias recentes, como por exemplo:

— as lendas religiosas sobre a arca de Noé e o grande dilúvio.
— o desaparecimento da Atlântida.
— as grandes catástrofes registradas na história dos tempos e que dizimaram povos inteiros, incluindo as modernas.
— documentários famosos e continuados como "O mundo sem ninguém".
— filmes sobre o fim do mundo, como o famoso 2012, entre vários outros.

Mas ninguém fala e talvez não venha a falar:
— Desperta!
— Acorda!
— Use a razão!
— Será mesmo?

E provavelmente nunca alguém falará:
— Liberte-se!
— Não seja uma marionete dos medos alheios!

Mas muito além do temor pelo fim do mundo, que seria algo grande e catastrófico, além de improvável, é claro, deveríamos estar atentos para todas as pequenas coisas que nos condicionam e aprisionam. Como então começarmos a nos libertar dessas coisas absurdas? Como nos libertar de medos sem sentido e que nos trazem sofrimento, sejam grandes ou pequenos? Como nos desacostumar a sermos conduzidos? Como promover a libertação de nossa mente e de nosso espírito?

Sugerimos começar tentando entender os passos para chegar lá, os quais poderiam ser:

1. Querer sair da perigosa zona de conforto pessoal

Voltamos a lembrar que os condicionamentos nos levam a funcionar numa espécie de piloto automático. Então o primeiro objetivo é voltar a pensar pela própria cabeça. Os condicionamentos nos deixam tão ocupados que quase não temos tempo para mais nada. Nem para pensar direito no que estamos fazendo ou deixando de fazer, ou ainda pior, em nossas emoções. Apenas seguimos um roteiro.

Via de regra nos deixamos condicionar porque geralmente é bom, isto é, porque temos algum interesse inconsciente naquilo. Geralmente há algo do tipo faça por mim por detrás.

Nos condicionamos a acreditar em tudo o que é falado nas casas religiosas, porque, no fundo e, insistimos, em geral de forma inconsciente, não precisaremos mais nos preocupar em prover a felicidade de nossa alma; tem algo ou alguém, um grupo, um deus, fazendo isso por nós, por agora e também para depois da morte. E muitas vezes buscamos não apenas as alegrias da alma; esperamos igualmente as facilidades e benesses da matéria. É como se algo dentro de nós se processasse desta maneira:
— Mas que droga ter que ir quatro vezes por semana ao centro. Ah! Fazer o que? Pelo menos estou cem por cento protegido, até porque se eu não for o guia falou que tudo vai dar errado na minha vida. Aí é que não vou para o céu mesmo.

De onde terá nosso personagem tirado a estranha ideia que ir várias vezes a um centro, igreja ou outro tipo de templo qualquer durante a semana, acarretará na salvação de sua alma? Teria mesmo um espírito, um sacerdote ou um trabalhador religioso acesso a uma informação desse tipo? Não haveria qualquer absurdo nessas afirmações? Se submete pois o lucro da felicidade eterna, a partir de agora, parece valioso demais para ser desprezado.

Nos condicionamos também a receber benefícios diversos dos pais ou de outros familiares, da sociedade, das autoridades em geral, mesmo que para isso tenhamos que nos render a coisas absurdas, como nos curvar às suas vontades ou discursos demagógicos. Recebemos mesadas dos pais se formos bonzinhos, estudiosos e submissos à suas ordens, mesmo quando opressivas; recebemos empréstimos da família e amigos se aceitarmos todos seus variados e, por vezes, esdrúxulos conselhos; recebemos auxílios diversos do governo se aceitarmos tal ou qual político, mesmo que para isso nos submetamos a regimes ditatoriais e daí para a frente. E o processo interno se daria assim:

— Que porcaria ter que voltar a morar na casa de minha mãe. Ela só me ajudou a comprar o terreno para construir e sair do aluguel por ser aqui do lado. Ela paga água, luz, faz o mercado. Detesto este bairro, mas até janta ela faz para mim e para minha mulher. Diz que vai fazer sempre. Ela é tão boa. Deve ser o melhor para mim ter ela por perto.

Temos aqui um personagem seduzido por facilidades vendidas a troco de tirania, ao qual se rende e se acomoda, mesmo colhendo um sentimento de mal estar. Alimentado por uma mensagem condicionada que pais são sempre bonzinhos, prestativos e têm razão, se submete aos desejos da mãe.

Em todos os casos ficamos confortavelmente instalados numa posição passiva, mas inconscientemente interesseira e condicionada. Quando pensamos reclamamos um pouquinho aqui e ali, mas logo relaxamos, satisfeitos em nossa escravidão.

Precisaríamos pensar melhor para ter discernimento, mas para tanto precisamos antes ter a percepção dos acontecimentos, o que nos leva ao passo seguinte:

2. Aprender a ter percepção do que acontece para pensar melhor

Nas escolas e também nas famílias aprendemos, desde muito cedo, técnicas para fazer as coisas na vida, mas não nos treinam para ter a percepção das coisas da vida ao nosso redor e além. E tudo vem embasado em meias verdades adequadas ao momento e local onde nos situamos.

Fomos e continuamos a ser como que bombardeados por diferentes tipos de afirmações, a maioria até ingênuas para um consenso geral, como estas mais antigas, por exemplo:

— Se não for bom aluno vai terminar puxando carroça!
— Se você não se casar vai morrer triste e sozinho!
— É pecado deixar comida no prato!
— Se você não tiver um diploma vai passar fome!
— Cuidado! Homens são todos perigosos!
— Se você não for bonzinho vai para o inferno!

As pessoas passam a vida adquirindo dados, mas não pensam,

não raciocinam de fato sobre o que estão aprendendo. Não questionam e por conseguinte tem comportamentos automatizados.

Mesmo nas religiões, nos grupos direcionados, a maioria das pessoas apenas tem fé, o que os torna bastante limitados frente seus objetivos de caridade, caso existam, e em especial, sua própria libertação. As pessoas se esquecem ou desconhecem que fé desprovida de conhecimento e de ação é muito pouco eficiente. Por exemplo:

— Se você fizer isto ou aquilo, ou não fizer, vai se dar mal. Não vai ter salvação para sua alma!

— Fizeram um trabalho contra você! Nada vai dar certo na sua vida!

Ou o contrário:

— Deixe que o guia ou o santo tal resolve tudo, meu filho!

— Compre tal coisa ou faça tal doação que oraremos por você e por sua família. Sua vida será ótima.

Poderia parar e refletir:

— Como assim?
— O que é isso?
— Quem foi que disse?
— Onde está escrito isso?

Ao invés disso apenas temos medo e, usando apenas nossa fé, nos entregamos a eles sem pensar, aceitando a ajuda que nos é oferecida por aqueles que julgamos ser mais eficientes que nós para exercerem o papel de intermediários com os céus. E pagamos um preço por isso.

O maior problema é que por trás, além do nosso próprio empenho e interesse inconsciente em sermos enganados, sempre existem também terceiros, pessoas, grupos e instituições, nos mais variados níveis, numa verdadeira e inimaginável hierarquia, interessados que as pessoas permaneçam condicionadas em seus medos e presas em suas passividades. Escravos todos, em última análise, daquilo que se convencionou chamar do governo oculto do mundo. Não cabe aqui, no entanto, discussão a respeito dessa que seria a hierarquia máxima de interessados em manter esse estado de coisas. Vamos continuar considerando neste volume apenas nosso dia a dia, as instituições que conhecemos e nossos próximos.

O fim do mundo

Voltando ao exemplo do fim do mundo, alguém já parou para pensar o que pode acontecer no final de 2012, ou até mais para a frente quando novas profecias surgirem, com premissas desse tipo e que vêm ganhando proporções desmedidas? Além de loucuras de todos os tipos que serão cometidas e das quais certamente ouviremos falar, vai ter gente gastando tudo o que tem, abrindo segredos bem guardados até então e outras coisas do gênero.

Naturalmente existem muitos influentes grupos vivamente interessados para que esses condicionamentos aconteçam e prevaleçam. Muitos sofrerão enquanto alguns colherão lucros diversos.

Embora o exemplo seja material, ele existe em todas as áreas. Existem os mais variados tipos de lucro que se pode obter. Desde o financeiro, passando pelo simples exercício de poder ou de mando, até o domínio das mentes ou a escravidão espiritual. Tudo é possível.

As pessoas não entendem que o que existe são apenas interpretações dos rumos da vida no planeta. Viemos condicionados desde sempre, inclusive de outras vidas, a pensar no fim do mundo. O interessante, todavia, é que a história, os fatos nos ensinam que isso nada tem a ver com o fim do mundo físico, que é o grande medo das pessoas. Este até tem seus altos e baixos, suas instabilidades, é claro. Já houve épocas de grande esplendor no planeta, de dinossauros e de grandes ressurgimentos.

No entanto, o que se especula neste momento como fim do mundo é apenas a mudança de um ciclo, isto é, uma necessária mudança no mundo psicológico e espiritual das pessoas.

Hoje em dia, apesar de seus altos e baixos, como já dissemos, existe no mundo um certo equilíbrio. Esse equilíbrio, no entanto, depende do pensamento das pessoas. Isso quer dizer o seguinte: por exemplo, se todos pensarmos em violência, haverá violência. Se todos pensarmos em desgraças, elas acontecerão, de uma forma ou de outra. No momento que as nossas decisões forçam demais para um só lado, o mundo não mais existirá como o conhecemos. Haverá um desequilíbrio e tudo será diferente.

Quando todos falam em fim do mundo estão ajudando a forçar as decisões do universo para um só lado, criando medos e preocupações nos homens, além de desequilíbrios na natureza. Quantas civilizações já terminaram pela ação direta ou indireta dos homens? Alguns exemplos significativos poderiam ser citados, como o império romano ou a Atlântida. Mas, o mundo acabou junto? Não! Apenas um conceito, um jeito de viver, uma sociedade, um ciclo.

Precisamos isto sim aprender a pensar, mas repetimos, para que isso seja possível precisamos aprender a perceber com mais eficiência o que está acontecendo; aprender a perceber a massificação dos condicionamentos aos quais estamos submetidos.

Um fato interessante e do qual geralmente não nos damos conta, não nos apercebemos, é que se fala do fim do mundo como se o mundo tivesse começado ontem, junto com a civilização cristã ou, quem sabe, com a civilização chinesa ou ainda um pouco mais para trás, com a egípcia, no máximo. Estamos tão condicionados com a aceitação de discursos históricos, religiosos ou outros, que aceitamos tudo passivamente, esquecidos, por exemplo, que a história se renova a cada momento que a ciência faz novas descobertas. Aquela velha verdade transitória e capenga da qual já falamos anteriormente.

O grande problema por trás dos grandes e massificados condicionamentos, como os religiosos, por exemplo, que prometem paraísos celestiais ou coisas do gênero, é que isso torna tudo muito confortável, fazendo com que se tenha um interesse inconsciente, velado, em não pensar, deixando para seres também celestiais o provimento de nossa felicidade.

E se formos levar ainda mais adiante e pensar no incontestável fato que o homem nasce, irremediavelmente, condenado a morrer, sabemos que ele busca, incansavelmente, uma solução para garantir a continuidade de seu ser, de seu ego. Isso permite, caso não tenha percepção dos abusos notórios nessa área, tornar-se vítima de formidáveis arranjos tidos como celestiais e que lhe passam a sensação de que tudo está mesmo garantido. Nem que isso tenha que ser comprado de alguma maneira. Sacrifícios de todos das mais variadas formas, doações, auto flagelos, comportamentos automatizados etc. Submete-se a verdadeiras lavagens cerebrais esperando uma benesse futura. Que maravilha! Tudo parece válido para o incauto acomodado, municiado por propostas mirabolantes vindas de todos os lados, gerenciadas por aqueles que realmente pensam.

1. Técnicas simples para aprender a pensar
Muitos dirão:
— Que bobagem. Eu sei pensar.
Excelente. Podemos então ao menos aprender a ser mais eficientes. Vamos usar alguns exemplos bem simples que permitirão a cada um avaliar, no dia a dia, seu grau de liberdade e eficiência no mundo no qual está inserido.

A oração do dia de hoje
A grande necessidade para o ser é a libertação e ele pode começar a dar os primeiros passos com o entendimento do que poderíamos chamar da oração do dia de hoje.

Podemos aprender a modificar nossa oração sistematizada, que tem até hora marcada, já que na maior parte das vezes a fazemos antes de dormir, pois foi assim que aprendemos desde pequenos. Parece-nos que só somos ouvidos à noite, mesmo que saibamos que do outro lado do mundo é dia; além do mais, rezar quando vamos para a cama nos faz pensar num tipo de garantia de que tudo ficará bem enquanto não estamos no controle da situação.

Na média dos indivíduos nossas orações costumam incluir um sem número de agradecimentos, nos quais nem estamos focados de fato, pois são repetidos automaticamente, dia após dia, quase por obrigação e à exaustão, durante toda uma vida. Mudam os sujeitos ou os acontecimentos e é só.

Frequentemente também relacionamos em nossas orações noturnas um sem número de pedidos, desde os mais simples até os mais milagrosos. A maioria são coisas simples e óbvias, que acontecerão por si mesmas, mas as vezes acrescentamos pedidos absurdos, que alterariam a ordem natural das coisas. É comum o crente esquecer-se de que para ter eficiência em suas preces precisa ser mais ativo. Usando um ditado popular: ajuda-te que o céu te ajudará.

Mas gostamos mesmo é de pensar que um ser superior fará

tudo por nós e jamais algo que não desejamos se abaterá sobre nós ou sobre nossos entes queridos. Ora, por qual razão quando algo ruim acontece aos outros é tudo tão natural ou visto apenas como fatalidade, mesmo sendo a maioria das pessoas tão boa quanto nos achamos ser? Como podemos pensar que somos os preferidos do universo? Só porque pedimos incessantemente a um ser superior? Se assim fosse ninguém jamais de nossa lista ficaria doente ou morreria. É quase um mistério no qual não paramos um segundo para pensar, não é mesmo?

É bem comum ouvirmos, por exemplo, jogadores de futebol agradecendo aos céus por uma vitória. Sempre lembram que mereceram pois trabalharam duro e por isso foram premiados por Deus. Mas o outro grupo de jogadores, o do outro time, não teria se esforçado muito também? Por que mereceriam menos a vitória? Por que Deus se esqueceu deles?

Os jogadores não se preocupam com essa lógica, até porque nem é mesmo possível pensar nisso com seriedade nessa hora, quando todos estão esgotados depois de tanta correria e apenas festejam alegremente.

Apesar da fé de cada um precisar ser respeitada, as explicações são totalmente descabidas e condicionadas a uma atividade. Falam todos as mesmas coisas condicionadas, sem pensar.

Em nossas preces diárias fazemos quase a mesma coisa. Também agradecemos pela saúde dos filhos, dos pais, da família, dos amigos, enquanto pensamos nos afazeres do dia seguinte, nas contas a pagar ou no passeio de domingo. Reforçamos nos pedidos de cura para as mesmas pessoas quando doentes, enquanto pensamos, com um pouquinho de culpa, como estamos exaustos depois de um longo dia e como nossa obrigação de rezar é cansativa e chata na hora que estamos com tanto sono.

Mas, de qualquer jeito, somos pessoas boas e evangelizadas e precisamos cumprir com a tal obrigação, mesmo que ela não nos leve a lugar nenhum e seja apenas isso mesmo, uma obrigação, isto é, um grande condicionamento, que nos causa até uma certa irritação, por vezes.

É interessante repetir o comentário divertido que ouvimos certa vez de uma entidade amiga que dava em terra o nome de Tio Antonio:

— Suas preces não costumam passar do teto.

E não passam mesmo, pois são feitas apenas com um cérebro entorpecido de cansaço, cheio de ideias preconcebidas e de meias ou passageiras verdades.

Ora, de onde saiu esse preceito que necessitamos orar exatamente na hora de dormir? Ou ainda que precisamos agradecer tudo o que recebemos, exatamente nessa hora? E o que falar da cômoda ideia que pedindo vamos obter tudo o que precisamos?

As famosas palavras pedi e obtereis não significavam a Jesus absolutamente nada do que decodificamos por elas hoje, isto é, um interminável petitório esperando que as benfeitorias caiam do céu na nossa cabeça. E estamos sempre mais ou menos bravos, demonstremos isso ou não, porque tais benefícios custam para chegar, quando chegam.

Resumindo parecemos robôs repetindo coisas sem pensar, tenhamos ou não um interesse subjetivo por trás de nossas preces, o que só faz com que permaneçamos cada vez mais aprisionados em nossos medos. Medo de perder o controle da situação, especialmente, como se isso fosse vital para nossa felicidade. Por isso repetimos nossa ladainha todas as noites, nos empenhando para deixar tudo muito bem explicado sobre nossos desejos e necessidades.

Mesmo quando pensamos no que falamos, continuamos a repetir nosso pequeno discurso dirigido aos céus, interminavelmente, esquecidos que por lá se entendem apenas nossas emoções e não nossas palavras.

Quantas vezes já ouvimos que não é pela multiplicidade de nossas palavras que algo acontecerá? Até porque, se assim fosse, apenas os eruditos conseguiriam alguma coisa. Nos planos mais sutis nossa linguagem humana não é compreendida, embora perceba claramente as cores das emoções vibradas por nossos corações.

A proposta é que troquemos nossa oração sistematizada por um pensamento vivo e carregado de emoção genuína. Isso tornará a prece mais eficiente que uma oração condicionada. E é um bom começo para nos libertarmos de antigos condicionamentos, isto é, velhos comportamentos e sentimentos adquiridos ao longo da vida.

Então? Todos continuam a achar que sabem mesmo pensar? Se concluirmos que não, como fazer isso então? Existem muitas maneiras, que chamamos simplesmente de exercícios. Vamos mostrar um dos exercícios possíveis que nos tornam mais eficientes. São três os passos a serem seguidos até chegar à libertação:

1º passo - Perceber o momento do dia que mais chamou sua atenção, pois ter a percepção do momento em volta faz pensar de forma adequada, ajudando a racionalizar os pensamentos em vez de simplesmente passar por eles sem percebê-los efetivamente. Anotamos as coisas mas não as aproveitamos. O momento que nos chamou a atenção poderá ter sido quando ouvimos sobre um desastre num noticiário qualquer ou vimos o mendigo abandonado nas ruas; ou foi ainda nossa preocupação com o parente doente ou quando estávamos atrasados para chegar em casa; ou quem sabe nossa raiva com o chefe intolerante ou nossa alegria pelo aumento recebido. Não importa. Precisamos perceber e ir além.

Assistimos as tragédias do dia a dia na TV, por exemplo; ficamos espantados, nos lamentamos, sentimos real tristeza pelo sofrimento das pessoas envolvidas e a seguir nos preparamos rapidamente para assistir a novela enquanto jantamos distraídos, já quase esquecidos dos acontecimentos; voltaremos a lembrar no próximo noticiário, quando voltaremos a nos lamentar e a criticar as autoridades envolvidas e assim sucessivamente.

Quando a tragédia é grande poderemos ouvir trinta vezes a mesma notícia ou suas decorrências dramáticas, mas nosso comportamento será sempre o mesmo: espanto, lamentação, tristeza, crítica, mudança de assunto. Geralmente nessa ordem. Isto é, não fazemos absolutamente nada que seja aproveitável. Não colaboramos em nada. No máximo falamos qualquer coisa do tipo:

— Que deus ajude essa gente. Coitados — mas não estamos realmente interessados. Apenas cumprimos o pequenino ritual que achamos ser nossa obrigação.

2º passo - Transformar esse momento numa oração na hora que acontece ou na hora possível. Isto nos toma apenas alguns instantes e significa ter uma atitude diferente, menos condicionada. No princípio só conseguimos fazer isso quando paramos para refletir ao final de nosso dia, mas já é um bom começo. O treinamento fará com que cada vez mais sejamos ativos durante o próprio decorrer do dia e não apenas naqueles poucos minutos preestabelecidos para nossas orações. Ativos e eficientes. Este é o real significado de viver em estado de prece. Daremos exemplos reais de como fazer isso.

3º passo - Chegar à libertação de nossos condicionamentos, isto é, parar de pensar o que os outros queriam ou ainda querem que pensemos. Alguns eventos causam grande comoção, às vezes a nível nacional. Se nos engajamos na indignação, como já vimos acontecer tantas vezes, com as pessoas gritando em frente a delegacias, por exemplo, não estamos indo a lugar nenhum, nos tornamos marionetes e não auxiliamos em nada aquele momento do universo. Passamos a ser meros retransmissores das raivas alheias, além de colher medos diversos. Podemos até estar sendo proativos, porém pouco eficientes.

É como se alguém ordenasse gritando:

— Agora é o momento da raiva!

E todos repetissem obedecendo:

— Raiva! Raiva! Raiva!

E daí? O que ganhamos com isso? O que possibilitamos às pessoas ganhar com isso? Como já dissemos passamos nossos dias funcionando de forma automática e precisamos quebrar essa rotina, nem que seja apenas na oração noturna, na oração do dia de hoje. Senão vejamos:

História nº 1

O filho passa na volta da escola, com dores de estomago e vômitos. Os pais atenciosos passaram a tarde e parte da noite a seu lado para confortá-lo e dar-lhe os remédios. Nem foi à escola no dia seguinte. Embora lentamente ele melhorou e todos ficaram felizes. E logo esqueceram o fato. Deixaram passar aquele importante acontecimento, que obviamente chamou muito a atenção naquele dia.

O que poderia ter sido feito para transformar o episódio numa oração?

Os pais simplesmente poderiam ter observado os seguintes passos:

Umbanda um Novo Olhar

- percebido o inusitado do fato.

- tentado pensar nas causas subjetivas; naturalmente notaram nas conversas da tarde e noite causas possíveis, como, por exemplo, o fato do menino ter comido demais no jantar do dia anterior, mas não cogitaram as razões desse comportamento absolutamente incomum nele. Estaria o menino nervoso por alguma razão? Preocupado? Triste?

- ao conseguir imaginar uma razão verdadeira, que em geral é subjacente ao observado, poderiam ter agido de forma ainda mais eficiente, além da medicação necessária.

- aí então poderiam ter disponibilizado para o filho o que mais fosse necessário: saúde, bom senso para entender que comer demais não resolve os problemas, tranquilidade ou o que mais fosse preciso.

O fato é que se não nos questionarmos sobre o que está acontecendo em nossas vidas, por que está acontecendo, desde a mais simples dor de barriga até uma briga em família, por exemplo, jamais tomaremos boas decisões e, portanto, também não nos libertaremos de nossos condicionamentos, medos e sofrimentos desnecessários.

A percepção mais apurada da ocorrência, com sua consequente reação, teria sido então uma boa oração do dia de hoje, voltada para a situação que chamou a atenção naquele dia em especial e que não precisaria ser feita na hora de dormir. Feita em qualquer momento possível seria igualmente eficiente.

Mas, como se faz isso? Por qual razão este tipo de oração é mais eficiente? O que é disponibilizar?

Disponibilização
Esta forma de oração é mais eficiente porque não se fica apenas rogando ou pedindo que seres invisíveis façam algo, que ajudem, curem etc. É óbvio que durante o processo a mãe do garoto da história relatada acima rezou bastante para sua melhora. Ser mais eficiente, aprender a disponibilizar, nada tem a ver com perder a fé ou deixar de acreditar naquilo que se acredita, seja em Deus ou nos guias, nos santos, em forças superiores, não importa.

Trata-se apenas de aprender a fazer melhor a parte que nos compete.

Nos esquecemos das palavras de Cristo, por exemplo, que disse coisas do tipo:
- Sois deuses!
Ou ainda:
- Podeis fazer os mesmos milagres que eu faço.

Embora aos nossos ouvidos desatentos possa parecer uma heresia pretensiosa, temos as mesmas possibilidades de ajudar, curar, fazer pequenos ou até mesmo grandes milagres e para isso basta que este tipo de ação se torne fácil, corriqueira e diária para nós. Isso se consegue com o treino e com o coração. Um sem o outro não alcança a eficiência possível.

Disponibilizar, tentando colocar em palavras simples, é uma oferta de emoção direcionada pelo cérebro. Lembrando da fala divertida da entidade sobre nossas preces não passarem do teto, toda a eficiência se daria apenas quando usássemos a linguagem compreendida pelo universo, que é a da emoção sem palavras.

Inicialmente ela é direcionada pelo cérebro, pois só muito treinamento pode permitir que ela se dê naturalmente, instantaneamente, quando percebemos a necessidade. Ao ouvirmos a notícia de um desastre natural, um terremoto, por exemplo, podemos disponibilizar àquelas pessoas atingidas, tanto às vítimas quanto a seus entes queridos, o que elas devem estar precisando naquele momento. Cada situação pode requerer uma disponibilização diferente. Pode ser analgesia, que é o alívio da dor, para os feridos; serenidade e determinação para esperar o resgate; esperança para as famílias; paz para todos os envolvidos.

E como se faz isso sem ser através das emoções, do amor desinteressado ao próximo? Aquele amor que nos possibilita disponibilizar sem nos importarmos em saber dos resultados? Sim, porque gostamos muito de ver como somos bonzinhos e de como nossas ações são eficientes. Ficamos irritados ou frustrados e até mesmo deprimidos quando nossos esforços não surtem os efeitos previstos.

— Como é que a saúde do fulano não melhora se faço tanta vibração para ele?

— Por que meu filho não entra na faculdade se me sacrifico tanto?

— Qual a razão daquele conflito não ter fim se peço tanto

a Deus por isso?
Isso para não falar que seria mesmo uma maravilha saber que somos milagreiros.
Bem, sem o amor desinteressado, simplesmente, não se faz nada. Não se faz pois nessas ações paralelas estariam envolvidos nosso desejos, aqueles movidos pelo nosso cérebro e não mais pelo nosso coração.
No caso da mãe do menino doente, ao disponibilizar saúde e tranquilidade para seu filho através de seu coração, impulsionado pelo cérebro num primeiro momento, ela poderia ir aprendendo também a incluir na cura que tenta promover todos os demais meninos que estejam passando pela mesma dor, onde quer que estejam. Ela jamais saberá se seu amor desinteressado atingiu qualquer um deles, mas isso não importa de verdade. O que importa é sua ação no universo, intervindo e modificando de forma eficiente.
Pode até ser que seu filho não melhore, mas lá do outro lado do mundo, numa cabana qualquer de um acampamento de refugiados, um outro garotinho com o mesmo problema melhora de forma surpreendente, sem dispor de nenhuma medicação. Isso se dá porque a própria palavra está dizendo: disponibilização. Isto é, disponibilizamos uma cura, tornamos a saúde disponível naquele momento e naquela situação em particular, o que permite que aproveite quem quiser ou puder. Não somos nós, portanto, quem curamos. A pessoa que recebe nossa emoção amorosa é que a aproveita e promove para si o necessário.
Alguém certamente vai pensar, de forma cética:
— Mas, do outro lado do mundo? Ah! Essa não!
Isso se dá porque as pessoas estão acostumadas a pensar em energia, aquela que é periódica, limitada e tangível. Quando falamos em emoção, todavia, falamos de algo quântico, aquilo que existe e age de forma perene independente do tempo e do espaço. A energia dissipada em nossas emoções, aquela que pode ser mensurada, nada mais é que a consequência metabólica por elas provocadas em nosso corpo denso em função de provocarem descargas hormonais. Apenas uma reação que não representa a emoção em si mesma.
Voltando ao episódio do menino doente, como se pode no-

tar, disponibilizar requer a ausência absoluta de arrogância e egoísmo, isto é, humildade e generosidade; receber, por outro lado, requer vontade própria, a menos que a pessoa não seja capaz, como uma criança muito pequena ou uma pessoa deficiente ou inconsciente ou até mesmo um animal.

Quando falamos vontade própria, trata-se também de uma linguagem do coração, pois muitas pessoas não estão simplesmente preparadas para receber. É claro que ninguém que sofre vai dizer que não quer alívio, mas o coração muitas vezes não consegue se abrir para receber, por um sem número de motivos que não viria ao caso detalhar agora. Isso não significa que a pessoa seja má ou algo parecido. Apenas não está preparada, naquele exato momento, para receber aquela emoção, aquela ajuda auxiliar. Pode ser que no momento seguinte tudo se modifique.

Além disso é mais que óbvio que o menino no distante acampamento de refugiados não estava pensando que alguém do outro lado do mundo estava orando por ele. Nem ele e nem ninguém poderia saber disso. O que interessa é a vontade sincera e desprovida de altivez de receber auxílio. Parece absurdo, mas muita gente não se interessa mesmo, arraigada a seus costumes e aos lucros secundários dos próprios problemas. É sempre bom lembrar que no exemplo em questão falamos em saúde física, mas poderia ser de outra natureza: emocional, espiritual etc.

No modismo transitório das coisas de cada tempo, observamos que ao tomar conhecimento da possibilidade de intervenção no universo, algumas pessoas divulgaram em verso e prosa nossa capacidade de fazer as coisas acontecerem. Coisas, todavia, movidas apenas pelos nossos desejos, como prosperidade, bens materiais, parceiros românticos etc. Ao assistir uma palestra proferida num extenso workshop pelo famoso físico quântico Amit Goswami, folgamos ao ouvir sua resposta bem humorada quando questionado a respeito dos inúmeros livros que foram escritos sobre os segredos de nossas novas e incríveis aptidões.

Ele respondeu com um exemplo para lá de divertido:

— Bem, se você acha que vai fazer acontecer um automóvel novo em sua vida apenas com a força de seu pensamento, pode esquecer. O máximo que você vai conseguir é a vaga na rua para um dia ele estacionar. Já para o automóvel, vai ter mesmo que se esforçar, suar a camisa e trabalhar.

Voltando aos milagres possíveis a observação mais comum que ouvimos é o quanto é difícil entrar em contato com determinados sentimentos ou necessidades para poder traduzi-los em emoções. Por exemplo, como disponibilizar esperança e força aos desamparados ou sabedoria aos desencaminhados? Como disponibilizar generosidade aos egoístas ou paciência aos que sofrem? Como disponibilizar amor?

Quando se trata de dores físicas, por exemplo, podemos até entrar em contato com as cores, como a verde, cujas emanações de saúde poderíamos captar com facilidade. É importante lembrar, como já foi dito, que disponibilização nada tem a ver com vibração ou energia.

O objetivo de se pensar, como treinamento, na cor da saúde é apenas para tomarmos contato com o que ela representa, buscando em nossos corações, enquanto distribuímos essa cor pelas pessoas ou locais atingidos, uma compaixão verdadeira por aqueles desconhecidos. A emoção que acompanha a compaixão será então traduzida por um amor maior e disponibilizado num segundo momento.

Já vimos pessoas de boa fé se sentarem compenetrados após saberem de alguma calamidade voltando as palmas das mãos para cima, em pose aprendida, achando que estão enviando boas vibrações para os necessitados; via de regra acrescentam um pequeno e bem intencionado discurso, seja ele verbalizado ou não, para que tal e tal pessoa ou cidade seja beneficiada, para que os governantes prestem mais atenção no povo sofrido etc.

Infelizmente é algo pouco ou nada eficiente para interferir no universo, pois, primeiro se observa que a pessoa está apenas manifestando os desejos de seu cérebro físico, num discurso com mais raiva que amor e segundo, insistimos, que disponibilização não tem a ver com a doação limitada e passageira de energia. A única coisa que se salva nesse tipo de atitude é o sentimento genuíno subjacente de amor, se houver, e que será disponibilizado quando a indignação não for preponderante.

Para aprendermos a linguagem das emoções um truque simples é usarmos imagens mentais de pessoas que simbolizam, em nossos sistemas de crenças, determinados sentimentos. Basta que nos lembremos de pessoas, parentes, avatares, santos, não importa, desde que sua simples lembrança desperte em nós o sentimento que buscamos.

Por exemplo, quando queremos disponibilizar generosidade poderíamos, quem sabe, pensar em pessoas como Madre Tereza de Calcutá. Ou quando precisamos de sabedoria lembrar de Gandhi ou do Dalai Lama. Quando a percepção for para disponibilizar bondade que tal lembrarmos de um pai ou mãe que representa essa virtude em nossos corações?

Pessoas que trabalham com cromoterapia costumam dizer que quando conseguimos resgatar a imagem mental de uma cor a temos em nós e podemos então usá-la. Usam muitas vezes cartões coloridos para auxiliar nisso. Ora, com os sentimentos é a mesma coisa. Já que não temos cartões para criar em nosso interior determinada emoção, podemos usar pessoas para servirem de trampolim nesse resgate.

História n° 2

Alguém está de mudança e o caminhão contratado está atrasado, ou pior, simplesmente não aparece. Nossa reação habitual é ficarmos bravos, o que além de não resolver nada, só serve para deixar todos os envolvidos desconcertados e aborrecidos. Brigamos entre nós, discutimos, procuramos culpados e, como uma coisa puxa outra, a confusão está armada.

Aí temos novamente várias pessoas, vários pedaços, digamos assim, da grande consciência universal, várias partes de nós mesmos, pois somos mais que irmãos, somos um, tomando decisões erradas: reclamações, xingamentos, raiva.

E, como sempre, a raiva continua movendo o universo, com todas as suas consequências. E depois nos isentamos quando acontecem guerras, conflitos, crimes, pois afinal não temos nada a ver com isso e, além do mais, estamos tão longe das ações. Ledo engano. Da mesma forma como as boas emoções não tem fronteiras e atuam com toda a força modificando o universo e todos os seres nele contidos, as más o fazem igualmente.

No caso da mudança poderíamos ter pensado nos porquês:
- teria o motorista se perdido?

Umbanda um Novo Olhar 257

- teria ficado doente ou tido algum problema?
- teria simplesmente se esquecido?

Podemos e devemos transformar o que nos chamou a atenção, que pode, por exemplo, ser o que nos incomodou, numa oração do dia de hoje e aí estaremos intervindo de forma correta, sendo mais eficientes para a resolução dos problemas.

Podemos disponibilizar coisas boas para o motorista como saúde, disposição ou coragem, o que poderá, quem sabe, fazer com que supere melhor suas dificuldades, seja qual for, não para nos atender, mas para que possa ser mais feliz na vida.

Podemos também disponibilizar tranquilidade para nossa família, que poderá então agir com mais paciência, aceitando melhor as vicissitudes inevitáveis do dia a dia. E depois iríamos todos comer um sanduíche na padaria, reabriríamos as malas necessárias e jogaríamos os colchões no chão para mais uma noite na casa. Riríamos do episódio no futuro. Muitas outras famílias desconhecidas que passaram por coisas semelhantes também seriam atingidas por nossa oração e também ririam, em vez de transformar o episódio em pequena tragédia por onde a raiva se destilaria para o universo, somando-se a muitas e muitas outras raivas, até sua consequência se tornar ativa.

Como se vê precisamos nos acostumar a dar pequenos passos de forma consciente, o que significa o seguinte:

1. Querer ser um agente transformador, isto é, alguém liberto dos condicionamentos e por consequência dos medos inconscientes alheios. Não se permitir processamentos internos que perpetuam sentimentos negativos:

— Se me prejudicam minha obrigação é sentir raiva para não ser tido como idiota.

2. Aprender a estar atento para ter a percepção das próprias ações ou do problema que chamou a atenção:

— Qual foi a minha dificuldade?
— Qual teria sido o problema do outro?
— Qual a dificuldade da situação?

Isto é, tornar-se consciente, pois nada acontece a toa e todo dia acontece alguma coisa, todo dia, mesmo que pequena.

A história do caminhão que não chegou faria apenas parte das lendas engraçadas da família e não se transformaria em motivo de queixas e indignações repetidas à exaustão em cada oportunidade.

História nº 3

Um pedreiro, trabalhador sério e conhecido na vizinhança, faz pequena reforma numa casa e todos os dias compra sua refeição de um entregador de pratos prontos. Um belo dia a dona da casa percebe que não entregaram sua refeição e, portanto, ele não almoçou. Vai até ele e pergunta:
— O senhor não vai almoçar hoje? — e ele responde:
—Não senhora. Estou sem fome e assim é melhor porque adianto o trabalho.

Mas, ela fica desconfiada e prepara para ele um prato de comida que oferece com uma desculpa, para não humilhá-lo:
— A empregada exagerou hoje e fez demais. O senhor não quer comer um pouquinho mesmo sem fome só para forrar o estomago?
Ele agradece e come tudo num minuto.

Nos dias subsequentes a história vai se repetindo até que um dia a ajudante da casa faz um comentário:
— Mas que sujeito folgado. Acostumou.
A dona da casa intervém e fala:
— Talvez ele esteja sem dinheiro — mas a ajudante retruca:
— Mas a senhora deu uma parcela do pagamento dele há uma semana.
A patroa calmamente responde com um sorriso compreensivo:
— Pois é. Pois é. — e sai para perguntar se ele precisa de um pequeno adiantamento da próxima parcela, o que, naturalmente, é aceito com grande alegria, para a indignação da ajudante.
— A senhora é boba.
A patroa faz que não ouviu o comentário, pois já havia ido mais longe que os fatos. Primeiro teve a percepção que poderia estar havendo um problema pessoal e antes de fazer eco às aparentemente razoáveis críticas, o que seria um comportamento condicionado, pois estaria pensando e reagindo pela cabeça da empregada, pensou:
— Por que será que ele está sem dinheiro até para o almoço?

— Terá algum problema na família?
Depois tomou então uma ação prática, na medida de suas possibilidades, também limitadas. Na verdade fez várias ações práticas, simples e eficientes:
- deu alimento.
- ofereceu pequeno adiantamento.
- num momento de folga, naquela mesma tarde, transformou o acontecimento na oração do dia de hoje, isto é, fez uma disponibilização. Orar de forma eficiente significa ir além das palavras e dos pedidos.
- disponibilizou força, esperança e fé, para ele e para tantos outros trabalhadores que estivessem passando por dificuldades semelhantes, onde quer que estivessem.

Então é preciso prestar atenção, perceber e agir com uma ação transformadora, livre e consciente. É preciso lembrar, todavia, que intervir no universo, colaborar eventualmente com os indivíduos, fazer a nossa parte no equilíbrio planetário, não nos dá o direito de querer que as coisas sejam feitas como queremos ou do nosso jeito, isto é, não podemos querer gerenciar a vida do outro; no exemplo dado seria preciso então lembrar que não era mesmo da conta dela no que ele havia gasto o dinheiro recebido anteriormente e isso jamais foi perguntado.

Nosso impulso inicial seria sair fazendo perguntas ou dando conselhos que, provavelmente, seriam bons só para nós mesmos, dentro do nosso jeito de viver, das nossas necessidades ou dificuldades, de acordo com a nossa condição social e intelectual etc. Seria muito fácil e recheado de legítimas boas intenções, apesar de ridículo, alguém da classe média, como é o caso da dona de casa do nosso exemplo, dizer ao trabalhador que luta pelo alimento do dia a dia, que jamais colocou seus pés em alguma lanchonete da moda ou que nunca tinha pôde levar os filhos para passear num shopping, por exemplo, que deveria economizar mais seu rico dinheirinho.

Quando falamos anteriormente de interesse ocultos, estávamos falando também desse tipo de troca:

— Eu ajudo e você faz as coisas do meu jeito.

Mas de fato a frase verdadeira seria corrigida da seguinte forma:

— Eu ajudo para que você faça as coisas do meu jeito.
Somos cobradores e portanto o sentido subjetivo das frases acima seria:
— Eu ajudo e você vai pensar pela minha cabeça.

E isso acontece todo o tempo nas nossas relações familiares, sociais ou profissionais. Da mesma forma se dá nas relações das instituições religiosas, ou com outras configurações, com seus adeptos e simpatizantes.

Resumindo, ou tentamos, inconscientemente, puxar os outros para nossas ideias e comportamentos condicionados ou o inverso, quando nos deixamos escravizar pelos condicionamentos alheios. De qualquer maneira pensamos muito pouco. Deveríamos deixar de ser tão displicentemente inconscientes.

Precisaríamos treinar no dia a dia, pois alguns de nossos condicionamentos são muito fortes, especialmente os que trazemos de vidas passadas, de fortes dramas ou personalidades que já vivenciamos. Por isso aceitamos com tanta facilidade algumas ideias, dogmas, chavões, sem pensar e sem questionar, do tipo:
— Mas ele não trouxe almoço de novo? Mas que folgado!

E nos dias subsequentes de nossa história n° 3 o pedreiro agradecido comentou da doença inesperada do filho mais novo que o obrigou a comprar remédios caros, o que desequilibrou suas já limitadas finanças.

Resumindo o aprendizado do pensar
- ter percepção do que está acontecendo
- querer fazer a transformação da percepção numa ação real e eficiente no universo
- querer alcançar a libertação dos condicionamentos

Escolhas virtuosas

Como se vê, apesar de parecer complexa, na verdade trata-se de técnica muito simples, que pode facilmente ser aplicada no dia a dia, propiciando que sejamos mais que simples partícipes ingênuos e amorfos da humanidade. Alguns diriam até que somos pouco mais que pesos mortos no universo em função de nosso interesse exagerado em nosso próprio bem estar e em nosso desinteresse, também exagerado, no que diz respeito ao bem estar dos outros. Se formos verdadeiros perceberemos como essas coisas são reais. No primeiro caso nos acorrentamos aos pensamentos e sentimentos alheios e no segundo praticamente nos declaramos incompetentes para as mudanças que o momento do planeta requisita. Como se vê, vamos mesmo nos tornando pouco mais que pesos mortos.

Muita gente fala bonito, prega lições incríveis, faz campanhas disto ou daquilo, trabalha em rituais religiosos, mas não sabe conseguo ser eficiente como um agente transformador simplesmente por não ter a percepção nem de quem é e tampouco do que precisaria mudar em si e muito menos do que o universo a seu redor realmente necessita. Não tem muita noção dos próprios problemas e não se importa de magoar os outros, por exemplo, especialmente se achar que tem razão. Na verdade nem percebem. É como se o centro do mundo fosse seu próprio umbigo, pois só olham para si mesmos e ainda assim com um olhar bastante distorcido

É interessante notar que aprender a pensar, começando pelo exercício de perceber o que nos chamou a atenção durante o dia, também pode ser usado para nossa modificação interna, isto é, para o aprendizado das necessárias brandura, generosidade, humildade etc. Esta pequena ação nos possibilitaria a eliminação de nossos defeitos, aqueles que nos conectam com consciências negativas disponíveis em toda parte, ou pelo menos serviria como um agente coadjuvante de nossa transformação.

Se percebemos o que nos chamou a atenção no sentido de nos trazer sofrimento, poderemos saber quais os passos necessários para também perceber a solução. Vamos seguir o exemplo da história abaixo.

História n° 4

Uma mulher se encontra num cabeleireiro a fazer as unhas, aparentemente calma, quando de repente começa a sentir angústia com uma enorme pressão no peito e batedeira no coração. Se desespera por alguns instantes até se lembrar que aquilo poderia ser uma manipulação de ectoplasma, pois já havia acontecido antes em outras ocasiões. Trabalhadora de um centro onde existe tratamento de cura consegue perceber o que poderia estar causando aquilo.

Logo é socorrida com um copo de água e abanos pela manicure apavorada, o que, no entanto, não melhora em nada sua situação. Ouve diversos palpites e conselhos aflitos das funcionárias e de outras clientes do salão de beleza. Entremeado a isso tudo o que mais ouve, entretanto, são piedosas intervenções do tipo:

— Ah! Coitada!

Agradece a ajuda e se arrasta para casa, sentindo-se mesmo uma coitada, já quase que esquecida do que sabia sobre ectoplasma. Reza muito para o espírito que julga ser um seu desafeto de vida passada; horas depois, já cansada, chora e implora ajuda dos céus e dos guias. Sente pequena melhora, que não tarda, todavia, a desaparecer. O desconforto se prolonga com idas e vindas. Permanece por aproximadamente três dias com o incomodo até chegar o data de ir ao centro, onde recebe passes, realiza uma correta sessão de ectoplasmia, além de outros procedimentos. Apesar do alívio está exausta.

Nos dias subsequentes foi se lembrando de quantas vezes aquilo já tinha acontecido e se lamenta:

— Por que comigo? Faço tanta caridade — queixa-se em segredo, não sem uma pontinha de indignação.

O que poderia ter feito?

Em primeiro lugar poderia ter tomado posse realmente da percepção que havia uma manipulação de ectoplasma e, a partir daí, simplesmente pensado pela própria cabeça. Ora, não era nenhuma coitada. Sabia perfeitamente que a manipulação só aconteceu porque, de alguma forma, havia se conectado com consciências negativas, digamos assim.

E o que fazer depois disso? Ao lembrar-se da manipulação do ectoplasma deveria ter procurado as razões que estavam possibilitando o acontecimento. Teria se zangado com alguém ou com alguma situação nos últimos dias? Poderia estar como consequência, mesmo que imperceptivelmente, num estado de irritação?

Como a lista de possibilidades de eventos que fazem cair nossa vibração é reduzida unicamente às nossas irritações, não é difícil procurar e encontrar suas causas. Talvez tivesse então se lembrado do velho parente egoísta que não se importava em prejudicar os irmãos, filhos, sobrinhos e funcionários, pois teimava em vender a empresa familiar, cultivada há gerações

Umbanda um Novo Olhar   263

com tanto carinho. Teria então percebido que apesar de estar calmamente fazendo as unhas, seu pensamento divagava pelo assunto, remoendo uma secreta e nunca sequer admitida raiva, pois era espírita e julgava-se já acima desses sentimentos, o que, obviamente, não correspondia à verdade.

Descoberta a raiva encoberta e a irritação com a situação mal resolvida e que se arrastava há meses, o passo seguinte seria perguntar a si mesma qual a decisão que tomaria para o dia seguinte. O que precisava para ser mais feliz no dia seguinte? Talvez tivesse percebido que o queria para o dia seguinte era apenas paz de espírito, isto é, não se deixar mais incomodar por aquele parente, não se escravizar ao que todos da família achavam dele, o egoísta desalmado e por quem todos sentiam raiva. Esta seria a escolha virtuosa, aquela que iria influenciar o universo.

Como fazer para conseguir a paz de espírito?

E como isso poderia influenciar o universo?

Simples. Perdoar. Perdoar o tio que não tinha ainda compreendido a beleza do amor fraterno. Além disso, nesse processo de libertação e transformação poderia ter disponibilizado generosidade e bom senso ao parente que tanto furor causava na família; e à própria família poderia ter disponibilizado paciência, tolerância e resignação. Poderia até ter se lembrado das moças do salão de beleza e disponibilizado tranquilidade a todas.

E como ser um agente de transformação do universo?

Simples também. Não se esquecer de disponibilizar as mesmas coisas para todas as pessoas que estivessem passando pelos mesmos problemas naquele momento. E como a raiva ainda domina o mundo, nossa personagem estaria sem dúvida interferindo de forma positiva, direcionando com seu pensamento uma pequena magia amorosa, já que magia não conhece tempo e espaço, propiciando com certeza um ou vários pequenos milagres mundo afora.

Como se pode notar, em vez de fazer eco às lamentações ineficientes, tanto as que ouviu na manicure, como as que ouvia na família, poderia ter se tornado um competente agente de transformação de toda a situação e começar a promover seus pequenos prodígios. Sofreria menos ou nada e estaria contribuindo para uma possível modificação dos planos de todos:

o parente queria lucros sem se preocupar com os demais e os familiares queriam simplesmente que ele morresse. Já as manicures e amigas queriam, inocentemente, que se sentisse uma coitada. O mundo com certeza ficaria um pouquinho melhor. E o suposto obsessor? Bem, este não teria sequer sido conectado caso o milagre tivesse começado antes.

Nos espantamos como as pessoas anseiam estar sempre bem mesmo sem se preocuparem com os pequenos detalhes que envolvem suas ações, sentimentos e pensamentos no dia a dia.

Nada acontecerá enquanto não nos libertarmos das amarras que nos prendem aos valores, medos e lamentações alheios ou antigos e também enquanto permanecermos esperando que façam por nós o que é de nossa obrigação. Não só continuaremos com nossos pequenos ou grandes sofrimentos como também vamos permanecer marcando passo nesta formidável roda de vida na qual estamos inseridos neste momento particular. Nossa colaboração é ínfima ou inexistente de fato. Não colaboramos nem mesmo com nós mesmos.

— Mas perdoar o parente malvado? Que injustiça — diriam muitos.

Enquanto acharmos que o perdão incondicional é uma tolice e que injustiças existem, não seremos sairemos do lugar. Enquanto não aprendermos a nos preocupar com a felicidade de nossos irmãos, considerando que nossos irmãos são todos os seres da natureza, todos aqueles que fazem parte de nós, onde quer que se encontrem, não seremos também felizes. Se uma parte de mim não está bem, como posso eu estar bem? É quase como ter uma ferida na cabeça mas estar feliz porque as pernas estão boas. Isto é, uma grande bobagem. O conceito da dualidade é extremamente frágil. Eu, as outras pessoas, todos os seres e a divindade somos um. Para onde nos movermos, tudo e todos se moverão junto. O que sentirmos e pensarmos influenciará no destino de todos. A dualidade é perigosa pois nos move para a letargia da espera e, às vezes, pouco competente, pois não nos dá opção de ação eficiente.

Deveríamos aprender a pensar melhor para depois, usando nosso pensamento direcionar nossa capacidade de magia para o bem, como todo milagre; agiríamos com a eficiência do coração capaz de trilhar o caminho do amor desinteressado. Deveríamos, portanto, aprender a ser um com a divindade e com a natureza que nos rodeia.

Serve e passa! Poderia ser esta antiga proposição, dita há tantos milênios pelo doce e sábio espírito Payê-Suman, aquele que um dia guiou os passos daquele que viria a ser o caboclo das 7 Encruzilhadas e que continua mais atual que nunca, o lema de todo aquele que se diz espiritualista, seja ele umbandista ou adepto de qualquer outra crença. Trabalhemos e vivamos pois sem esperar recompensas... Nem nos céus e nem na terra.

Alguns poderão perguntar a razão deste capítulo fazer parte deste livro, mas, como se vê, religião é muito mais que um simples ritual e espiritualidade é algo que vai muito além do trabalho semanal no templo. O próprio umbandista precisa modificar o antigo conceito, criado por um entendimento genérico e equivocado, que umbanda é apenas um terreiro onde se atendem pedidos e expectativas de consulentes. Isto é, necessita libertar-se dos próprios condicionamentos, não só neste, mas nos mais variados aspectos da vida.

Tabajara

Gostaríamos de encerrar este livro lembrando uma das muitas falas de Tabajara, companheiro de muitas vidas, entidade que é hoje chefe de legião no movimento da umbanda. Há 40.000 anos este nobre espírito foi o sumo sacerdote da Terra dos Ay-Mhorés, uma das várias colônias atlantes espalhadas por solo brasileiro. Seu povo, de raça nhengatú, caiu em função dos próprios desmandos, lutas e ambições, justamente por não ter conseguido aprender a amar de forma desinteressada. Apesar da vasta cultura carregada por sua civilização aqueles homens jamais aprenderam com os mestres divinos que os guiavam a servir e passar, isto é, a interferir de forma eficiente e silenciosa quando as necessidades se apresentavam. Não conseguiram de fato escutar a palavra dos deuses.

Quantas reencarnações foram necessárias para isso acontecer é impossível saber, uma vez que nós mesmos, homens atuais da Terra, ainda nos arrastamos na lama da incompreensão e do desamor. Nós, que não podemos dizer desconhecer as tradições e ensinamentos deixados bondosamente pelos mesmos mestres que, em diferentes tempos, se espalharam com suas mensagens divinas e redentoras por todos os rincões do planeta, vestindo as mais diferentes túnicas e usando os mais diferentes rituais.

Esses acontecimentos, todavia, fazem apenas parte da evolução natural, permeando os ciclos de vida que florescem sistematicamente.

E quando Tabajara, um desses mestres vindos das estrelas, conversa com alguns discípulos, já no crepúsculo do grande império atlante que se instalou no litoral onde hoje temos o estado do Espírito Santo, grandes ensinamentos podem ser extraídos. Na história contada no livro nº 4 vive-se neste trecho o momento da grande Cidade Central invadida, o rei exilado e os líderes remanescentes buscando a sabedoria da compreensão de nosso papel nas idas e vindas das civilizações que se sucedem.

Nos milênios que se seguiram a grande nação nhengatú daria origem às tribos brasileiras, de cuja herança xamanica as entidades que recolocaram a umbanda no planeta criaram os corpos de ilusão de caboclos com os quais os guias trabalham até hoje. Muitos dos ensinamentos divinos se perderam nessa trajetória, mas é chegado o momento de se compreender de fato que umbanda é apenas amor e, como tal, seu trabalhador precisa aprender a pensar e agir da maneira que os mestres propunham desde o princípio.

"... No momento da dor pungente o poder espiritual desperta pouco interesse nos homens. Eles o temem, mas não se interessam em ouvir as verdades. Porque são verdades que não compreendem meu filho. Posso inventar doces mentiras e dizer apenas que tudo não passa da vontade dos deuses e eles se curvarão, mas não só não estarão consolados como precisariam, como também cedo voltarão a se desesperar. Um general como tu, forte e determinado tem sua voz ouvida mais atentamente nestes tempos – fez pequena interrupção para tomar fôlego — precisam de um guia com a aparência possante ao qual possam ouvir sem ter que pensar muito em seus deveres com um longínquo Tupã. Na hora da aflição precisam do alimento e da água. Precisam de uma cama e de um teto. Precisam então de alguém que aponte o caminho da horta e da fonte, da árvore e do junco. E os deuses? Ora, os deuses que nos amparem que esta é sua obrigação, pensam eles.

Enquanto Itaperuna hesitava, já que não parecia nem de longe convencido sobre a necessidade de vir a assumir tal posição, Shem-han de repente teve um estalo, voltando-se para o sacerdote que voltara a sorrir, lendo seus pensamentos, exclamando em voz alta:

— És um gênio amigo! Que arranjo brilhante está tramando!

Como Tabajara apenas balançasse a cabeça enquanto se servia tranquilamente de uma segunda porção do ensopado, Shem-han continuou deixando Itaperuna ainda mais confuso:

— E quando só sobrar o tolo Jacyguá nosso bom amigo aqui já terá tanta ascendência sobre as tropas que não será difícil tira-lo do trono com um pontapé nos fundilhos. Até porque os outros parasitas principezinhos — falou em tom sarcástico — já estão sendo convencidos por Itaperuna em mandar parte de suas tropas de volta para casa, para proteger o que restou de suas cidades. Só restarão mesmo nossas tropas e parte das que chegaram e se tornaram mais leais ao nosso general que aos seus senhores.

Até mesmo Itaperuna teve que concordar que a ideia era mesmo interessante. De alguma forma a natureza e tudo a seu redor conspiravam para expelir aqueles corpos estranhos de seu seio. Seus olhos voltaram a brilhar com esperança pela salvação do que restava daquele povo.

— Por Tupã! Estamos nos tornando conspiradores também — falou surpreso com a situação, mas já refeito do susto inicial.

Enquanto os dois generais trocavam ideias, bastante animados, Tabajara terminava sua segunda tigela, comentando casualmente, como se nada de importante estivesse acontecendo:

— Nossos bondosos cozinheiros continuam ótimos. Fazem verdadeiros milagres com o pouco que dispomos, não acham?

Sua postura era tão inusitada que os dois caíram na risada. Depois de uns instantes o velho clérigo tornou em tom mais sério:

— Como são as coisas não é mesmo meus filhos? Agora os conjuras somos nós. Mas de fato estamos apenas tomando as medidas possíveis neste instante específico. Não somos salvadores;

não vamos nos arvorar como tal, pois que ninguém precisa ser salvo; cada homem apenas caminha por sua trilha aprendendo aqui e ali o que pode; apenas não podemos ser observadores negligentes da história desta civilização. Se fazemos parte dela neste particular episódio precisamos contribuir de alguma forma com nosso amor, mas também com nossa ação determinada. Não façamos como a maioria dos homens, que delegam aos deuses as tarefas que são suas — parou para olhar os dois que bebiam de suas palavras em silêncio; sorriu docemente para comentar a seguir:

— Não é surpreendente como os homens pensam que sua única tarefa divina é ser bom, cuidar de sua família e orar aos deuses rogando proteção aos seus?

Paraty que acabara de chegar e sentara-se ao lado do sacerdote abraçando-o ternamente pelos ombros se intrometeu sorrindo, após saudar efusivamente os amigos, como era típico de seu temperamento alegre e extrovertido, o que não combinava em nada com a discrição quase invisível com a qual trabalhava:

— Que conversa boa. Nos templos de ensino os sacerdotes não se cansam de tentar passar essa ideia aos jovens — suspirou e depois continuou dirigindo-se a seu sumo sacerdote, sempre sorrindo:

— Mas não achais que é mesmo muito confortador ter a sensação de dever cumprido apenas por orar e pedir pelos seus? — e sem esperar resposta — E mais, como dizer a eles que ser bom e cuidar da família não é mais que obrigação, não é mesmo?

Tabajara assentiu satisfeito:

— É verdade. Então não dizemos, pois não temos o direito de interferir em suas crenças. A maioria dos homens ainda não tem essa consciência. Quem já a tem que faça sua parte e não sobrecarregue os deuses, que já estão por demais ocupados.

Todos riram.

— Embora estejamos quase felizes por arranjar novos meios de preservar a sobrevivência da cidade e das pessoas, não vos esqueçais, porém que aqueles que partem ou aqueles que estão em lugares distantes e que por isso não conseguimos amparar diretamente ou ainda aqueles habitantes das cidades governadas por irresponsáveis também são nossos irmãos e desta forma nossa vitória não será tão grande. Quero dizer que nossa ajuda, embora necessária e crucial é ínfima quando olhamos o todo.

Itaperuna o olhou algo admirado. Os outros dois já conheciam de longa data a linguagem cifrada e a posição humilde do sumo sacerdote frente ao universo.

— Se pudéssemos alcançar uma estrela com uma vimana e de lá olhar aqui para baixo o que veríamos? — fez pequena pausa e suspirou longamente, como a contemplar — Ah! Que maravilha seria! Provavelmente veríamos mares, grandes lagos, extensas terras e lindas montanhas. Veríamos homens? Duvido muito. Não somos quase nada perante o resto da natureza e por isso o auxílio que promovemos eventualmente têm a mesma proporção; por isso não devemos pensar, infelizmente, que fazemos grande coisa e tampouco nos orgulhar — falou em tom de anedota, embora ninguém tenha sorrido.

— Contribuímos apenas com nossa parcela. Nossa pequenina parcela. Como tu mesmo poderás fazer meu filho, te sacrificando um pouco mais pelos demais ao conviver mais de perto com aquele infeliz — falou diretamente ao bravo general que se mantinha atento à sua frente.

Nos últimos tempos com o contato mais direto com os sacerdotes no templo de Áries o militar havia aprendido muito sobre os homens e sobre os deuses e se alegrava por isso.

E Tabajara concluiu:

— Aos poucos as cidades irão se distanciando mais e mais umas das outras e seus filhos se espalharão por esta grande terra; vários outros agrupamentos surgirão com os mais diversos nomes e esta nação, a Terra dos Ay-Mhorés, parecerá ser apenas uma velha lembrança acessada pelos registros psíquicos de alguns; mas como o tempo não existe, ela sobreviverá para sempre. O ontem continua existindo mesmo que não tenhamos conta disso. Estamos em muitos lugares ao mesmo "tempo". Continuamos a desfrutar da companhia dos amigos que partiram, nesta e em outras vidas. Estaremos sempre todos juntos. Ah! Quantas consciências, quantos amigos, quantos pais e quantas mães convivem conosco sem que percebamos — fez breve silêncio, como se buscasse na memória uma história antiga — não deveríamos sofrer tanto pelas separações e por aquilo que chamamos vicissitudes.

Meditou por uns instantes para depois completar:

— Zac julgaria provavelmente que seu sonho foi destruído, mas eu lhe diria que foi realizado. A dinastia dos Ay-Mhorés reinará para sempre nestas bandas. A grande tarefa de nosso morubixaba Payê-Suman, esta sim, estará terminada por ora. Já terá sido trazido para a terra das estrelas o sangue atlante com sua herança nhengatú, que permanecerá pelos tempos afora. E depois tudo começará de novo e de novo — sentenciou.

E como uma predição tudo se daria dessa forma. Como testemunhas apenas as luas grandes que se sucederam aos milhares, de forma indiferente aos homens que se julgavam reinar sobre todas as terras..."

FIM

Anexo I

Perguntas e respostas

Neste anexo é apresentada uma série de perguntas frequentemente endereçadas ao site da Fraternidade do Grande Coração nos últimos anos, com suas respectivas respostas, sempre preservando a identidade dos participantes. Os textos originais foram melhor organizados com a finalidade de tornar as perguntas mais simples e objetivas, além de descaracterizar o autor.
As perguntas foram dividas por assuntos e numeradas para facilitar a busca e orientação.
Caso você leitor não encontre o quer saber, muitas outras perguntas estão à sua disposição no site da FGC. Se deseja mais explicações sobre determinada pergunta envie sua dúvida ou questão para o mesmo site. A resposta será enviada diretamente para seu e-mail. Nossos endereços eletrônicos se encontram no final desta edição.

Guias e protetores
Pergunta 1: Gostaria muito de saber o nome de meu protetor na umbanda. Se eu lhes enviar a data de meu nascimento será suficiente para descobrir?
Resposta: Você somente descobrirá quem é seu protetor caso venha desenvolver sua mediunidade, pois então ele poderá se manifestar e dar sua identidade. De qualquer forma o nome de seu protetor não deve ser nunca o mais importante. Entidades dão diferentes nomes dependendo do tipo de ritual onde está trabalhando o médium, seja umbanda, kardecismo ou outros, não importa. Sua fé em que ele esteja sempre a seu lado para orientá-lo da melhor forma possível e dentro de seu

merecimento, deve predominar sempre.

Através do dia de seu nascimento somente é possível que determinemos qual é a sua vibração original, isto é, qual é o seu orixá; a vibração de qual linha predominava no dia de seu nascimento. Somente o seu guia ou protetor, dependendo da hierarquia da entidade, poderá dizer-lhe, pessoalmente, o nome que dá em terra.

Pergunta 2: Seria possível vocês colocarem no site as doutrinas das entidades? Tenho especial interesse nos caboclos Dona Mariana, Herondina, Jarina e Jurema. Quero saber a história desses caboclos e de onde eles vieram.

Resposta: Seria melhor esclarecermos em primeiro lugar esse assunto sobre doutrinas. As entidades geralmente trabalham enfeixadas em suas linhas, que são relacionadas aos orixás e não doutrinárias.

Quanto as entidades que você menciona, apenas conhecemos dados da cabocla Jurema. É um dos chefes de legião da linha de Oxossi. Estas entidades não incorporam, mas fazem 7 com o mesmo nome que são incorporantes. Fazer 7 com o mesmo nome significa que abaixo de cada chefe de legião existem 7 outras entidades de hierarquia imediatamente inferior que usam o mesmo nome, totalizando 49 entidades, sendo 7 em cada linha.

Muitas outras entidades, de hierarquia mais inferior ainda, o que não desmerece as entidades, pois trata-se apenas da organização dos planos espirituais, pois todas trabalham para a caridade, abaixo dessas 49, também se apresentam com o mesmo nome, causando uma grande confusão. Em função disso é quase que impossível saber a origem ou a história de cada uma delas.

Nem mesmo todos os chefes de legião tem suas histórias conhecidas mas, na medida do possível, poderemos ir falando de cada um deles. Uma das formas de se saber a hierarquia das entidades é através de seus pontos riscados. E mesmo assim o assunto é bastante controverso, pois a maioria dos médiuns não tem muita noção dos verdadeiros sinais magísticos da umbanda, o que impede que o ponto seja riscado adequadamente.

Outra maneira, que complementaria a anterior seria o caráter, a humildade, os hábitos e o temperamento do médium que diz receber esta ou aquela entidade, pois obviamente entidades de alta estirpe somente se manifestam em médiuns diferenciados e sábios, pois nem mesmo o conhecimento é tudo. Podemos saber muito mas não vivermos de acordo com esse conhecimento. Conhecimento não quer dizer sabedoria. É muito comum na umbanda e em outros rituais médiuns se deixarem levar pela vaidade.

Voltando ao tema inicial, podemos informar que Ay-Mhoré, por exemplo, um dos chefes de legião da linha de Oxalá, foi o sétimo rei da grande nação Nhengatú, que emigrou da Atlântida antes de seu afundamento e estabeleceu uma colônia atlante no litoral do Espírito Santo chamada Terra das Araras Vermelhas.

Sua história está contada no livro do mesmo nome de Roger Feraudy, assim como a de muitas outras entidades que hoje militam na umbanda. A sinopse deste e de outros livros sobre as origens ancestrais da umbanda editadas pela **EDITORA DO CONHECIMENTO** pode ser encontrada no site da FGC. Livros que falam, por exemplo, da verdadeira personalidade e história do fundador da umbanda no planeta, o caboclo das 7 Encruzilhadas.

Apenas como uma observação gostaríamos de dizer que nomes como Mariana e Herondina não costumam ser nomes de caboclos e talvez essas entidades pudessem revelar ao amigo seus verdadeiros nomes.

Pergunta 3: Estou curioso para saber sobre Ogum Megê. Preciso de informação sobre essa linha. Em segundo lugar quero saber informações sobre o caboclo Guardião dos Caminhos e se trabalha na linha de Ogum.

Resposta: Em relação a sua primeira pergunta é preciso que você saiba que Ogum Megê não é uma linha e sim uma entidade. É um caboclo, que como os demais de sua linha, chama a si mesmo de Ogum, assim como os caboclos da linha de Xangô, que chamam a si mesmos de Xangôs.

Ogum Megê é um dos sete Chefes de legião da linha de Ogum, não incorporante, como já vimos em questão anterior. Os demais são: Yara, de Lei, Rompe Mato, de Malê, Beira Mar e Matinata. Todos se desdobram em outros sete que incorporam.

Sobre sua segunda pergunta gostaríamos de dizer que Guardião dos Caminhos não costuma ser nome de caboclo. Geralmente entidades com esse tipo de nome são exus, os chamados agentes mágicos. Quando às vezes surge um nome como esse, o médium bem informado tem condições de questionar se seria mesmo o verdadeiro nome da entidade. Na maioria das vezes é ele mesmo que não está captando adequadamente e se foi alguém que disse, deve desconfiar da veracidade da informação.

Pergunta 4: Descobri recentemente que meu guia faz parte da Linha das Águas e se chama Príncipe Nalfagibe. Gostaria de receber informações sobre ele.

Resposta: Infelizmente não conhecemos nenhuma entidade com essas características. Geralmente as entidades manifestadas no povo das águas, são da linha de Yemanjá e são caboclas ou caboclos do mar, com nomes tipo: Jandaya, Jandira, Jacyara, Indaiá, Yara, entre outros do mesmo tipo.

A única oportunidade na qual se tem notícias sobre entidades chamarem a si próprias de príncipes é no ritual da cabala judaica, que não tem a ver com a umbanda diretamente. Em seus rituais os 7 exus guardiões, isto é, 7 Encruzilhadas, Tranca Rua, Giramundo, Marabô, Tiriri, Pomba Gira e Pinga Fogo, se manifestam como príncipes, a saber: Astaroth, Nambroth, Acham, Baal, Hasmodat, Lilith e Moloch. Desta maneira é muito provável que essa entidade tenha outro nome, que não Príncipe Nalfagibe.

Rituais

Pergunta 5: Quero saber se é obrigatório na umbanda raspar a cabeça? Para se trabalhar com os orixá é preciso sacrificar animais?

Resposta: Raspar a cabeça e sacrificar animais são antigos rituais de cultos africanistas, entre outros, e nada tem a ver com a umbanda. Umbanda é exclusivamente amor e não aceita, assim como não é passivamente conivente com nenhum tipo de sacrifício de nossos irmãos do reino animal. E raspar a cabeça ou submeter o médium a qualquer outro tipo de imposição ou sacrifício físico não lhe traz nenhum benefício no sentido de seu desenvolvimento.

Pela antiga tradição de transmissão oral dos ensinamentos da umbanda através das décadas do século XX, muitos conteúdos de outras religiões ou credos acabaram por permear o entendimento das mensagens trazidas através das sublimes entidades pioneiras deste movimento e seus continuadores.

Nosso Pai Maior louva a harmonia entre os seres e a natureza; os animais são parte desse grande plano cósmico onde o homem está enfeixado para sua evolução.

Mesmo porque, se formos nos aprofundar em conhecimentos teosóficos, temos que considerar que dentro dos esquemas de evolução dos mundos, muitos dos animais de hoje poderão fazer parte do reino hominal na próxima Cadeia. Lembrando que estamos atualmente no 6º Esquema de evolução espiritual, que é o da Terra, na 4ª Cadeia e na 4ª Ronda. Essa transformação evolutiva de determinados grupos de animais será possível pois, quando se troca de Cadeia sobe-se um nível de evolução e a individualização de cada ser se fecha na 4ª Ronda, que ainda está em curso.

Pergunta 6: Gostaria de saber qual é a função dos médiuns que são consagrados padrinhos dos filhos de fé? Teriam outras atribuições na casa a partir daí?

Resposta: Os padrinhos na umbanda não têm nenhuma função relacionada com os trabalhos em si. É apenas uma espécie de homenagem que se faz a alguma pessoa por época do amaci de um novo médium. O padrinho é aquela pessoa que está há mais tempo na umbanda e assume uma responsabilidade informal de orientar o novo médium nos costumes e rituais da casa. Não é responsável por seu desenvolvimento, todavia.

Trata-se, portanto, de apenas um ritual, sem maiores funções.

Não existe na umbanda ancestral padrinhos consagrados da casa ou padrinhos dos filhos de fé, como você citou anteriormente.

Pergunta 7: Por que todo centro tem que ter babalaô, pai pequeno ou mãe pequena? E o que faz o dirigente espiritual?

Resposta: Babalaô é o chefe do terreiro durante os trabalhos de gira, também chamado de caridade, que nada mais é que o atendimento ao público. Geralmente é o médium mais antigo ou com mais experiência e conhecimento na casa. Teoricamente teria que ter feito todas as obrigações para os orixás.

Quanto ao pai ou mãe pequenos são aqueles médiuns que substituem o babalaô em suas ausências; esses médium representam a segunda autoridade hierárquica da casa durante os trabalhos de atendimento. Na verdade, hoje em dia, a maioria das casas nem têm mais a figura do pai ou mãe pequenos.

O dirigente espiritual é a autoridade máxima da casa fora dos atendimentos. Organiza as giras, orienta os estudos, cuida dos médiuns, toma decisões gerais da casa. Ele é o médium que, teoricamente, mais deve saber sobre umbanda na casa. Ele e o babalaô trabalham em conjunto e harmonicamente para a evolução da casa e dos médiuns. Infelizmente poucas são as casas que contam com a figura do dirigente espiritual hoje em dia, o que sobrecarrega o babalaô.

Pergunta 8: O conhecido escritor Matta e Silva afirma em seus livros umbandistas que o comando vibratório de uma casa de umbanda é trabalho exclusivo para médiuns do sexo masculino e fundamenta sua afirmação. Porém, o que vemos Brasil afora, é uma enorme quantidade de terreiros com a chefia realizada por mulheres. O que pensam os irmãos da FGC sobre este assunto? O que é certo e o que é errado?

Resposta: Nesse sentido acreditamos que não é o sexo do médium que define o babalaô e sim seu estágio de evolução.

Numa situação ideal ele deve ter um grau de iniciação e um plano de desenvolvimento específico. Este é um ponto mais discutível que o sexo, pois raros babalaôs estariam completamente preparados para tal tarefa.

Todavia, com certeza o mais importante é a caridade que ele ou ela possam prestar, pois umbanda é amor. Tudo mais são possibilidades que podem ser atingidas em algum momento.

Pergunta 9: Gosto muito da umbanda mas, infelizmente, não posso participar ativamente dela. Gostaria de saber qual o mistério que existe entre mim e a cruz de ank ou ansata. Mesmo sem conhecer a sua historia a mesma me foi entregue pelo astral para que eu abrisse um portal. Não sei a razão, mas não tive auxílio para desvendar o mistério e tive que me virar sozinha para tentar descobrir do que se tratava. Mas não consegui. Minha sorte foi ter encontrado vocês para me ajudarem.

Resposta: Infelizmente não podemos ajudá-la pois não temos ideia do que você está falando. Não conhecemos tal cruz e também não compreendemos muito bem qual é sua solicitação. De qualquer maneira não acreditamos nesse tipo de atuação solitária. De que adiantaria abrir portais, desvendar mistérios, se nada disso está visando a caridade?

Desculpe nosso comentário, mas gostaríamos de sugerir que você encontrasse uma boa casa, na orientação que preferir, para trabalhar e praticar o amor. Mistérios não fazem parte da umbanda. O que existe apenas é desconhecimento e falta de informação.

E não descarte nunca a possibilidade de estar sendo vítima de alguma brincadeira por parte de desafetos espirituais do passado. Já vimos isso acontecer muitas vezes, pois eles também tem conhecimento e falam a linguagem que gostaríamos de ouvir. Às vezes mística, às vezes grandiosa, às vezes até caridosa. Em todos os casos desconfie de qualquer mensagem captada por você ou por quem quer que seja, se não houver presente no momento um grupo sério na retaguarda, trabalhando por amor ao próximo.

Pergunta 10: É permitido que tenhamos uma tronqueira com firmeza das entidades da esquerda em casa? Pode ser colocado em área de serviço ou sacada? Que elementos devemos deixar dentro da tronqueira?

Resposta: A palavra tronqueira é um termo que não deveria ser usado na umbanda, pois é oriundo de outro tipo de ritual; na umbanda chamamos essa firmeza que é feita no centro de assentamento do agente mágico.

É uma firmeza para um local onde se realizam trabalhos de demanda, atendimentos de consulentes, entre outras caridades, ou seja, um centro de umbanda e desta maneira não é permitido fazer esse tipo de assentamento em residências, até porque não tem nada a ver amigo. É claro que você não pode atender pessoas na sua casa e desta forma não pode realizar nenhum tipo de ritual nela.

A proteção de sua casa deveria ser feita pela conduta harmoniosa das pessoas que lá vivem. No máximo uma defumação ocasional caso o ambiente familiar esteja muito conturbado. De qualquer maneira no capítulo sobre ritualística você pode encontrar os objetos que devem ser colocados no assentamento. Lembramos ainda que todos os objetos usados na umbanda, o próprio assentamento em si, apenas são utilizados em função de nosso despreparo para trabalhar sem eles ainda, pois toda magia é mental e assim não deveríamos precisar de nada disso.

Pergunta 11: Certa vez um pai de santo, dizendo que era para me ajudar, montou um gongá em minha casa; não para atendimento, mas para que ele, de vez em quando, me desenvolvesse. Achei errado mas fiz. Não foi bom. Faltou conhecimento a ele?

Resposta: Sobre ter um gongá em casa isso não pode mesmo acontecer, pois não é possível fazer trabalhos ou desenvolvimentos nessas condições, ou seja, sem corrente, sem segurança, sem proteção. Até porque a umbanda não está aqui para nos servir particularmente; a pessoa que o orientou nesse sentido realmente não tinha muito conhecimento.

Além disso você deve evitar a todo custo incorporações fora de um centro, lembrando que é o médium que permite ou não isso, pelos mesmos motivos de não poder ter um gongá particular. Você pode ser facilmente enganado por uma entidade maliciosa se fazendo passar por outra. Muitas são inteligentes, tem fala mansa e conhecimento; nos ludibriam se passando por espíritos de grande luz, especialmente se não tivermos uma corrente bem firmada a nos proteger.

Trabalhos feitos contra nós

Pergunta 12: Minha vida está muito mal, tanto no aspecto amoroso como no financeiro; acho que fizeram um trabalho contra meu marido para que assim fosse. O que a umbanda pode fazer por nós?

Resposta: Trabalhos ou outros tipos de magias só pegam

nas pessoas, como se usa dizer, se elas estão predispostas para que isto aconteça. Predispostas no sentido de não estarem atentos para a necessidade de uma postura de vida onde prevaleça a brandura, a caridade, a ausência de irritação, a necessária resignação para com muitas coisas que não são mesmo para serem resolvidas e sim serem aceitas etc.

De qualquer forma, sempre é muito questionável dizer que nos fizeram isto ou aquilo. Muitas vezes nossos problemas são apenas oportunidades que nos são dadas pelo Pai Maior para que possamos rever algumas coisas e aprender outras. Quando conseguimos descobrir o que cada vicissitude traz escondida em forma de aprendizado, talvez não precisemos mais passar por ela.

A umbanda não existe para resolver problemas amorosos ou financeiros ou de qualquer outro tipo, especificamente. A umbanda existe para ensinar as pessoas a amarem e a se conectarem com a espiritualidade superior, o que deverá trazer a paz e o entendimento das leis divinas a cada espírito, especialmente a lei maior de causa e efeito. Nada nos acontece sem uma causa anterior, traçada por nós mesmos. Umbanda é a Lei Divina.

Sugerimos que procurem um bom centro, onde possam continuar se aconselhando nesse sentido com as entidades manifestadas na casa; um lugar onde possam aprender mais e, quem sabe, trabalhar na caridade.

Pergunta 13: Tenho um amigo que acredita que seus relacionamentos amorosos e sua vida não progridem porque uma pessoa fez macumba. Pode me ajudar a ajudá-lo? Ele é uma pessoa difícil.

Resposta: Sugerimos que o você procure um centro sério em sua cidade onde seu amigo possa ser tratado, mesmo porque, somente uma entidade manifestada poderia afirmar tal coisa. Mesmo assim, por uma questão de caridade, os guias ou protetores, não costumam entrar no mérito desta questão, porque se alguém fez alguma coisa para seu amigo, é porque ele permitiu. Permitiu como? Permitiu através de seu temperamento, como relatamos na resposta anterior.

Se somos nervosos, irritados ou gostamos que todas as coisas sejam de nosso jeito e não toleramos muito as contrariedades da vida, estamos sempre vibrando numa frequência de ondas médias, que é onde nossos desafetos do passado, de outras vidas, também vibram. O ser humano quando está bem e equilibrado vibra em ondas curtas.

Como dá para se perceber, a maioria das coisas às quais atribuímos a trabalhos feitos ou macumbas, nada mais são que ações de nossos próprios desafetos ou obsessores, na medida que nos sintonizamos com eles em nossos desequilíbrios, mesmo que pequenos.

Resumindo, se seu amigo não melhorar como pessoa, nem mesmo um bom centro poderá fazer nada por ele; a melhora que vai obter será apenas passageira, pois no momento seguinte, na próxima irritação, atrairá para seu campo áurico a mesma ou outra entidade raivosa de seu passado. Isso significa que o que você pode fazer por ele é apenas aconselhá-lo, ensiná-lo como as coisas funcionam e não achar que pode fazer por ele o que é tarefa dele nesta vida. Afinal, não estamos aqui de férias. Precisamos melhorar a cada dia como pessoas e caminhar no sentido da luz.

Se a pessoa não quer se modificar para ser mais feliz e não sabe ou não aceita como se distanciar de seus desafetos do passado, entidades bondosas estariam interferindo no livre arbítrio da mesma, caso resolvam seus problemas por ela. Afinal estamos nesta nova vida para nos libertarmos dos antigos defeitos e interferir no carma caracteriza magia negra. Entidades de luz não fazem magias negras.

Pergunta 14: Quero saber se trabalhos e magias realmente pegam nas pessoas caso elas estejam descuidadas e predispostas para que isso aconteça. Me disseram num centro de umbanda que sim; que fizeram coisas contra mim, tipo afastar um namorado, dificuldades financeiras, entre outras. Falaram que abri brechas com a doença de meu pai. O guia falou que foram parentes que fizeram isso, mas não acredito. Só acredito em Deus e estou confiante, apesar de cansada. Estão me ajudando mas disseram que a luta não será fácil.

Resposta: Você faz muito bem em não culpar ninguém e nem a Deus pelos dissabores que tem passado na vida, pois somos os únicos responsáveis.

Nas dificuldades, geralmente pedidas por nós mesmos para nosso crescimento, estamos de fato recebendo oportunidades de aprendizado. Isso acontece porque antes da reencarnação selecionamos aquilo que precisamos aprender e nosso espírito vai, inconscientemente, buscando essas dificuldades quando não conseguimos aprender de outra maneira nossas lições.

E quais são essas outras maneiras? Simples: paciência, resignação, perdão etc. Mas, infelizmente, somos todos muito impacientes, além de nos queixarmos demais. Tudo nos incomoda, o que nos faz estarmos sempre vibrando negativamente.

Portanto, nada pega em nós gratuitamente. Se nos mantivermos em estado de prece estaremos vibrando em ondas curtas, inacessível aos nossos irmãozinhos menos esclarecidos, encarnados ou desencarnados.

Isso quer dizer também que não foi a preocupação com a saúde de seu pai que eventualmente abriu brechas. A única coisa que abre nossas defesas é nosso temperamento e nada mais, queiramos ou não admitir isso. Muitas vezes nem percebemos como estamos irritados frentes às vicissitudes da vida, as quais não compreendemos como oportunidades.

É preciso também muito cuidado ao afirmar que alguém nos fez um trabalho ou isto ou aquilo e que foi tal ou qual pessoa. Na maioria das vezes isso se torna apenas uma calúnia infundada, pois não há provas e até porque, para fazer um trabalho qualquer de magia é preciso, além de tudo o que já falamos acima, que haja um tremendo mago trabalhando para o outro lado. E afinal, nós não somos pessoas assim tão importantes que mobilizaríamos magos negros no astral. Eles sequer se importam conosco. Nem sabem que existimos e se soubessem não se importariam com nossas questões. Magia desse tipo é para coisas muito, mas muito grandes amigo.

São apenas nossos pequenos desafetos do passado que se aproveitam de nossos desequilíbrios. E eles não tem poder nenhum para por ou tirar pessoas de nossas vidas, pois são muito pequenos para isso. Você deve ter ouvido falar que ninguém vira santo quando morre; pois bem, da mesma maneira ninguém vira um gênio do mal só porque está desencarnado. As pessoas estão muito mal informados a esse respeito.

Além disso tudo, podemos lhe afirmar que nenhuma entidade séria vai dizer que lhe fizeram um trabalho ou pior, que foi cicrano ou beltrano, pois elas pregam o amor e o perdão; não incentivam desavenças. Mesmo que coisas assim acontecessem, se tivermos merecimento, todo socorro seria feito no astral sem nosso conhecimento. Ninguém iria lhe falar de luta nenhuma, de briga nenhuma. Umbanda antes de tudo é amor e não contendas ou disputas.

Provavelmente foi o médium, que é consciente, não se esqueça disso, e não a entidade quem falou essas coisas até meio sem sentido. Muitos médiuns, na vontade de ajudar, falam coisas sem pensar em nome das entidades, muitas vezes até sem perceber.

Nunca é demais lembrar que vamos ficar com tal ou qual pessoa, ou não, que vamos ter esta ou aquela benesse, ou não, só porque queremos. Por trás de nossos desejos existem notáveis implicações cármicas. Precisamos aprender a nos resignarmos. Nem tudo é para ser nosso apenas porque gostaríamos que fosse.

Agentes mágicos

Pergunta 15: Frequentei uma casa onde os exus apareciam de uma maneira bem normal e tranquila, diferente do que vi em outras casas, onde se apresentavam apenas na penumbra, bebendo e fumando e trabalhando para o mal. Não entendo essa confusão de cada casa funcionar de um jeito. Como, afinal de contas, os exus trabalham?

Resposta: Cada casa acredita e trabalha de uma maneira especial em função da forma como a umbanda se desenvolveu, isto é, através da tradição oral. Na verdade a confusão é das pessoas e não das entidades, que trabalham dentro dos rituais particulares de cada casa. Isso para não falar que cada casa atrai uma determinada faixa de entidades, de acordo com as intenções e conhecimentos de seus membros, especialmente os dirigentes.

Os exus são chamados agentes mágicos por serem os agentes transmutadores da magia; os de mais alta hierarquia são seres que nunca tiveram encarnações no planeta e estão inseridos no movimento da umbanda trabalhando sob as ordens de outras entidades, enfeixadas nas diversas linhas, especialmente caboclos e pretos velhos também de alta hierarquia. Estes trabalham sempre dentro da Lei.

Na umbanda bem compreendida e trabalhando como facilitadores da magia, atuam sempre de forma discreta e muitas vezes imperceptível para o consulente. O uso do charuto é apenas porque representa o elemento fogo, por onde a sua magia se processa. Umbanda é só amor e não trabalha nunca para o mal, assim como não precisa trabalhar da forma como você falou, isto é, na penumbra, bebendo etc. Entidades que se portam dessa forma são espíritos de homens desencarnados comuns que podem querer vir a trabalhar com exus, e de acordo com seu caráter, se prestar para serem usados de forma inadequada. Estes não são exus verdadeiros.

Como se pode perceber, são as pessoas, com suas crenças absurdas e infundadas, que acham que os agentes mágicos precisam beber, usar roupas extravagantes, diferentes do uniforme usual da casa ou até mesmo ser usados para fazer o mal. Não existe direita e esquerda para os verdadeiros trabalhadores da umbanda.

Pergunta 16: O que significa a palavra exu e de onde vem o nome Tranca Rua e também saber como devemos fazer as oferendas para eles?
Resposta: Inicialmente deve-se saber que Pomba Gira é apenas um dos Agentes Mágicos conhecidos. A origem dos nomes chega a ser estranha. O exu Tranca Rua, que trabalha na vibração de Ogum, é responsável pelos portais dimensionais do mundo astral, impedindo a passagem ou selecionando aqueles que podem transitar pelas comunicações vibracionais, como se fossem ruas, de um sub-plano a outro. Através dos tempos, todavia, esse conhecimento esotérico foi se perdendo, mas o nome ainda lembra sua função principal. O problema é que as pessoas pensam que eles trancam mesmo as nossas ruas, nossas esquinas etc.

Os exus, cuja origem da palavra vem do sânscrito e significa povo banido, tem uma rígida hierarquia. Nos Templos da Luz da Atlântida, na primitiva Aumpram, eram identificados pelos magos brancos como os agentes da magia.

Sobre oferendas podemos informar que são cerimônias ligadas à cultos africanistas, como o candomblé, por exemplo, e nada tem a ver com a umbanda. Não se faz nenhum tipo de oferenda na umbanda. Essa crença é humana.

Pergunta 17: No centro que frequento fui escolhida pela Pomba Gira das 7 Encruzilhadas para ser o seu cavalo. Tenho receio quanto à incorporação dessa entidade pois sou nova na umbanda e ouvi falar que ela é desdenhosa e gosta de usar palavrões, usar roupas extravagantes, além de pedir bebidas alcoólicas, que são características totalmente diferentes das minhas.

Resposta: Os verdadeiros agentes mágicos são seres que trabalham na caridade e dentro da lei; não bebem, não falam palavrões e tem atitudes respeitosas. Podem até ser irônicos vez por outra, mas sempre visando trazer entendimento aos médiuns.

Em seu relato Pomba Gira e 7 Encruzilhadas seriam uma mesma entidade, mas Pomba Gira é o nome de um exu em particular e 7 Encruzilhadas é nome de outro, de forma que não é possível um único exu ter os dois nomes. Pomba Gira é um agente mágico que trabalha sob as ordens de entidades da linha de Yemanjá e 7 Encruzilhadas trabalha sob as ordens de entidades da linha de Oxalá. Há, portanto, um engano na sua observação.

Além disso médiuns iniciantes não devem, ou não deveriam, dar passividade à exus, pois estes demandam energias às vezes difíceis de serem controladas. Para receber exus o médium precisa ser relativamente experiente. Geralmente os médiuns começam recebendo ou pretos velhos ou caboclos da linha de Oxossi. Estranhamos muito que isso lhe tenha sido solicitado.

Finalmente, se alguma coisa na casa que você frequenta lhe causa qualquer constrangimento, algo pode estar errado e talvez você devesse procurar uma casa que trabalhe dentro de um ritual mais adequado ao seu temperamento e costumes. É preciso salientar que, geralmente, todas as casas de umbanda fazem caridade, desde que nada cobrem pela caridade prestada; o que as diferencia é o ritual praticado, que varia muito de casa para casa, pois a umbanda se desenvolveu dessa forma e por isso é interessante o médium achar uma onde se sinta realmente em casa.

Pergunta 18: *Como devo decorar o terreiro para uma festa de exus, em especial o senhor João Caveira?*
Resposta: Não é habito na umbanda fazer festas para os agentes mágicos. Costuma-se homenagear as datas relacionadas apenas aos orixás e ainda assim apenas por vontade dos homens e não da espiritualidade. O mesmo se dá com outras festas mais conhecidas, como Cosme e Damião.

No caso dos exus, apesar do enorme agradecimento pelo trabalho desses seres que tanto auxiliam o trabalho da caridade na umbanda, eles não pedem para si nenhum tipo de festividade. Ainda mais no caso de exus que se apresentam na forma astral de artificiais, como é o caso de João Caveira, que trabalha sob as ordens do senhor Caveira, exu guardião trabalhando sob as ordens das entidades enfeixadas na linha de Obaluayê, o orixá oculto, que está voltando para atuar na umbanda com sua contra parte feminina, Yemanja.

Resumindo, não realizamos essas atividades na FGC.

Pergunta 19: *Sabemos que os exus ou agentes mágicos possuem uma hierarquia onde existem seres com alta envergadura moral, como Kalami. Eles também podem ser classificados com Logos ou se assemelham a estes?*
Resposta: Não. Não é possível comparar agentes mágicos, seres cuja origem verdadeira é completamente desconhecida, com orixás. São seres e não orixás. Mas compreendemos que existe mesmo muita confusão a respeito.

Agentes mágicos, os também chamados exus, são os veículos usados por entidades de luz, como Kalami, por exemplo, para seu trabalho de caridade junto aos homens. Kalami não é um agente mágico em si mesmo; ele usava o Exu das 7 encruzilhadas como veículo de manifestação. Sua história está também contada em *Baratzil - nossa herança atlante e extraterrestre*, obra de Roger Feraudy, tendo em vista ser ele irmão gêmeo de Thamataê, que se apresentava com o corpo de ilusão de Caboclo das 7 Encruzilhadas, o fundador da umbanda no Brasil.

Agentes mágicos são, portanto, trabalhadores, seres maravilhosos, de origem não humana e não orixás. É quase como comparar o criador com a criatura. Hoje em dia, infelizmente, o termo exu é usado quase que indiscriminadamente sem qualquer critério. Muitas entidades se apresentam como exus, fantasiadas disto ou daquilo, o que nada tem a ver com os verdadeiros agentes mágicos, por serem condutores da magia, identificados na antiga Aumpram dos Templos Iniciáticos da Atlântida como formas geométricas ou energias.

Pergunta 20: O Exu das 7 Encruzilhadas é a mesma entidade chamada Rei das 7 Encruzilhadas?
Resposta: Em primeiro lugar é preciso sempre reforçar que exus não são exatamente entidades. Sugerimos que você dê uma olhada no capítulo sobre agentes mágicos para saber mais sobre o assunto.

Sobre sua dúvida podemos dizer que na umbanda popular é comum esse agente mágico ser chamado de Rei das 7 Encruzilhadas. A ideia é que seria o mesmo. Todavia não se esqueça que esse agente mágico só se manifesta através de médiuns notavelmente desenvolvidos e com grande conhecimento. Dessa forma ele não se manifesta na umbanda popular de fato. Outros espíritos, de homens comuns, que após sua morte decidem trabalhar junto aos exus costumam chamar a si mesmos de 7 encruzilhadas. Outras vezes é o próprio médium que pensa se tratar dele.

Para você ter uma ideia, apenas o próprio Roger Feraudy, durante seus 50 anos de umbanda, recebia esse agente mágico e, mesmo assim, precisou de muitos anos de preparo antes que isso pudesse acontecer.

Entidades que vieram trabalhar na umbanda
Pergunta 21: Existem evidências científicas da existência da Atlântida? Já li alguns dos livros de Roger Feraudy. Eles tem base científica? Onde posso encontrar mais informações confiáveis sobre esse assunto.
Resposta: Os arqueólogos já encontraram centenas de evidências da existência da Atlântida.[1] Basta procurar essas informações na internet ou numa boa biblioteca universitária, pois seria longa esta explanação aqui.

No caso das informações passadas pela FGC elas foram
___
1 Ver *O Enigma da Atlântida* do Cel. Alexandre Braghine, **EDITORA DO CONHECIMENTO**.

captadas através de pesquisa psíquica, raro tipo de mediunidade de Roger Feraudy, além da manifestação de entidades fundadoras da umbanda neste seu renascimento no Brasil como, por exemplo, o Caboclo das 7 Encruzilhadas, ou na verdade, Thamataê, notável entidade venusiana cuja história está contada em vários livros, como *Baratzil - nossa herança atlante e extraterrestre*, pela **EDITORA DO CONHECIMENTO**, que conta a verdadeira origem da umbanda ancestral. Roger Feraudy foi durante muitos anos seu médium.

Sugerimos ainda a leitura de *Erg, o Décimo Planeta - a pré história espiritual da humanidade*, do mesmo autor, **EDITORA DO CONHECIMENTO**, que conta a história ainda mais remota dessas entidades. Na seção "Literatura" do site da FGC podem ser encontradas sinopses desses e outros livros. Roger Feraudy foi o médium que por décadas recebeu o Caboclo das 7 Encruzilhas, depois do desencarne dos dois primeiros médiuns a recebê-lo: Zélio e dr. Sílvio.

Pergunta 22: Há 2 anos frequento um ótimo centro de umbanda. Sempre que surge oportunidade questiono com os guias por que não tenho sorte na vida amorosa. E é sempre a mesma resposta: é a sua cigana que te atrapalha; ela tem ciúmes de você. Pediram-me para desenvolver por que sou médium. Estou indo e já incorporei uma vez minha cigana, mas ela gritou muito e assustou todo mundo. O que eu faço para agradar uma cigana e deixá-la sempre a meu favor? Será que vocês podem me ajudar?

Resposta: Isso sobre precisar ter uma cigana sempre a seu favor simplesmente não tem qualquer sentido, na medida em que na verdadeira umbanda, nem mesmo existem ciganas. Ciganos, assim como boiadeiros, marinheiros ou cangaceiros, não são entidades enfeixadas no movimento da síntese da umbanda; são apenas pessoas comuns que após o desencarne resolvem trabalhar num centro de umbanda.

Parece que os trabalhadores do seu centro estão fazendo alguma confusão ou talvez eles realmente acreditem nisso, em função da tradição oral da umbanda, o que pode estar atrapalhando sua avaliação.

Não existe também a possibilidade de alguma entidade estar à disposição de um médium o tempo todo, gostar ou não dele e muito menos resolver os problemas por ele, sejam amorosos, financeiros ou de outro tipo. Entidades não têm absolutamente nada a ver com sorte ou azar, com caminhos abertos ou fechados e outras bobagens que dizem a respeito. Entidades se manifestam apenas para trabalhar na caridade e não para servir o médium ou o consulente.

Desta forma não espere nunca que uma entidade vá arrumar um companheiro para você cara amiga. Mas também não vão atrapalhar. Não se engane transferindo a responsabilidade. Devemos sempre considerar que existem coisas que chamamos de carma e também que outras vezes atuamos de forma inconsciente para que as coisas não deem certo para nós. Recebemos ainda muita intuição negativa quando nos irritamos com as pessoas ou com a vida e aí costumamos tomar decisões erradas.

Quem sabe se você reavaliar melhor a sua parte nesses desencontros, encontre uma resposta mais coerente. Nossos caminhos se abrem na medida em que vamos aprendendo as lições que viemos para aprender nesta vida, pois não estamos aqui de férias, não é mesmo? É sempre preciso pensar também que o criador escreve certo por linhas tortas; muitas vezes pensamos que estamos perdendo algo, mas na verdade estamos nos livrando de um problema mais a frente.

Pergunta 23: Gostaria de saber se vocês se já ouviram falar da Cabocla Ventania de Iansã? Se souberem algo me ajudem, pois estou pesquisando sobre ela, sem nada encontrar.

Resposta: Infelizmente também nunca ouvimos falar dessa entidade. Mas as razões disso podem ser bem simples:

1. Pelo nome que ela se apresenta pode se tratar de uma entidade de baixa hierarquia e por isso ser desconhecida, o que não desmerece seu trabalho; existem milhares de entidades que se apresentam com nomes que não tem a ver com o a síntese da umbanda.

2. O médium pelo qual a entidade se manifesta pode ter decodificado errado o nome da entidade; lembre-se que os médiuns não são inconscientes nos dias de hoje e podem falar o que quiser.

De qualquer forma nomes não são significativos. O importante é a caridade que possamos fazer, até porque uma mesma entidade, dependendo do seu grau, pode se manifestar com nomes diversos em centros diferentes. O próprio Caboclo das 7 Encruzilhadas se apresentava com outro nome na mesa branca e ainda com outros nomes dependendo da ocasião e necessidade.

Pergunta 24: *Ouvi falar que quando determinado espírito faz parte do 5º raio, pode tanto se apresentar na umbanda como um preto velho ou como um caboclo e poderia também trabalhar cruzado entre essas duas linhas. Gostaria de saber onde encontrar mais informações sobre os 7 raios. Quero também saber sobre o cruzamento de energias entre um Guardião, que é um guia da esquerda, com um preto velho, que é um guia de frente.*

Resposta: Notamos uma pequena confusão em seu texto, pois os raios da Fraternidade Branca não tem nada a ver, especificamente, com o fato de uma entidade se apresentar, por exemplo, como um caboclo. As manifestações formas da umbanda, que são caboclo, pretos velhos e crianças, não estão relacionadas com eles.

Todavia sabe-se que no 7º raio, o da magia, é de onde Saint Germain coordena o cerimonial da umbanda esotérica, através de mediadores. Entidades de todas as manifestações forma trabalham com esses mediadores.

Sobre o fato de uma mesma entidade poder se apresentar em manifestações formas diferentes o que se sabe é que apenas as que trabalham no grau de guia e daí para cima, podem formar diferentes corpos de ilusão.

Eles não trabalham cruzados com outras entidades como você sugere, mas são as linhas de trabalho de uma única entidade que se cruzam conforme as necessidades de momento. Por exemplo, uma entidade pode ser da linha de Oxossi e ser cruzada com a linha de Xangô.

Também é preciso saber que não existem guias de esquerda. Aliás, na verdadeira umbanda não existe essa coisa de esquerda. Umbanda é amor e, portanto, só se trabalha para a caridade e com amor. O que existe é muita confusão com os rituais e terminologia do candomblé, que é um rito africanista. Nada temos contra o candomblé, mas é preciso diferenciá-lo da umbanda. Além disso os verdadeiros guardiões são agentes mágicos ou exus de alta estirpe, não incorporantes, que não trabalham cruzados com nenhuma linha de umbanda. Muito menos são guias de esquerda. Trabalham auxiliando entidades de grande luz, de todas as linhas, em trabalhos específicos.

Gostaríamos de sugerir que você desse uma lida em todo o curso para tomar mais contato e se familiarizar com as propostas reais da umbanda ancestral. Para saber mais sobre os 7 raios, além de ver as explicações no capítulo sobre a hierarquia da umbanda, será preciso que você leia algum livro sobre teosofia, de onde o assunto é originado.

Pergunta 25: *Gostaria de receber informações sobre o caboclo 7 Flechas: suas características, histórias, lendas, contos, pontos cantados e riscados, demandas e tudo o mais que pudessem conseguir. Estou recebendo essa entidade a qual muito admiro.*

Resposta: O interessante é que não existe um único caboclo chamado 7 Flechas. São vários, para não dizer muitos que se apresentam com esse nome e, desta forma, não é possível atender sua solicitação. E cada entidade tem seu próprio ponto cantado e, às vezes, o riscado, que só mesmo ele pode apresentar. Caso ele não apresente o ponto cantado você pode intuir ou conversar com o ogã de sua casa para ver as possibilidades. Sobre o riscado você poderia estudar sobre o assunto para facilitar que seja gafado numa necessidade.

Com a maioria das entidades com nomes muito conhecidos se dá o mesmo. Sugerimos a leitura do capítulo sobre a hierarquia entre as entidades para melhor compreensão deste posicionamento.

O caboclo 7 Flechas original que se manifesta apenas em um médium de grande conhecimento da umbanda ancestral, sendo uma entidade de grande evolução espiritual, trabalhando no grau de guia na vibração de Oxossi.

De qualquer maneira as únicas entidades conhecidas envolvidas em histórias e lendas são os orixás menores ou chefes de legião, como Tabajara ou Ay-Mhoré, além de outros guias, como Anhanguera ou Tupayba. Você pode obter informações na seção "Literatura" do site da Aumpram sobre livros que contam suas histórias, todas intimamente ligadas às origens ancestrais da umbanda.

Pergunta 26: Trabalho com uma entidade que se identifica como Caboclo 7 Estrelas. Algumas pessoas que consultei o denominam como um caboclo de trabalho de Xangô e outras como um caboclo de trabalho de Oxalá. Não encontrei o nome dele no capítulo disponível para os guias, assim sendo gostaria de saber mais sobre ele. E a mesma coisa sobre outros dois guias com que trabalho na mesma situação, Ogum 7 Ondas e Exu Maré.

Resposta: Você não encontrou o nome dos caboclos que trabalham com você porque no site disponibilizamos apenas as entidades em grau de guia, o que significa que essas entidades são.

Sobre o agente trata-se mais ou menos da mesma coisa, isto é, não é um exu de alta hierarquia, pois apenas sabemos os nomes do exus guardiões e dos chefes de legião. No entanto, o que interessa é a caridade prestada e não o nome da entidade ou ser. Há quem arranje nomes pomposos para suas entidades de forma enganosa, o que não leva a nada.

Linhas, falanges e agrupamentos

Pergunta 27: Durante os trabalhos de crianças, como nas festas de Cosme e Damião, é preciso levar doces e brinquedos para agradá-los?

Resposta: As entidades que se apresentam na manifestação forma de Crianças são da linha de Yori, isto é, todas da mais alta estirpe, visto ser a maioria nirmanacayas. Isto significa que jamais se prestariam para ter um comportamento infantil, como brincar, pular, comer doces, entre outras coisas. Quando eles se manifestam, o que aliás se dá raramente, pois as entidades dessa linha não dão consultas, são para proferir palestras ou transmitir grandes ensinamentos. Infelizmente esse entendimento se perdeu para a maioria das pessoas.

Desta forma as entidades, na maioria das casas, que supostamente se apresentam nessa linha, muito em função desse falso entendimento dos médiuns, pois que as mediunidades são conscientes, não são crianças verdadeiras no sentido de estar enfeixadas na linha de Yori. Se fazem passar por elas, muitas vezes inocentemente.

Os médiuns confundem criança no sentido da manifestação forma da umbanda com criança no sentido cronológico. O próprio e decantado sincretismo com os santos católicos não existe na verdadeira umbanda e desta forma os nirmanacayas nada têm a ver com Cosme e Damião, por exemplo, e jamais se apresentam nessas festas de fato.

Mas nunca podemos perder de vista que embora a maioria das pessoas não saiba dessas coisas, nada invalida o trabalho da verdadeira caridade que se faz na maioria dos centros e não temos o direito de querer confrontar sua fé e sua boa vontade.

Pontos riscados e cantados

Pergunta 28: O que significa o tridente num ponto riscado de Preto Velho?

Resposta: Sugerimos o estudo sobre pontos riscados nas aulas específicas, e se fizer isso vai verificar que a figura de tridente simplesmente não existe na umbanda, assim como estrelas, barquinhos, armas indígenas, penas, animais, entre outros. Os sinais grafados num ponto tem características próprias e número certo, entre outras características, para cada linha e se o médium não conhecê-los, não tem como a entidade fazer isso sozinha, pois o médium hoje em dia é completamente consciente.

O sinal grafado por entidades da linha de Yorimá, que se apresentam na manifestação forma de pretos velhos, que parece ser um tridente não tem a intenção de representá-lo. São sinais magísticos e imutáveis.

Pergunta 29: Iniciei na Umbanda faz um ano e na gira de desenvolvimento as entidades que se manifestam por mim não riscam ponto como as dos outros médiuns. Estou confusa, sem saber como devo agir, pois em oração já pedi para a elas para me mostrarem se vai ser assim mesmo ou não. O chefe da casa cobra os pontos das entidades. O que devo fazer?

Resposta: Se você estudar detalhadamente a aula sobre pontos riscados e comparar com os pontos riscados na sua casa de umbanda verá que a maioria dos pontos estão sendo riscados de forma mais ou menos aleatória. Verifique, por exemplo, se os pontos aí riscados têm os sinais magísticos necessários; provavelmente não. Isso pode significar algumas coisas bem simples e corriqueiras:

1. Como muitos médiuns não conseguem sintonizar com o pensamento do guia ou do protetor de forma adequada terminam por riscar aquilo que decodificaram, isto é, o que eles acham que o guia quer. Isso acontece também porque o médium também não conhece os sinais magísticos e daí a necessidade do estudo. Se você conhece um determinado assunto, fica mais fácil você compreender o que o outro quer dizer.

2. As próprias entidades sendo, eventualmente, de hierarquia não muito elevada, também não conhecem os sinais magísticos.

Lembrando então do que você disse sobre seus guias não riscarem pontos, isso não tem qualquer significado maior, pois é melhor não riscar do que riscar errado. Em ambos os casos, a espiritualidade se encarrega de riscar no astral o ponto corretamente.

Como você pode deduzir, o mais importante é você não querer fazer o que outros fazem, até porque pode estar querendo copiar um comportamento equivocado; na umbanda, riscar ponto não é coisa do dia a dia; o ponto só é riscado em casos especialíssimos, quando alguma magia precisa ser feita e aí o trabalho de toda gira para, até que esse breve trabalho esteja terminado. Não tem qualquer significado o guia, ou o médium, chegar para o trabalho e já ir riscando seu ponto no chão. Trata-se apenas de uma forma de fixação de fé do médium, geralmente.

Desta forma não se preocupe com isso. Vá estudando os pontos. Depois simplesmente intua e analise qual é o ponto da entidade de Oxossi que atende com você.

Pergunta 30: Poderia me informar o significado dos pontos riscados dos exus. Tenho muita dúvida quanto ao tridente e sobre seu significado? Porque todos aqueles tridentes em cada ponto?

Resposta: Os sinais nos pontos riscados dos agentes mágicos que parecem tridentes são de fato sinais magísticos, ancestrais, da mesma forma que uma flecha ou outro sinal que você tenha visto na aula sobre pontos riscados. Da mesma forma que o tradicional cumprimento da umbanda, o bater de ombros, também chamado saravá, era o sinal que identificava o pupilo a seu mestre nos antigos Templos Iniciáticos. Um sinal da cruz que tinha outro significado naquela época, também confundido hoje com um ritual de outra religião. Tudo é simbólico na magia.

No caso dos pontos dos exus, pela semelhança com um tridente, popularmente foi confundido com o mesmo, pelo fato dos exus também serem, por sua vez, confundidos com entidades malévolas e tridentes serem tidos como coisas do diabo ou demoníacas. De qualquer forma os exus usam mais os escudos que os pontos riscados.

Casas de umbanda

Pergunta 31: Será que existe um centro de umbanda que aplique na íntegra o que vocês estão divulgando nesse site? Não consigo encontrar um centro de umbanda que atenda meus anseios e por isso prefiro ficar só estudando e aproveitando para mim mesmo os ensinamentos.

Resposta: Não são mesmo muitas as casas que praticam realmente a umbanda ancestral com todo seu conteúdo, mas isso não prejudica ou invalida a caridade que cada centro possa fazer dentro de sua cultura em particular. A falta do entendimento desse lado esotérico, que significa literalmente conhecer o sentido oculto das coisas, pode apenas tornar o trabalho menos eficiente do que poderia ser.

Todavia, pensamos que é melhor frequentar um centro, mesmo que ele não atenda totalmente nossas expectativas e continuar no trabalho de caridade, que não frequentar nenhum, pois aí mesmo é que não estaremos cumprindo nossa obrigação, digamos assim.

Não pensamos que ficar apenas fazendo meditação e estudando seja a melhor solução. É preciso por a mão na massa pois é esta a única razão da mediunidade: prestar caridade para os outros. Mediunidade é um lembrete cármico do que faltou fazer em vidas anteriores. Quem sabe com paciência você não vai, aos pouquinhos, levando um pouco mais de informação para dentro do centro que você sempre frequentou.

Quando o Caboclo das 7 Encruzilhadas passou a mensagem da umbanda via oral ele já sabia que isso iria acontecer, isto é, que os homens se encarregariam de fazer cada um do seu jeito. Mas era para ser assim mesmo, pois isto possibilitaria que um maior número de pessoas, independente de sua herança cultural e capacidade intelectual, num menor espaço de tempo possível, compreendesse o pensamento principal da umbanda, que é o amor desinteressado, e se tornasse um adepto dela.

Não tenha pressa, confie, mas trabalhe! Não desista, mas também não seja radical.

Pergunta 32: Tenho conhecimentos esotéricos no campo da consultoria astrológica e tarô. Todo o conhecimento que, no passado, utilizei para fortalecer o meu campo financeiro, pretendo no momento atual, colocar em movimento para a tarefa do bem. Hoje, tenho como mentor espiritual, um professor que conhece bem o trabalho de Ramatís. Posso iniciar uma casa de socorro umbandista, apenas com a orientação espiritual desta entidade ou é preciso receber os 4 guias: criança, preto velho, caboclo e exu? Já não tenho idade para frequentar uma casa espiritual. Estou confuso.

Resposta: Parece que realmente está havendo uma pequena confusão. Vamos aos fatos:

1. Esta entidade a qual você se refere não pertence ao movimento da síntese da umbanda e desta forma jamais poderia chefiar uma casa umbandista. A umbanda é uma atividade organizada e com ritualística própria, que não pode ser misturada com outras práticas. Como você se refere aos grupos da síntese da umbanda, como caboclos, pretos velhos e crianças, talvez fosse bom você saber que nenhuma entidade enfeixada nessas manifestações formas não vão se apresentar em locais onde não haja um ritual de umbanda, exclusivamente.

2. Você também jamais poderia abrir uma casa umbandista sozinho. Jamais. Isto simplesmente não existe. Até porque, sem querer ofende-lo, mas protegê-lo, suas colocações sobre umban-

da são por demais básicas, o quedenota não estar você preparado para tão árdua missão, isto é, abrir um centro umbandista. Infelizmente apenas o desejo de ajudar e o amor, quando se fala em umbanda, não são suficientes. É preciso muito conhecimento para se trabalhar nessa seara.

3. Consultoria astrológica e tarô não são objetos de trabalho na caridade da umbanda especificamente.

4. Exus ou agentes mágicos não são guias. Não são nem mesmo entidades, em sua maioria. Da mesma forma nem todos caboclos ou pretos velhos são guias, se usarmos corretamente os termos da umbanda.

Poderíamos falar muito mais, mas pensamos que o ideal seria sim você frequentar uma casa umbandista organizada e que já exista. Não existe idade para isso. Existe sim é a necessidade da paciência para podermos ser aceitos e para trabalharmos de acordo com os preceitos da casa e não os nossos.

Se assim não for, talvez você possa apenas prestar a assistência que deseja na sua casa, mas sem confundir isso com umbanda e sem esperar que entidades da umbanda se manifestem. O problema, todavia, do médium que trabalha sozinho ou quase sozinho, é que facilmente ele pode ser enganado, com uma entidade se fazendo passar por outra. É um assunto muito delicado e gostaríamos de sugerir que você pensasse melhor a respeito.

Pergunta 33: Estou desenvolvendo numa casa de umbanda esotérica que muito me agrada. Entretanto devido ao meu tempo disponível decidi frequentar também um centro espírita apenas para assistir as palestras.

Num mesmo dia que fui nesse centro, dia de São Jorge, fui atacada espiritualmente de forma brutal. Fiquei muito chocada pois tenho um amor muito grande por São Jorge. Na mesma noite senti um enorme peso caindo sobre mim na cama e me assustei muito. Sei que foi um ataque. E não compreendo, pois estava tão feliz naquele dia. e tinha ouvido uma palestra maravilhosa.

Estou tão insegura agora quando trabalho na casa de umbanda, que aliás, adoro. Será que errei indo ao centro espírita?

Resposta: Em primeiro lugar assistir palestras educativas em lugares sérios não fazem mal a ninguém, desde que você tenha suas convicções espirituais bem decididas, é claro. A menos que você esteja em busca de um novo caminho, o ideal são palestras que evangelizam e não as doutrinárias. Podem ser espíritas, católicas, não importa, pois Deus é um só.

Você não foi atacada, como disse, porque ouviu uma palestra kardecista. Isto seria um absurdo. De qualquer maneira não somos atacados e sim somos nós que sintonizamos com esta ou aquela entidade ou grupo. Isso quer dizer que não basta estarmos bem num determinado dia, felizes e nos achando puros e angelicais, para impedir esse contato. Isto acontece porque esse contato se dá em função de nosso temperamento.

Gostamos de repetir que a irritação é a base de tudo, mesmo que achemos ter razão para tal. O problema é que a irritação, grande ou pequena, não importa, pode ter acontecido muito antes daquele dia. Quando entramos na faixa vibratória de uma entidade negativa podemos levar semanas para sair. E aí os desafetos de nosso passados, que são oportunistas, esperam calmamenteo melhormomento para se manifestarem. Isto quer dizer que não tem nada a ver com assistir uma palestra. Como você estava fazendo algo diferente, foi fácil colocar a dúvida na sua cabeça.

Apesar de ser dia de S. Jorge, não tem como entidades amigas impedir que nossos desafetos nos achem, porque fomos nós que os achamos. E além do mais, S. Jorge não tem nada a ver com a umbanda, de fato. São apenas informações desencontradas vindas de séculos atrás.

Apesar também de você ter participado de trabalhos maravilhosos, isso também não impede a ação dessas entidades. Quer dizer, a única coisa que impede é nossa reforma intima verdadeira e honesta, quando olhamos para nós mesmos e verificamos nossos pequenos defeitos, especialmente aqueles que se traduzem por irritação. Os sintomas que você sentiu nesse dia foram apenas os da manipulação de seu próprio ectoplasma.

Costumamos brincar com as pessoas e dizer que precisamos nos tornarbrandos e pacientes como aMadre Maria Tereza de Calcutá, ou pelo menos primos dela. Gostaríamos de sugerir que você lesse os capítulos sobre trabalhos de cura e mediunidade onde poderá encontrar muitas outras informações a respeito desses assuntos.

Diferenças com outras religiões

Pergunta 34: *Gostaria de saber as diferenças entre umbanda, candomblé e espiritismo?*

Resposta: Na umbanda manifestam-se entidades naturais e, apenas eventualmente, algumas artificiais, no auxílio ocasional aos Agentes Mágicos. A umbanda é um culto milenar cujas origens se perdem nos Templos Iniciáticos da Atlântida, cuja história está contada em detalhes em capítulo próprio desta obra. A palavra umbanda literalmente significa a lei divina.

No candomblé apenas existe a manifestação de entidades artificiais. O candomblé é um culto de origem africanista, trazido ao Brasil pelos escravos há alguns séculos atrás. A confusão sobre a existência de tópicos semelhantes, como os orixás, por exemplo, se deve às grandes migrações atlantes que levaram a informação para a África em épocas ancestrais, que se misturou com os cultos tribais locais.

No espiritismo também se manifestam apenas entidades naturais. Teve suas origens no século XIX, na França, com o pedagogo Allan Kardec, codinome usado por Leon H. Denizard, que escreveu as obras da codificação espírita. O que favoreceu seu florescimento foi justamente haver uma codificação na tradição kardecista. A intenção da espiritualidade maior era, a princípio, levar para o homem branco europeu outra perspectiva, outro modelo de entendimento sobre vida e a morte. As entidades, geralmente, não dão consultas públicas.

Muito se poderia falar sobre o assunto e poderemos dar continuidade dependendo do interesse. O que importa saber é que em todo tipo de culto espiritualista, a caridade deve ser a tônica principal.

Pergunta 35: *Qual a diferença entre os espíritos que se apresentam no kardecismo e na da umbanda? Os da Umbanda são inferiores ou são iguais?*

Resposta: As entidades se manifestam em cada casa espiritual na forma que a mesma permite, independente da orientação específica do culto. São muito conhecidos os casos de caboclos manifestados habitualmente na umbanda que se apresentam como doutores nas mesas de intercâmbio kardecistas, pois esta é a forma na qual são aceitos em determinados centros, sendo que a recíproca também é verdadeira.

O que se sabe é que as entidades se apresentam, aqui ou ali, em corpos de ilusão adequados a cada momento e a cada lugar. Portanto, o que difere no tipo de entidade manifestada não é o kardecismo ou a umbanda e, sim, o nível vibratório no qual a casa espiritual se situa, suas intenções e o nível de desenvolvimento espiritual e moral de seus médiuns.

Não existem divisões religiosas na espiritualidade. Elas acontecem apenas no plano humano, porque nós ainda temos fortes sistemas de crenças que nos distanciam.

Pergunta 36: *Qual a diferença entre umbanda e quimbanda? O que é magia negra?*

Resposta: Umbanda é a luz divina e, portanto, trata-se de um movimento onde se trabalha por amor e em função dele; trabalha-se unicamente por caridade, visando o bem estar dos homens, dentro do merecimento de cada um. Na verdadeira umbanda, portanto, só se faz o bem.

A quimbanda trabalha ativamente com magia negra e não é possível uma casa trabalhar na caridade a partir dessa premissa, como se afirma em alguns lugares. Entenda-se por magia negra, em palavras simples, todo e qualquer trabalho que interfira no carma das pessoas, mesmo que aparentemente seja uma coisa boa. Segundo Roger Feraudy todo o movimento provocado pela vontade do pensamento produz energia, que pode ser positiva ou negativa, isto é, magia branca ou magia negra.

Pode causar estranheza dizer que algo aparentemente inocente ou bom possa ser magia negra, mas se o médium fizer algum trabalho, por exemplo, para atender o pedido de uma moça casadoura interessada no namorado de outra e isso se concretizar, estará fazendo magia negra, isto é, interferindo no carma das pessoas e no universo de forma arrogante e negativa.

Não temos o direito de julgar o que é melhor para outras

pessoas ou situações e, a partir de meias verdades, tomar decisões pelos outros. Neste caso o médium estará arrumando um carma para si mesmo.

A umbanda, inclusive, combate a magia negra, até mesmo nos trabalhos tipo apometria, onde magos negros podem ser aprisionados, desparamentados e ter suas bases destruídas.

Pergunta 37: Nos centros kardecistas é comum que sejam feitos trabalhos para orientação de obsessores de duas formas: a) palestras com os encarnados para atingir os desencarnados; b) sessões de incorporação dos obsessores para doutrinação. Pergunto então se na umbanda existem também trabalhos onde encarnados são usados para desobsessão?

Resposta: Não deveriam existir, embora algumas casas os façam. Na umbanda parte-se do princípio que parece haver uma certa ingenuidade de alguns dirigentes ao achar que uma entidade milenar, como somos todos, pode ser doutrinada em cinco minutos num trabalho de mesa branca ou em qualquer outra circunstância.

Caso uma entidade necessitada incorpore um médium ou um consulente fora de hora e contexto ou ainda de forma inadequada, é apenas convidada a se retirar. Nesse movimento não existe uma doutrinação, mas apenas uma rápida explicação do momento inoportuno, geralmente feita pelo guia do médium chefe da casa, caso este esteja também incorporado. E ainda assim isso apenas se dá caso seja possível, isto é, se a entidade em questão tiver condições de ouvir. Caso não tenha é apenas retirada e, em ambos os casos, será doutrinada na espiritualidade, se isso também for possível.

Não se esqueça que existe o livre arbítrio e necessidade de merecimento de ambas as partes, isto é, tanto da entidade quanto do consulente.

Pergunta 38: Nos centros espíritas existe um procedimento que tem por finalidade realizar preces para os desencarnados, no intuito de que eles se beneficiem das irradiações benéficas oriundas da prece. O mesmo acontece na umbanda?
Resposta: Depende da casa umbandista. Vibração de amor

faz-se em qualquer lugar e em qualquer hora. Não existe uma regra para isso.

O entendimento é que precisamos ser um pouco mais modestos, ou quem sabe objetivos, e saber que não vamos atingir os necessitados espirituais apenas porque estamos vibrando por eles. Nós podemos disponibilizar amor ou o que for necessário e dependendo de cada consciência, ela se tornará ou não receptiva. Na verdade é mais fácil fazer isso a favor de encarnados.

Sugerimos que você leia o capítulo sobre a oração do dia de hoje, onde explanações mais longas são feitas sobre o assunto. Nosso babalaô Roger Feraudy costumava dizer que deveríamos se umbandistas 24 horas por dia e 7 dias por semana, isto é, o tempo todo, pois na medida que umbanda é amor, estaríamos em condições de disponibilizar também em tempo integral. Mas o fato é que costumamos nos lembrar de nossas obrigações e do que a umbanda representa apenas naquelas poucas horas que estamos no centro.

Pergunta 39: Tenho passado por muitos centros de umbanda buscando meu desenvolvimento e percebo que em muitos deles estão misturando a umbanda com o candomblé e eu não acho correto. Como explicar tal fato?
Resposta: Esta é uma pergunta muito comum a qual temos que responder muito frequentemente. Você tem razão em sua observação sobre a confusão que se faz entre umbanda e candomblé, além de outros tipos de culto ou rituais, e como já falamos tantas vezes, tal fato se deve simplesmente em função das informações terem sido passadas de pessoa a pessoa, em todos os casos.

No caso particular da umbanda, talvez ela tenha sido a maior prejudicada, digamos assim, pois em função dessa tradição oral, seus verdadeiros rituais, além do entendimento de suas verdadeiras origens, muito foi se perdendo com o tempo. Isto propiciou que cada grupo umbandista hoje em dia trabalhe e compreenda as coisas de sua maneira particular.

Embora o mais importante seja a caridade, este é o conhecimento da Aumpram que a Fraternidade do Grande Coração tenta resgatar agora.

Pergunta 40: *Trabalho numa casa espírita em minha cidade. Faço parte da reunião mediúnica, porém, durante a mesma eu sinto a presença de vários espíritos diferentes, como índios ou guerreiros. Como vocês sabem isso não é permitido e me pedem para educar as entidades, pois seriam de umbanda. Mas, em que? Sequer falaram qualquer coisa. Por varias vezes tive a tentação de dobrar os joelhos e tocar com a mão no chão. Não está nada fácil lidar com isso, pois sinto que não sou umbandista. O espiritismo me tolhe e com a umbanda não tenho afinidade. Não sei onde me encaixo! Que caminho devo tomar?*

Resposta: Existe mesmo muita desinformação amigo. Os religiosos parecem mesmo saber pouco uns sobre os outros.

Em primeiro lugar é preciso que você saiba que entidades que costumam trabalhar na umbanda também não dobram os joelhos e tampouco tocam o chão com as mãos. Quem faz isso é o médium. É sempre ele que precisa, seja qual for o culto que frequente, ser educado para cada tipo de trabalho.

O problema da umbanda é que em virtude de sua tradição oral criaram-se crendices a respeito damesma e nada do que você já ouviu falar provavelmente é verdadeiro ou necessário. Desta maneira em muitas casas umbandistas os médiuns, também desinformados, copiam as atitudes uns dos outros, e não os espíritos, até mesmo se deitando no chão, se ajoelhando ou gritando.E daí por diante.

Da mesma maneira, o mesmo espírito que se manifesta como caboclofulano na umbanda, se apresenta no kardecismo como doutor sicrano. Quem faz a diferenciação são os homens. É claro que existem entidades exclusivas, mas muitas trabalham nos dois rituais.

Sugerimos que você não se incomode com isso e diga para a entidade que quer tocar o chão que isso não é necessário, já que não se trata do kardecismo tolher suas atitudes. Trata-se apenas de um ritual que a entidade aprendeu com médiuns de umbanda em algum lugar menos esclarecido, mas que não está previsto num centro kardecista. Da mesma maneira ninguém vai deixar você sentar numa cadeira na umbanda e doutrinar um espírito. A partir daí trabalhe normalmente e peça a entidade que dê o nome com o qual trabalha no espiritismo. Ouentão procure uma casa séria de umbanda para conhecer e quem sabe trabalhar, vencendo os seus próprios preconceitos, pois não tem como você não ter afinidade com algo que realmente nunca estudou a fundo e não conhece de verdade, não é mesmo?

Fraternidade do Grande Coração
Pergunta 41:A umbanda praticada pela FGC é umbanda branca ou também faz trabalhos de esquerda?
Resposta: Acreditamos que a umbanda não tenha divisões desse tipo. Todas as casas devem estar voltadas para a caridade pura e desinteressada, porque somente assim o amor fraterno vai predominar, não havendo espaço para nenhuma atividade que seja feita em prejuízo de quem quer que seja. O que existe são umbandas com rituais populares e outras, como a nossa, que faz também o desenvolvimento esotérico de seus médiuns, conforme está no texto sobre a Aumpram.

Tudo que fuja disso não é umbanda. Não existem trabalhos chamados de esquerda na verdadeira umbanda, que é luz e não trevas.

Pergunta 42: Sou umbandista e grande admirador das obras de Roger Feraudy. Gostaria de saber se algum discípulo assumiu o lugar do Roger na direção dos trabalhos da FGC depois do seu desencarne? Ele deixou outros livros ainda para serem lançados?
Resposta: Nosso querido mestre e babalaô Roger Feraudy deixou a continuidade da FGC com o último grupo de trabalhadores da mesma, que atualizaram as atividades, agora voltadas para a humanidade de forma esotérica e para a transmissão de conhecimentos, segundo suas orientações.

Sobre livros temos a lhe informar, caso ainda não seja de seu conhecimento, que o último volume da trilogia sobre as verdadeiras origens ancestrais da umbanda proposta por Roger, sendo os dois primeiros *Baratzil* e *A Terra das Araras Vermelhas* foi completada pela diretora espiritual da casa, a pedido do próprio Roger e também através de pesquisa psíquica, com o título

Terra dos Ay-Mborés, que conta a saga daqueles mesmos atlantes nas terras altas. O livro foi editado pela **EDITORA DO CONHECIMENTO** e lançado em 2008. Breves sinopses sobre todos eles estão na seção "literatura" do site da FGC.

Roger deixou outro livro apenas iniciado, *Egito Eterno* e que também está sendo concluído. Existe ainda um tratado de teosofia intitulado *Sabedoria Oculta*,[2] já terminado e editado anteriormente com outro título, que a seu pedido foi revisto e atualizado.

Pergunta 43: Poderiam me informar quais os dias de trabalhos espirituais que são abertos ao público na Fraternidade do Grande Coração?

Resposta: Sobre trabalhos públicos, desde os últimos tempos de Roger entre nós, a FGC, cada vez mais dedicada à compreensão, estudo e pesquisa da umbanda em seu aspecto esotérico, no sentido dos segredos oculto, dos porquês, da compreensão da fenomenologia e da magia, onde os trabalhos devem ser feitos para a humanidade e não mais individualmente, passou a fazer trabalhos apenas fechados e desta forma não atende mais pessoalmente. Todo contato com as pessoas é via e-mail.

Desta maneira podemos nos dedicar mais à divulgação dos ensinamentos da umbanda e atingir um número maior de pessoas.

Foi decidido que seria assim, pois através do site possibilitou-se que muitas pessoas, dos mais longínquos lugares e não apenas aqueles que, eventualmente, pudessem vir à nossa casa, participem e se informem. Milhares de pessoas fazem ou fizeram nossos cursos, que são gratuitos, oriundos de todos os estados brasileiros e de mais 20 países.

Este é o trabalho atual da FGC, isto é, transformar-se numa umbanda-escola e resgatar o conhecimento ancestral da umbanda.

Nossas dores

Pergunta 44: Sou viúvo há muitos anos e crio sozinho meus filhos. Notei que meu fardo, em relação à família, é um pouco pesado, mas não reclamo. Há alguns anos descobri a umbanda e nela me encontrei. *Infelizmente recebi, geneti-*

---

[2] O livro *Sabedoria Oculta* está sendo lançado concomitante com esta obra pela **EDITORA DO CONHECIMENTO**. Nota do editor.

camente, o problema de alcoolismo de minha família, mas não o quero mais em minha vida; sei que isso atrapalha o desenvolvimento de minha mediunidade. Mas é incontrolável, mais forte que tudo e acabo bebendo nas horas de folga. Fico arrependido e me achando fraco. Pergunto: isso é apenas uma fraqueza pessoal ou pode haver algum espírito que nestas horas me domina?

Responder: Gostaríamos de esclarecer, se o amigo permite, que o alcoolismo não é uma doença hereditária. Acreditar nisso seria completamente contra os preceitos da umbanda, onde estamos submetidos à lei maior de causa e efeito. Seria como transferir para nossos familiares uma parte da nossa responsabilidade, como as nossas dores.

Se por um lado é confortador pensarmos que é genético, por outro nos tira completamente a possibilidade de resolvermos o problema, pois ele nos teria sido passado. Isso vira quase uma maldição e nosso Pai Maior, em sua justiça suprema, não permitiria esse tipo de coisa.

Carma são situações de nascimento, isto é, o lugar que nascemos, a família, nossa cor, nosso sexo, nossa inteligência, a mediunidade etc. Ou ainda as coisas que independem de nossa vontade nesta vida, como a perda de uma esposa, como foi o seu caso. Problemas de percurso, como alcoolismo, por exemplo, não.

As causas desse tipo de problema, geralmente, são de duas: primeiro devemos verificar que tipo de coisa estamos querendo acalmar, esquecer ou amenizar, nos escondendo atrás de um vicio qualquer. Isto quer dizer, alcoolismo não é o problema, é só uma decorrência; o verdadeiro problema é a dificuldade de nossos espíritos de lutarem contra as frustrações da vida; nos achamos fortes, mas à vezes, mesmo inconscientemente, começamos a procurar coisas para anestesiar a nossa dor.

Em segundo lugar não podemos nos esquecer nunca que dentro da lei justa da causa e efeito, não podemos ser ingênuos e achar que nunca fizemos mal a ninguém em outras vidas. E se fizemos, todos nós, naturalmente, temos que admitir que uma ou outra de nossas vítimas podem não ter nos perdoado. As intuições negativas, do tipo: é incontrolável ou é mais forte que tudo, vem desses desafetos de nosso passado. Tudo o que fazemos, sentimos ou pensamos, que não seja razoável, não é nosso, mas não costumamos nos dar conta disso.

Portanto, você precisa fazer uma reforma interior no sentido de se resignar com aquilo que você chama de fardo e bem poderia chamar de benção; se irritar menos, pois mesmo que você não admita, somente a irritação abre as brechas para os desafetos se aproximarem.

A vida nunca é exatamente do jeito que sonhamos e é preciso reconhecer e aceitar essa premissa. Ao mesmo tempo, precisa de um trabalho de desobsessão, pois parecem existir irmãozinhos menos esclarecidos a atormentá-lo, lembrando sempre que eles não são os culpados, pois ignorantes, apenas se aproveitam de nossa desatenção.

Pergunta 45: Não consegui me formar nos cursos que tentei e meu casamento foi um desastre; no campo profissional não consigo também dar certo. Vivo sendo humilhado e meus filhos vivem brigando. Outro filho vive deprimido e não luta o suficiente pela vida. Vivo sozinho e não consigo ninguém. Quero muito continuar estudando para melhorar meu trabalho e minha vida, mas não consigo. Não agüento mais tantas dificuldades e peço uma orientação sobre o que fazer para resolver isso tudo.

Resposta: Infelizmente a proposta deste site não é dar orientações de nível pessoal, até porque na FGC somente quem sempre fez isso foram as entidades manifestadas na casa. Como encarnados não temos condições de saber do carma das pessoas e por qual razão estariam passando pelas dificuldades e contratempos que a vida apresenta para cada um.

Apenas compreendemos que nossas vicissitudes parecem estar na relação direta da necessidade de nosso aprendizado pessoal. Isto é, parece que cada um de nós vem para mais uma vida com um planejamento familiar, intelectual, de saúde etc, que propicie que passemos por umas tantas dificuldades para aprender aquelas coisas que fomos deixando ao largo, para trás, no decorrer de vidas anteriores. Referimo-nos aos nossos pequenos, as vezes grandes, defeitos; aqueles que certamente todos temos.

Alguns de nós vieram para aprender a ser menos invejosos ou ciumentos; outros mais generosos ou menos rancorosos. Ou quem sabe ainda, como a maioria de nós, mais tolerantes e pacientes, resignados. O fato é que o Pai Maior vai nos proporcionando sucessivas oportunidades, inclusive colocando pessoas, por vezes tidas como difíceis na nossa vida, que deveriam despertar nossa compaixão e tolerancia e não nossa irritação ou raiva. Oportunidades de resgatar os enganos do passado também.

Mas com fé e determinação, com certeza, seremos todos aprovados de ano nesta escola da vida, quando pudermos compreender e transformar nossos problemas em oportunidades de aprendizado. O problema é que enquanto não aprendermos a reconhecer e modificar a oportunidade, nada acontece. Precisamos ter a percepção do que nos acontece, de quem somos etc.

Temos que ter esperança de que, com certeza, nossos amigos espirituais estão olhando por nós, intuindo e torcendo para que tomemos as decisões certas; intuindo e torcendo para possamos despertar a cada dia alegres, apesar de tudo; apesar da dor passageira, apesar da incompreensão momentanea dos homens e apesar das aparentes injustiças e limitações que a vida parece nos impor.

Alegres porque já compreendemos que tudo aquilo que nos acontece, nestes breves momentos que passamos sobre o planeta, certamente é o melhor para nós.

Mediunidade
Pergunta 46: Como saber se sou médium umbandista?
Resposta: O médium de umbanda é aquele que tem um carma com a mesma por já ter trabalhado com magia em vidas pretéritas. Somente freqüentando um bom centro de umbanda você saberá se tem mediunidade para ser desenvolvida na mesma. Vale também o seu coração, isto é, se você não tem preconceitos, vergonha ou se sentir em casa, num centro de umbanda, com certeza é porque achou o seu lugar.

Pergunta 47: Quando entro no terreiro não recebo nenhum guia. Mas percebo que ele esta encostado em mim. Não me sinto bem. O que devo fazer?

Resposta: Você é trabalhador ou consulente na casa? Se é trabalhador necessita de auxílio para seu desenvolvimento mediúnico, que deverá ser orientado pela entidade chefe e, além disso, verificar se não há alguma entidade atrapalhando esse desenvolvimento; você precisa falar com o médium que cuida desses casos.

Mas se você é apenas um consulente, não existe mesmo a premissa, na maioria das casas, que consulentes devam incorporar. Não é adequado, pois não levaria a nada. Neste caso você teria que se consultar para verificar o tipo de entidade que o acompanha e ver se precisa apenas de tratamento espiritual e orientação ou frequentar como trabalhador; caso seja esta a solução, num segundo momento, precisa ver a possibilidade de se tornar um médium aprendiz da casa e iniciar seu desenvolvimento.

Pergunta 48: Estou conhecendo agora a umbanda e ouvi falar que preciso ser batizado. Nunca me batizei em nenhuma religião e gostaria de saber como é isso e o que significa.

Resposta: O termo batismo ou amaci, na umbanda, significa aquele que está sendo aceito pelo orixá de sua vibração original, isto é, aquele cuja energia predominava no lugar e na hora que o indivíduo nasceu; está sendo aceito para se desenvolver como médium na umbanda, firmando essa energia no médium, o que auxilia muito o seu desenvolvimento.

Desta forma você precisa ser médium de uma casa de umbanda para poder ser batizado na mesma. De qualquer maneira o batismo se faz apenas ao longo do tempo, depois que o médium já está começando a trabalhar com as entidades que vão estar com ele no serviço de caridade. Depois do batismo, de acordo com seu desenvolvimento, o médium vai fazendo as obrigações para os demais orixás para firmar a vibração das outras linhas, numa ordem específica.

Sobre a cerimônia do batismo o amigo pode ter informações detalhadas em capítulo específico, sobre mediunidade.

Pergunta 49: Tenho muitas dúvidas a respeito de mediunidade. Como encontrar um bom centro? Como sei se tenho mediunidade?

Resposta: Existem muitos sintomas específicos de mediunidade, tais como: insônia, ou sonolência, tonturas, dores físicas sem causa aparente, especialmente dor de cabeça ou de estômago, angústia, batedeiras no coração, falta de ar, nervosismo, além dos mais óbvios, como visões ou escutar vozes etc. Na verdade existe uma centena de sintomas, mas esses são os mais comuns.

Lembrando sempre que a mediunidade bem trabalhada não deve causar nenhum sintoma no médium. Eles só acontecem enquanto ele, desenvolvido ou não, ainda não fez sua reforma interior no sentido da brandura frente às provocações da vida e da resignação frente aos aborrecimentos cotidianos. Nossa habitual irritação, tenhamos razão ou não nas nossas queixas, permite que entremos em contato com desafetos do passado, aqueles que causam todos esses sintomas. A mediunidade por si só deve ser inócua.

Na umbanda o bom lugar para se desenvolver é aquele onde se pratique a caridade pura e desinteressada; onde jamais coisa alguma seja cobrada pela caridade prestada; onde os médiuns não tenham o costume de beber para realização dos rituais; onde só se trabalhe visando o bem das pessoas e da humanidade e , naturalmente, onde não se façam nenhum tipo de sacrifício de animais. Isso seria o mínimo desejável.

Pergunta 50: Herdei o posto de babalaô no meu terreiro e quero saber como faço para obter o certificado de babalorixá?
Resposta: Não existem, a rigor, certificados válidos de babalorixá, até mesmo porque esse termo costuma ser usado indiscriminadamente e para se tornar um é preciso haver um comprometimento cármico anterior. Isto significa que não deveriam ser os homens comuns a decidir sobre isso.

O que o médium costuma aspirar é ser babá ou babalaô, ou pai e mãe pequenos ou ainda dirigente espiritual e creio que sua pergunta se refere a isso.

Embora ser babalaô também seja um compromisso cármico, o médium teria que ter terminado, se possível, todos os graus inferiores de iniciação e ser, minimamente, um médium chamado de pronto, ou aquele que pode aspirar às iniciações superiores. No final dessas iniciações superiores poderia aspirar a ser um babalorixá, também chamado de mago branco da luz divina.

Tecnicamente, para ser babalaô, o médium não deveria ter ainda que passar pela mecânica da incorporação, apesar de ainda ter restos de compromissos cármicos. Teria que ser uma pessoa capaz de já conseguir fazer a comunicação mente a mente com a entidade, sem precisar incorporar. Seria o que se chama ter a tela búdica fechada. Existem aqueles que já nascem com a tela búdica praticamente fechada e prestam grandes serviços à umbanda, sem nunca terem incorporado, pois já se comunicam naturalmente mente a mente com as entidades; estariam também aptos a serem babalorixás se quisessem.

Mas, como isso é difícil e demorado, sendo necessário conhecimentos específicos das iniciações e de técnicas ancestrais, o mais comum é que o babalaô seja o médium mais antigo da casa ou aquele determinado pela espiritualidade.

Para você ter uma idéia existem apenas três médiuns aptos a serem babalorixás encarnados no planeta no momento. Estes assuntos, sempre tão polêmicos para algumas pessoas, estão bastante detalhados no capítulo sobre mediunidade.

Pergunta 51: Eu queria saber métodos de desenvolvimento do dom da vidência na umbanda.

Resposta: A vidência, assim como os demais tipos de mediunidade, não são dons com os quais somos agraciados, mas um compromisso cármico. Nosso babalorixá Roger Feraudy costumava dizer até que mediunidade é um defeito cármico.

De qualquer maneira, o médium vidente ajuda muito nos trabalhos espirituais, sejam de que tipo forem, impedindo que o grupo seja enganado por uma entidade que pretende se passar por outra, por exemplo. Como se vê, é um processo cármico e só pode ser desenvolvido por quem veio com esse carma, de alguma forma, como de resto qualquer outra mediunidade.

Para essas pessoas até existem algumas técnicas específicas, mas como dependem muito do desenvolvimento de cada médium, não podemos divulgá-las de uma forma irresponsável, para não prejudicar as pessoas.

Pergunta 52: Eu gostaria de conhecer melhor quais são

os sintomas que denunciam a mediunidade de cura na umbanda.

Resposta: Existem sintomas que sugerem fortemente um processo mediúnico de cura não resolvido, tais como: tonturas, dores de cabeça, dores de estômago, sintomas de plenitude gástrica, flatulência, dores abdominais, cólicas, aperto no peito ou angústia, acordar cansado, dores nos ombros ou tensão no pescoço, formigamentos, tosse seca, falta de ar, suores excessivos, desmaios, problemas hormonais, artrites, dores nas articulações, rinites, sinusites, náuseas ao escovar os dentes etc.

Além dos sintomas físicos existem outros, chamados de efeitos físicos, onde objetos que se mexem ou barulhos são ouvidos. Estes todos geralmente denotam mediunidade de cura. Lembramos sempre que se deve descartar eventuais problemas físicos que poderiam estar causando tais sintomas.

Os sintomas físicos são causados pelo simples acúmulo ou pela manipulação do fluido de cura acumulado do medium por uma entidade; fluído de cura é o chamado ectoplasma, o qual assimilamos através da alimentação e deveríamos trocar com a natureza sem acumular.

Todos temos que trocá-lo porque ele é essencial à vida, mas quem tem mediunidade de cura vem com a proposta cármica de fazer essa troca mais lentamente para sempre sobrar um pouco para ser doado em trabalhos de cura. O ectoplasma é um potente anti-inflamatório, anti hemorrágico, anestésico, cicatrizante, entre outras qualidades, não só para tratamentos de encarnados como de desencarnados.

Técnicas simples para se doar o ectoplasma em trabalhos de cura estão disponibilizadas no capítulo específico.

Pergunta 53: É possível chamar a nossa entidade, no caso um caboclo e vir outra entidade, como um exu ou outra qualquer, mesmo riscando o ponto do caboclo? Minha sintonia está errada?

Resposta: Em primeiro lugar seria necessário que você solicitasse à entidade chefe da casa que desse uma atenção especial a você, no sentido de estar, eventualmente, sendo vítima de uma obsessão. Mesmo os exus que não sejam de alta estirpe, tem atitude respeitosa em relação à gira, que costumamos chamar de caridade, que está ocorrendo e não se fazem, normalmente, passar por outras entidades.

Como você falou muito bem, agentes mágicos ou exus são entidades maravilhosas e não usariam a ausência de seu caboclo para se manifestar, o que nos faz pensar mais ainda num processo de obsessão ou de entidades querendo atrapalhar o trabalho da casa e se aproveitando de um desequilíbrio momentâneo, seu ou da corrente.

Os médiuns precisam ser atendidos rigorosamente uma vez por mês, para uma limpeza, equilíbrio e orientação. O médium precisa desse atendimento, pois ajuda muito na caridade, deixando outros irmãozinhos desgostosos ou zangados. Este procedimento é feito por pequena equipe de caboclo, pretos velhos e agente mágico trabalhando juntos.

Caso o médium não esteja bem equilibrado, outras entidades podem se fazer passar por qualquer entidade, enganando o médium. Também é preciso saber da firmeza da corrente. Isto é, se os médiuns não bebem, não cobram, vivem no dia a dia o que pregam aos consulentes etc.

Na verdade o médium tem também que aprendizar se sintonizar com a entidade que deverá se manifestar, de forma consciente, e saber qual chakra correspondente à mesma, deverá ser vibrado. Como geralmente quem dá atendimento são os caboclos de Oxossi, o chakra a ser vibrado é o esplênico, o abaixo do umbigo. Imagine um pires rodando no sentido horário nessa região e você sentirá a vibração.

Além disso pode, ao mesmo tempo, deve pensar na cor azul celeste, que á cor de Oxossi que, ao contrário do que se pensa não é verde; muitos pensam que é verde porque associam, inadvertidamente, Oxossi com florestas. A seguir pode-se invocar mentalmente o nome do caboclo. Caso sinta outra vibração, não permitir a manifestação e retomar do começo.

Como se pode ver não adianta riscar o ponto sem os demais cuidados, até porque quem risca ponto é a entidade, depois de manifestada e não o médium. Mas o médium precisa conhecer os sete sinais positivos de um ponto riscado, pois entidades malévolas ou brincalhonas, não teriam condições de risca-lo. Como você vê, o médium que tem algum conhecimento está mais fortalecido e seguro para seu trabalho na caridade.

E quanto a seus amigos exus, essas fantásticas entidades, eles vão trabalhar sob as ordens do seu caboclo, pois é desta forma que eles trabalham, de maneira que você não precisa, necessariamente, incorpora-lo. Eles vão estar sempre trabalhando junto, dentro da necessidade e do seu merecimento e também do consulente.

É preciso que você identifique também o que poderia estar desequilibrando você. Geralmente é nossa irritação com alguma vicissitude ou aborrecimento. Isso precisa ser combatido, pois não basta trabalhar na caridade para os outros. É preciso trabalhar na caridade também para si mesmo. De fato a maior caridade é sempre para nós mesmos. É conhecida a frase que diz que aquele que acende uma luz será sempre o primeiro a ser iluminado. A melhor maneira de não se irritar é compreendendo que nem tudo pode ser do nosso jeito e não se esquecendo de perdoar sempre.

Pergunta 54: Sou espírita há muitos anos, mas poucas vezes eu consegui dar passividade às entidades de luz. No entanto, quando entro em algum centro de umbanda eu sinto tão fortemente o envolvimento das entidades, que chego a passar mal. Quando vou receber o passe sempre acabo por receber entidades ligadas a umbanda com grande facilidade. Aí me dizem que tenho que trabalhar lá.

Aprendi no kardecismo que o médium é médium em qualquer lugar e está apto a receber tanto um irmão sofredor como um espírito mais esclarecido. Essa afirmação me criou um conflito: por que então não consigo ter a mesma facilidade nos trabalhos mediúnicos da casa espírita? Será que na umbanda é mais fácil porque são espíritos inferiores e é só este meu carma?

Resposta: Ao contrário do que você diz, dar passividade no kardecismo geralmente é mais fácil pelo fato do médium poder se concentrar melhor por estar sentado e, especialmente, poder fechar os olhos. Por outro lado são poucos os dirigentes espíritas que tem o hábito de ajudar o médium a incorporar numa mesa de intercâmbio. Como o treinamento é feito num curso à parte, na hora do trabalho o médium está mais por conta própria o que pode se tornar difícil.

Na umbanda existem duas possibilidades. A primeira é que quando você recebe o passe ou durante o simples atendimento com as entidades manifestadas, se for preciso para seu esclarecimento, outras entidades estão trabalhando no sentido de ajudá-lo a dar passividade. Embora isso não seja comum, serviria para lhe mostrar, eventualmente, que você tem mediunidade. É como se fosse um aviso, especialmente quando o médium ainda está pouco desenvolvido.

Todavia, quando você passa mal dentro de um centro de umbanda, não é, necessariamente, por estar cercado de obsessores mas, mais freqüentemente, é a sua mediunidade em desequilíbrio, que capta, desordenadamente, as vibrações do ambiente.

A outra possibilidade é essa que você intuiu mesmo, isto é, o médium de umbanda é aquele que tem um carma com a magia. É aquele que já trabalhou com magia no passado e está preparado para esse trabalho no presente. É como se ele chegasse na sua casa e percebesse isso de alguma maneira.

Mas o mais interessante de sua mensagem é a provável distinção que você parece fazer, de que no kardecismo se recebem espíritos esclarecidos e na umbanda se recebem espíritos inferiores os sofredores. Essa premissa não corresponde absolutamente à verdade.

Em ambos os casos, as duas coisas acontecem. A diferença é que no ritual da umbanda não existe essa orientação e o médium não deve receber obsessores e sofredores, pois eles são doutrinados na espiritualidade, ao contrário do kardecismo, onde a doutrinação começa na mesa de intercâmbio. A doutrinação presencial na umbanda é para o consulente. Infelizmente algumas casas ainda fazem as chamadas descargas usando os médiuns, o que só serve para desequilibra-los, pois isso não é absolutamente necessário.

A melhor coisa a fazer é seguir o seu coração e ficar na casa onde você se sinta mais à vontade. Pode ter certeza que, com maior ou menor dificuldade, seu trabalho será o mesmo, desde que realmente use a sua mediunidade. Mesmo porque a mediunidade não desenvolvida costuma trazer problemas físicos e emocionais para o médium, um dia ou outro.

O importante é você procurar ficar numa casa séria, onde nenhum ritual aconteça que possa causar qualquer tipo de constrangimento.

Pergunta 55: Como posso saber se a entidade que estou incorporando não é um mistificador? Sou médium consciente e percebo nas entidades que trabalham comigo uma firmeza e uma sinceridade que chega a assustar os consulentes. Fico insegura, com medo de errar. Tento me segurar, mas elas não deixam. O que fazer?

Resposta: O médium tem que estar sempre no comando da situação. Isso quer dizer que um médium bem desenvolvido jamais falará algo que não combine com seus valores éticos, com sua maneira de ser, com suas crenças etc.

O médium não pode jamais se esconder atrás do guia; muita gente faz isso: o guia mandou dizer isto ou aquilo; foi o guia que foi rude; o guia que acha isto ou aquilo. É o que chamamos de guiísmo. Ora, o guia não nos obriga a fazer absolutamente nada. Nós é que acreditamos que isso é possível, mas como não existem mais mediunidades inconscientes, somos inteiramente responsáveis por aquilo que a entidade fala ou faz.

Por outro lado uma entidade de luz não só não fala coisas que não sejam razoáveis, como também é brando e compreensivo. Jamais vai ferir os sentimentos do consulente. A sinceridade exagerada costuma ser rude. Aliás, essesão bons parâmetros para saber se a entidade manifestada é séria, digamos assim.

O que acontece também, às vezes, é que o jeito da entidade combina com o nosso jeito de ser também, mesmo que não tenhamos consciência disso. Vale a pena darmos uma boa olhada para nós mesmos e observarmos nossas reações no dia a dia, parapercebermos se não somos um pouco parecidos.

De qualquer forma simplesmente assuma o controle sem medo e caso a entidade se oponha ao seu modo de ser, preocupada em não ser rude, por exemplo, simplesmente não permita mais a incorporação. Quem comanda a sua mediunidade é você. Com certeza várias outras entidades se alegrarão em prestar caridade junto com você. Não se importe com o que os outros podem vir a dizer. Para bem atender ao público você precisa estar feliz e tranquila, em harmonia com a entidade manifestante.

Pergunta 56: *No momento estou numa casa de umbanda que mudou a minha vida espiritual; já frequentei angola e keto e já fiz obi e bori. Passei a ser médium de incorporação a há 1 ano. O guia do meu pai, que teve um barracão de umbanda durante muito tempo, que eu frequentava só como consulente, incorporou pedindo para que eu reabrisse o barracão e também na angola e no keto. Devo atender ao pedido dele?*

Resposta: Você tem toda razão em estar em dúvida sobre o que fazer. É seu bom senso falando mais alto, pois quem está trabalhando de fato na umbanda há apenas 01 ano, não tem condições de dirigir uma casa, por mais bem intencionado que seja.

O fato de você ter frequentado durante muitos anos o barracão de seu pai na assistência, realmente não o credencia para reabrir o mesmo. Abrir uma casa de umbanda é coisa muito séria e o médium precisa ter muita experiência, não só na mediunidade, como também no trato dos outros médiuns e, especialmente, na umbanda.

Pelo seu discurso amigo, percebemos que sua maior experiência é com rituais ligados ao candomblé. Talvez você devesse se dedicar agora nessa casa de umbanda onde você está se dando tão bem, estudar bastante, se desenvolver bem, para depois pensar sobre o assunto.

Estranhamos muito essa entidade que diz ser a mesma que orientou seu pai estar lhe pedindo tal coisa, pois isso beira as raias do absurdo. Desta forma talvez você devesse questionar se a entidade que incorporou é mesmo aquela que seu pai recebia. Muitas vezes acabamos nos confundindo.

Parece que o melhor seria você dar tempo ao tempo. Daqui há alguns anos você poderá reavaliar a questão com mais preparo e experiência no assunto. Lembre-se, no entanto, que para fazer caridade não precisamos abrir novas casas de umbanda. Podemos fazê-la onde quer que estejamos.

Pergunta 57: *Trabalho como médium num centro, mas me acho muito consciente. Trabalho com diversas linhas e até agentes mágicos. Recebo as orientações apenas mentalmente das entidades, mas isso me faz sentir meio diferente dos outros médiuns. O chefe da casa não fala nada e não me ajuda; só diz que eu já estou pronta. Me sinto abandonada, pois não tenho com quem discutir isso.*

Resposta: Infelizmente algumas casas de umbanda não trabalham no desenvolvimento dos médiuns como deveriam. Acreditamos que isso não se deve a descaso dos dirigentes, mas à falta de informação.

De qualquer maneira você precisa saber que não existe mesmo mais a mecânica da incorporação nos dias de hoje. Os médiuns ficam apenas irradiados pelas entidades e tentam decodificar seu pensamento, mas muito do que dizem, pensam ou fazem são deles mesmos, médiuns. Esta relação pode ir melhorando com o tempo, mas o médium vai estar sempre presente, pois além de não existir mais a incorporação, muito menos a incorporação inconsciente.

O problema é que a maioria dos centros ainda acha que deveria ser assim e muitos médiuns e muitíssimos dirigentes se dizem inconscientes, sem o ser, apenas para dar credibilidade ao que falam ou fazem. Isto não é absolutamente necessário e talvez nem exista má fé, mas foi assim que aprenderam. É como se devesse ser assim.

O que queremos dizer é que a sua mediunidade é absolutamente normal. Tudo é mental mesmo. É assim mesmo. Apenas tenha consciência da sua parte de responsabilidade e não credite tudo às entidades. Somos responsáveis pelo que dizemos ou fazemos. É como uma boa parceria.

Sugerimos que você leia novamente, com bastante cuidado as lições sobre mediunidade e perceba os detalhes do que estamos tentando lhe passar. Vai se sentir bem mais confiante e em paz, apesar de seu dirigente não dar muita atenção a seu desenvolvimento. Esteja sempre num estado de prece; livre-se das irritações e sua mediunidade vai estar muito equilibrada.

Pergunta 58: *Desde muito novo eu possuo dons mediú-*

nicos. Tenho uma forte empatia e já tive experiências visuais com um espírito trajando branco. Não sou umbandista, mas minhas experiências e dons fizeram com que eu procurasse vocês, pois tais dons parecem ter acarretado um encosto na minha vida. Sinto os efeitos desse encosto. Como posso ajudar esse espírito para que ele saia da minha vida? E como posso entender e aperfeiçoar meu dom, se aqui na minha cidade não tem um centro umbandista?

Resposta: Em primeiro lugar é preciso que você saiba que mediunidade não é um dom. Trata-se apenas de um processo cármico que denota um trabalho a fazer na caridade, geralmente em função de outros trabalhos deixados sem fazer em vidas passadas. Ao contrário do que se diz, quanto mais aflorada ou forte a mediunidade, mais problemas o médium traz de vidas passadas. Como você vê não tem nada a ver com dom.

Depois gostaríamos de lhe informar que mediunidade não causa esse fenômeno que você chama de encosto, o qual aliás, sabemos ser apenas obsessores ou desafetos do passado. As causas de um processo de obsessão são justamente os nossos desmandos de vidas passadas, infelizmente. O que acontece apenas é que os médiuns costumam se aperceber mais claramente da aproximação desses nossos irmãos desajustados do que a maioria das pessoas.

Em ambos os casos, todavia, o fator preponderante para a aproximação de um obsessor é nosso temperamento; quanto mais irritadiços ou intolerantes formos, pior será. E não adianta dizer que não somos, pois, via de regra, todos gostamos de tudo do nosso jeito, o que, obviamente, é muito difícil conseguir, gerando frustração e irritação, nos mais diferentes níveis. Mas o quanto nos irritamos e se temos ou não razão, não faz a menor diferença, pois por menor que seja já abrimos as portas para que o desafeto nos encontre. E muitos médiuns, especialmente os chamados médiuns de incorporação, costumam ser mais intolerantes que a maioria das pessoas.

Sobre ajudar essa entidade você não tem qualquer condição de fazer isso amigo. Você tem uma mediunidade ainda desequilibrada, com tudo para ser feito e, portanto, precisa tratar de ajudar a si mesmo. A única coisa que você pode fazer é tentar melhorar seu temperamento, eventualmente. Mas isso com certeza ajudaria apenas avocê mesmo, pois dificultaria a aproximação dessa entidade. O espírito será amparado no devido tempo de acordo com o merecimento dele, com ou sem nossa interferência. Pode parecer estranho, mas não são os espíritos que precisam ser retirados da nossa vida; somos nós é que temos que sair da vida deles.

Com certeza você precisa iniciar um desenvolvimento mediúnico, mas não precisa, necessariamente, ser num centro de umbanda, já que não existe na sua cidade. Procure um bom centro espírita. O resultado será bom da mesma maneira e depois de desenvolvido continue seu trabalho lá mesmo, pois a caridade será a mesma. Na espiritualidade os bons espíritos trabalham juntos. Quem estabelece diferenças somos nós, os encarnados.

Pergunta 59: Posso participar de umbanda esotérica sem ter seguido os passos da umbanda tradicional? Se não me engano, no curso intermediário do site da Aumpram, é colocada uma sequência ideal dos passos que um médium deve trilhar. E isso geralmente faz com ele tenha que primeiro pela umbanda dita popular e, depois de alguns anos, para o desenvolvimento esotérico. Acredito, no entanto, que a umbanda é muito mais que um terreiro ou um nome de entidade, entre outras coisas..

Assim sendo, posso praticar a umbanda esotérica estudando sozinho? Estou cansado das outras formas de terreiros e não quero me desenvolver neles.

Resposta: Infelizmente não há absolutamente nenhuma possibilidade de você praticar umbanda esotérica sozinho fora de um centro; aliás, nem mesmo a umbanda popular pode ser feita assim. Não existe umbanda de um homem só amigo, pelos mesmos motivos de não se poder montar altares de trabalho ou receber espíritos em casa. Não há qualquer segurança nessas condições.

Não há como vocêcomeçar na umbanda esotérica sem passar pela popular. Seria como queimar uma etapa importante e necessária para seu treinamento. Sua mediunidade sequer começou a ser desenvolvida de forma séria e organizada.

Sugerimos que você diminua momentaneamente suas expectativas e procure uma casa com as características mínimas que falamos frequentemente para desenvolver sua mediunidade. Quem sabe você consegue, no futuro, arrumar colegas dentro do centro que queiram estudar com você, e lentamente, passar novos conhecimentos para os demais médiuns e quem sabe até, caso seja possível, promover algumas alterações do ritual.

Sabemos que não é o que vocêgostaria deouvir amigo, mas a vida não dá saltos e você não vai conseguir fazer dessa maneira. Tenha paciência e dê um passo de cada vez. Com certeza você vai conseguir alcançar seus objetivos.

Orixás

Pergunta 60: Quais são as ferramentas de caça do orixá Oxossi? Quais os nomes e a que tribos pertencem os caboclos dessa linha?

Resposta: Compreendemos seu pensamento pois existe realmente a crença que muitas das entidades manifestadas na umbanda são índios, os chamados caboclos. Na verdade as entidades que se apresentam na umbanda sob a forma de caboclos, apenas usam a tradição xamânica do povo brasileiro nesse sentido, não sendo as mesmas, absolutamente, silvícolas ou algo parecido. Quando houve o ressurgimento da umbanda no final do século XIX ficou decidido que as entidades usariam corpos de ilusão de índios ou pretos velhos, imagens já muito identificadas com a cultura recente do Brasil, para facilitar a comunicação com as pessoas mais simples.

Os caboclos da linha de Oxossi, por exemplo, são mesmo conhecidos como índios caçadores, mas ao contrário do que se pensa são caçadores de almas e não caçadores das matas. Portanto, eles não detêm armas de nenhum tipo e muito menos pertencem a tribos ou aldeias, seja nas matas ou na espiritualidade, como muitos pensam. Um dos problemas na umbanda, infelizmente, é as pessoas ainda levarem ao pé da letra as informações que o tempo se encarregou de disseminar de forma aleatória.

Pergunta 61: Me disseram que estou muito negativa porque minha Iansã está predominando no lado negativo e isso está atrapalhando meu caminho. Podem me explicar o que é isso?

Resposta: Talvez você precise saber que Iansã é a contra parte feminina de Xangô. Desta forma, não nos pertence, isto é, não temos uma Iansã. Na verdade não temos sequer entidades, embora muitos gostem de dizer: meu guia, meu caboclo etc. E além do mais, ainda sendo a contra parte de um orixá, não tem lados negativos, entendendo os orixás como as próprias energias criadoras, que fazem parte da própria divindade, que é só amor e compaixão.

Assim, não é possível um orixá atrapalhar o seu caminho. Acreditamos que a terminologia usada na sua orientação foi, talvez, equivocada, ou, mais possivelmente, tenham querido dizer outra coisa, que você não tenha compreendido muito bem. Gostaríamos de sugerir que você lesse mais a respeito no capítulo próprio sobre orixás.

Pergunta 62: Nasci dia 17 de dezembro e gostaria de saber um pouco sobre minha vida. Algo de um futuro próximo?

Resposta: Infelizmente sua pergunta é impossível de ser respondida, pois não é essa a função da umbanda. Só quem pode falar sobre sua vida é você mesma. Nem mesmo as entidades manifestadas numa casa séria de umbanda se prestariam para isso, pois os trabalhos de umbanda são trabalhos de caridade e não de curiosidade; são para as pessoas necessitadas, e ainda assim dependendo do merecimento de cada uma, o que só pode ser avaliado pelas próprias entidades e não pelos médiuns da casa.

Desta forma, umbanda não é um oráculo que estaria à nossa disposição. Reconhecemos que falta informação às pessoas e pedimos então que não se considere esta resposta uma crítica, pois é tão somente um esclarecimento. Mas se alguma casa de umbanda se oferecer para falar de sua vida, desconfie!

Pergunta 63: Na maioria dos livros que venho lendo, de autores como Ramatís, Roger Feraudy e Matta e Silva, a concepção de orixá é a mesma, ou seja, são vibrações. Alguns deles trabalham com o conceito de que os orixás são em número de 7, mas se desdobram, como por exemplo: Iemanjá, um orixá original, se desdobra em Oxum e Oxumaré. Isso é verdade?

Resposta: Há algum engano amigo, pois, para Feraudy orixá não é exatamente uma vibração. Trata-se de uma hierarquia criadora ou divindade, que emana uma vibração. A divindade em si não é uma vibração. Sugerimos a leitura sobre a hierarquia cósmica no capítulo próprio.

Além disso são mesmo apenas 7 orixás, mas não se desdobram. Quem se desdobra em 7 e assim por diante são os chefes de legião, todos com os mesmos nomes, isto é, entidades. Orixás não são entidades. Cada orixá tem uma contraparte feminina ou masculina e, desta forma, Oxum é a contraparte feminina de Oxalá e não um desdobramento. Oxumaré, por sua vez, não é um orixá para a umbanda ancestral. Esse nome foi trazido pelo ritual do candomblé e por isso nada tem a ver com a umbanda.

A contraparte masculina de Yemanjá é Obaluayê. Yemanjá não tem nada a ver com a contraparte de Oxalá chamada de Oxum. O que acontece é que existem entidades da linha de Yemanjá chamadas Oxum, que originalmente é um chefe de legião, além de seus desdobramentos.

Tanto o médium que escreve sobre umbanda nos livros de Ramatís, como o próprio Matta e Silva, aceitam uma umbanda maisafricanista e por isso tem a tendência a incorporar conceitos do candomblé na umbanda, o que aliás é apenas um ponto de vista, não sendo nem certo nem errado. Já Roger Feraudy é mais teosófico e esotérico.

Pergunta 64: Nasci em 10 de março, regido por Xangô. No decorrer de meu desenvolvimento mediúnico sempre senti uma forte vibração de uma sereia em minha mecânica de incorporação; algo muito forte que me deixa completamente inconsciente. Tenho notado que para muitos pais de santos um homem não pode ser filho de uma entidade feminina. É mesmo algo raro ou eles estarão enganados?

Resposta: Quanto a seu questionamento é preciso considerar algumas coisas: primeiro, e mais importante, é que sua vibração original é realmente a de Xangô. Desta forma seu guia de cabeça, como se fala popularmente, não pode ser uma entidade de outra vibração, independente de se manifestar como feminina ou masculina. Da mesma forma não há relação entre a vibração original e o sexo do médium. Se assim não fosse não poderiam nascer homens na maior parte do mês de março, não é mesmo? E isso naturalmente seria um absurdo.

Mesmo que você, eventualmente, fosse da vibração de Yemanjá, o que não seria nada demais, estas entidades não dão atendimento. Elas vêm esporadicamente para trabalho de limpeza da casa e incorporam em médiuns de ambos os sexos. Além disso é um erro chamar essas entidades de sereias, pois além de não ser um termo de umbanda, se apresentam tanto como caboclas como caboclos também.

O ideal, no entanto, seria você se acostumar a dar passagem para entidades de Oxossi, pois é essa a linha que, mais comumente, atende aos consulentes. Nem mesmo Xangô dá comunicação com frequência, aliás, muito pelo contrário. Entidades de dessa linha costumam vir em trabalhos de desenvolvimento apenas. E também não é porque você é dessa vibração que deva incorporarnecessariamente essas entidades. Nem mesmo um guia de cabeça de Xangô vai atender aos consulentes. Ele fica mais numa assistência espiritual silenciosa.

Sobre ofato de a entidade comunicante deixá-lo inconsciente é preciso que urgentemente você acelere seu desenvolvimento para estar no comando da situação. Não é maishabitual que nos dias de hoje isso ainda aconteça; na verdade, se você observar bem, verá que não está completamente inconsciente e sim apenas perturbado pela vibração da entidade. O médium determina qual entidade vai dar comunicação e não o contrário. Mesmo que o médium sinta uma vibração, isso não significa que deva permitir a comunicação. Achar que está inconsciente também não significa que a incorporação é de uma entidade boa, forte ou de um mentor espiritual.

Pergunta 65: O orixá do médium pode não querer que ele trabalhe na umbanda? Gostaria também de saber se um filho pode ser feito santo pelo orixá de sua mãe carnal?
Resposta: Em resposta ao seu primeiro questionamento a res-

posta é não, porque orixá não é uma entidade e desta forma não se comunica com os médiuns, como alguns outros cultos determinam. Orixá é uma divindade, como já foi bastante falado aqui. Quem tem desejos ou vontades são os médiuns e as entidades. Sobre sua segunda pergunta, parece que você está confundindo umbanda com candomblé, ou ao menos com sua terminologia. Na umbanda não existem santos para fazer filhos. Nem mesmo existe o termo pai de santo. Na verdade esse ritual simplesmente não existe na umbanda verdadeira; o que existe é um discreto batismo, explicado no capítulo sobre mediunidade. Além disso orixás não pertencem a ninguém e não incorporam e portanto, sua mãe carnal não possui nenhum orixá. Ela, como todos nós, nasceu sob a influência de algum orixá, aquilo que chamamos de vibração original e que depende apenas de nossa data de nascimento.

Pergunta 66: Já que os orixás são os chamados Logos Planetários, posso concluir que cada um deles é o governador de determinado planeta? Por exemplo: Oxalá, que tem como seu representante Jesus, governa a Terra. Como ficam os outros orixás? E os mestres ascencionados?
Resposta: Não. Orixás não são governadores de planetas. Em nossa cadeia de evolução atual eles atuam conjuntamente em todos os planetas onde a vaga de vida passa; neste momento ela está na Terra. E Jesus não é representante de orixá. É mais um entre tantos luminares que por bondade extrema vieram em socorro desta humanidade. Se você der uma olhada no capítulo sobre hierarquia cósmica, verá que o chamado Senhor do Mundo, o espírito da mais alta hierarquia sobre o planeta, é o divino Sanat Kumara, nobre espírito venusiano. Jesus está numa hierarquia inferior, sendo responsável, no momento, pela evolução espiritual da raça.
Sobre os chamados mestres ascencionados é também apenas uma questão hierárquica. São os mestres da Confraria Branca, sendo que cada um atua numa função específica. No mesmo capítulo está mostrada a posição de cada um na hierarquia cósmica.

Apometria

Pergunta 67: Estamos estudando apometria no centro há um ano, mas ainda temos muitas dúvidas. Chegamos ao estudo do spin, mas ainda não entendemos como funciona e como aplicar essa técnica. Sabemos que pode ser perigosa se não soubermos usá-la direito. É verdade? Como funciona isso de fato?

Resposta: Em palavras simples sabe-se que spin em inglês significa giro. Trata-se do movimento do rotação do elétron em torno de seu próprio eixo, gerando um campo magnético. O núcleo do átomo, por sua vez, também gira em volta de seu próprio eixo, como se fosse um Sol. Os elétrons então, girando em torno desse núcleo girante, como se fosse a Terra girando em volta de seu próprio eixo e também girando em torno do Sol, criam outro campo magnético. Isto é o spin, e são representados por vetores perpendiculares á órbita do elétron. Na apometria se trabalha com a inversão do spin.

Pode parecer complicado, mas na medida que se sabe que matéria atua sobre matéria, e matéria nada mais é que energia condensada, a mente, através da vontade impulsionada, a modula.

Por vontade do dirigente, potencializado pelos médiuns e modulado pelos mentores espirituais, o pensamento irradiado se transforma em energia magnética não modulada, invertendo o spin, pois interferiu no angulo do vetor do spin, desequilibrando-o.

Em contado com um mago negro, por exemplo, vibrando normalmente de forma modulada, o faz perder energia e consequentemente sua força de obsessão. Interferem também na coesão molecular das estruturas, destruindo bases espirituais, laboratórios etc.

Realmente, para se trabalhar com spin, como de resto com qualquer prática espiritual, especialmente apometria, é preciso cuidado e uma equipe muito equilibrada, homogênea e bem desenvolvida mediunicamente e no estudo. Trata-se de um trabalho elaborado.

No caso do spin, muitas vezes, quando você promove a inversão do mesmo, aquele mago negro que irradiava sua energia malévola sobre o atendido, por exemplo, ou aquele mandante que enviava seus prepostos quando objetos magiados ou plasmados são identificados pode simplesmente ser como que obrigado a incorporar no médium. Se o médium não estiver bem preparado, assim como toda a equipe, pode sofrer com suas energias, além da dificuldade para ser retirado, especialmente se não tiver no trabalho, naquele momento, entidades trabalhadoras manifestadas, como geralmente acontece na umbanda.

Quando se necessita usar a inversão do spin sobre uma entidade trevosa desse tipo, não é de se esperar que se possa doutriná-la. Ela terá que ser retirada para um hospital ou prisão ou outro local adequado da espiritualidade, para tratamento ou recolhimento. Muitas vezes ela tem que ser desparamentada e daí para frente.

No livro *Apometria Hoje*, também editado pela **EDITORA DO CONHECIMENTO**, relatamos uma sessão de apometria na FGC; um caso onde se fez necessário a inversão do spin sobre um mago negro e que poderá exemplificar melhor como tudo isso funciona.

Pergunta 68: Gostaria de saber se é possível um atendimento apométrico para uma pessoa, à distância, e o que seria preciso.

Resposta: Para qualquer atendimento a distancia, são necessários pelo menos três requisitos:

1. O consulente a ser tratado precisa saber que vai receber o auxílio e concordar com ele. Melhor ainda se ele o desejar muito. Se ele não estiver receptivo, não conseguirá receber nenhuma caridade, como de resto em qualquer tratamento espiritual.

2. É preciso que alguém que conheça o atendido esteja presente para servir de ponte para que o tratamento se faça. Impossível de outra maneira.

3. Quem encaminha para a apometria na FGC são as entidades manifestadas na casa, o que significa que somente elas poderiam indicar tal tratamento. Em outras casa pode ser diferente.

Pergunta 69: Na opinião dos senhores a apometria é mesmo o melhor tratamento espiritual que se tem notícia ou é apenas um modismo? Poderia ser explicada em poucas palavras?

Resposta: O termo apometria significa o desdobramento

espiritual ativamente induzido. A apometria em si é uma técnica que permite a indução para estados de desdobramento um grupo de médiuns, visando a terapêutica espiritual, através do comando de pulsos magnéticos.

Os médiuns podem então captar ressonâncias do passado, liberar bolsões de espíritos retidos na mesma sintonia, entrar em contato com obsessores ou identificar objetos magiados ou implantados, entre outras circunstâncias.

Sobre sua interessante dúvida se ela é o que de melhor existe em termos de tratamento espiritual ou um modismo passageiro, achamos que não se trata nem uma coisa e nem outra. É preciso cuidado em sua compreensão, pois nos últimos tempos criou-se em torno dela uma aura de magia, como se por si só essa técnica fosse capaz de curar todos os males espirituais do ser humano.

Como todo tratamento espiritual, todavia, se adapta às leis do merecimento e livre arbítrio. Isto quer dizer que se não houver a necessária reforma interior na direção da brandura e resignação nada acontecerá e as melhoras, se acontecerem, serão passageiras.

Temos visto ser comum em alguns centros a recomendação de 10 ou mais sessões de apometria. Um número qualquer específico. Ora, como é possível estabelecer o tempo ou o ritmo em que uma pessoa promoverá sua reforma íntima o bastante para receber o benefício que se pretende?

Percebemos através do tempo que a maioria dos consulentes encaminhados à apometria, mais que um auxílio espiritual, chegavam esperando um milagre, sem qualquer intenção de mexer um só dedo para promover sua reforma íntima e também sem pretender abrir mão de coisa alguma em suas vidas ou em seu modo de ser. E, obviamente, reclamavam bastante quando o tal milagre não acontecia. Ainda assim preferiam voltar muitas vezes e ser submetidos à técnica do que perder tempo na sua evangelização.

Trata-se, portanto, apenas de mais um tratamento espiritual e não se deve acreditar que faça prodígios, como apregoam alguns estudiosos. Por estas razões a FGC deixou inclusive de praticá-la. Até porque a umbanda dispõe de métodos mais eficazes para tratamento, menos desgastantes para os médiuns e onde a responsabilidade é repartida com o consulente, como deve mesmo ser.

Como, no entanto, se trata de uma técnica séria, sempre que a evangelização é incluída, continuamos a disponibilizar uma das apostilas de um de nossos workshops a respeito do assunto.

Anexo 2

Livros e endereços

Livros recomendados citados no texto

1. *Baratzil - nossa herança atlante e extraterrestre* — Roger Feraudy, **EDITORA DO CONHECIMENTO**.
Este livro, escrito através da rara mediunidade chamada leitura psíquica, conta a história ancestral das grandes cidades atlantes fundadas na América do Sul pela raça nhengatú, oriunda da antiga Atlântida em suas sucessivas ondas migratórias. Guiados por mestres siderais os atlantes criaram esplendorosas civilizações por todo o planeta. De seus templos iniciáticos saíram os conhecimentos que se transformariam na primitiva Aumpram e depois na umbanda. Este livro mostra os caminhos do futuro fundador da umbanda, Thamataê, notável espírito venusiano que viria um dia a se manifestar como o Caboclo das 7 Encruzilhadas; descreve em detalhes, inclusive, a grande assembleia realizada na espiritualidade quando da implantação do Projeto Terras do Sul para a reintrodução do culto no planeta.

2. *A Terra das Araras Vermelhas - uma história na Atlântida* — Roger Feraudy, **EDITORA DO CONHECIMENTO**.
Através do mesmo tipo de mediunidade e tendo como protagonistas muitos dos personagens que participariam no futuro da grande assembleia citada anteriormente, esta história é datada cerca de 40.000 anos atrás numa colônia atlante estabelecida no litoral do Espírito Santo. A dinastia dos Ay-Mhorés, mesmo lutando contra a magia negra, vivia seu auge quando os grandes cataclismos que se abateram sobre a terra mãe, a

distante Atlântida, começaram a atingir as cidades à beira mar, levando muito mais que as edificações grandiosas; não fossem as ações rápidas do grande tuxauá, o rei, e dos altos sacerdotes, sua herança cultural teria também sido completamente perdida. Desta raça surgiriam, em futuro distante, as tribos indígenas brasileiras; e ainda mais adiante no tempo as entidades enfeixadas no movimento da umbanda se aproveitariam da familiaridade das pessoas no Brasil com os rituais xamânicos dos silvícolas para criar seus corpos de ilusão.

3. *Erg, o 10º planeta - a pré-história espiritual da humanidade* — Roger Feraudy, **EDITORA DO CONHECIMENTO**.

Anterior, cronologicamente falando, às histórias descritas nos demais livros, nesta obra fascinante o autor, também através de leitura psíquica, nos conta do trajeto sideral feito pelos homens das estrelas que vieram em socorro do homem da Terra. Suas lutas épicas contra a magia negra, por sua vez trazida ao planeta por outros homens das estrelas, nos mostra como o bem e o mal existiu desde sempre, além de indicar como surgiram os grandes magos negros. Uma profecia encerra o livro, exaltando o homem comum a entender melhor os caminhos da humanidade. Mas como sempre, os ciclos das civilizações nos quais estamos inseridos, tendo em vista que tudo sempre evolui como fases passageiras, apenas contribuem para o progresso geral.

4. *Terra dos Ay-Mhorés - a saga dos últimos atlantes na terra as estrelas - o Baratzil* — Maria Teodora R. Guimarães, **EDITORA DO CONHECIMENTO**.

Continuando na linha do tempo de *A Terra das Araras Vermelhas* este livro conta a saga dos últimos atlantes nas terras altas do litoral do Espírito Santo, onde se refugiaram quando o vale foi engolido pelas águas. Uma trama repleta de emoção, onde magos negros se aproveitam da ganância desmedida de sacerdotes inescrupulosos e armam sucessivas conspirações que culminam com batalhas, tragédias e mortes, mas também aprendizado e crescimento espiritual dos envolvidos, com a necessária resignação e as mudanças de comportamento frente ao inevitável. Através das vozes dos sacerdotes e magos da época, captadas também através de leitura psíquica, a autora discute e faz uma avaliação quântica dos ciclos e dos desaparecimentos das civilizações como reflexo das consciências individuais, exatamente para onde parece caminhar uma vez mais a humanidade nos dias de hoje. Muitos dos personagens retratados militam no movimento da umbanda desde seu princípio.

5. Umbanda, essa desconhecida - umbanda esotérica e cerimonial — Roger Feraudy, **EDITORA DO CONHECIMENTO**.

Este livro, de perguntas e respostas, é a reunião atualizada de dois antigos volumes do mesmo autor: *Umbanda, essa desconhecida* e *Serões de Pai Velho*. Através da comunicação mente a mente com Babagiananda o autor formatou uma sofisticada e abrangente obra com os conceitos essenciais da umbanda, permeados, obrigatoriamente, pela teosofia mais aprofundada. Seu trabalho, em mais de 50 anos de umbanda, sempre foi o de desmistificar antigas e confusas ideias a respeito do tema. Considerado como um dos mais cultos e competentes adeptos do culto milenar, dedicou sua vida ao estudo e divulgação das propostas colocadas pelas entidades luminares que o assistiam, como o próprio Caboclo das 7 Encruzilhadas.

Fale conosco
Endereços eletrônicos

Fraternidade do Grande Coração - Aumbandhã
Site: *www.aumpram.org.br*
E-mail: *informe@aumpram.org.br*

Fraternidade dos Ay-Mhorés
Site: *www.fraternidadedosaymhores.com.br*
E-mail: *fraternidadedosaymhores@fraternidadedosaymhores.com*

Erg o Décimo Planeta
ROGER FERAUDY
Formato 14 x 21 cm • 216 p.

Esta obra contém algumas das mais extraordinárias revelações jamais obtidas sobre a história do planeta Terra e do nosso Sistema Solar, transmitidas por um dos jardineiros siderais que semeou a vida em nosso mundo.

Erg, o décimo planeta dessa família de mundos, em passado remotíssimo abrigava uma humanidade evoluída, mas a invasão dos morgs, seres de grande poder mental e coração vazio, acabou desencadeando a mais terrível das catástrofes, de que são testemunhas até hoje os destroços que chamamos de "cinturão de asteróides", vagando entre Marte e Júpiter.

A colonização de Vênus pela avançada raça dos ergs, a semeadura da vida na Terra e o despertar da consciência desta humanidade, a reencarnação de seres de Erg e de Morg na civilização atlante, o surgimento dos magos negros e sua atuação, fazem parte desses capítulos ignorados e fascinantes do grande livro do tempo, que pela primeira vez vêm à luz pela depurada mediunidade de Roger Feraudy, conhecido autor de mais de uma dezena de obras e especialista em sondagem do passado.

A trama fascinante que envolve consciências luminosas e seres maquiavélicos, amores e ódios, traições e gestos sublimes, cientistas cósmicos e magos negros, se inicia no planeta Erg, continua em Vênus e na Terra, se desenrola na Lemúria e na Atlântida, e finaliza entreabrindo um panorama profético sobre as próximas décadas da transição planetária terrestre e suas transformações apocalíticas.

Baratzil a Terra das Estrelas
ROGER FERAUDY
Formato 14 x 21 cm • 336 p.

Por que razão o povo brasileiro é tão místico e possui uma familiaridade natural com o Invisível? Por que o Brasil é um país rico em todas as correntes espiritualistas? Por que possuímos uma noção coletiva de país predestinado?

É o que a fantástica revelação deste livro explica, por meio da consulta aos registros invisíveis autênticos. A história ancestral da Terra das Estrelas (o Brasil) e da América do Sul é o que desvenda as raízes *espirituais* do povo brasileiro, e seu destino de nação líder da Espiritualidade da Nova Era.

Uma avançada civilização, desenvolvida pelos mestres extraterrenos da Lemúria e Atlântida, semeou no território brasileiro, em era remota, as magníficas cidades do Império de Paititi, Itaoca e Ibez, e da Terra das Araras Vermelhas. Essas culturas fizeram evoluir as raças então existentes, pela manipulação genética, e desenvolveram seus poderes psíquicos. Com isso, foram preparadas, no inconsciente desses egos, as sementes da nova raça futura do Terceiro Milênio.

Dessa época remota datam as verdadeiras raízes da Umbanda que, pela primeira vez, são desveladas em detalhe: como essa velha magia branca dos Templos da Luz atlantes, com a contribuição africana, foi colocada a serviço da humanidade pelos Dirigentes Planetários, e seu papel na Espiritualidade da Nova Era. Desvenda também a verdadeira identidade de seus líderes espirituais que se ocultam atrás das formas de caboclos e pretos velhos.

Sendo um livro-revelação, seu ineditismo e riqueza o destinam a tornar-se uma referência para os estudiosos. Mas é também um romance, verídico e apaixonante. O autor retira da sombra dos milênios um universo vivo e colorido de cenários, costumes, civilizações esquecidas, povoadas de personagens fascinantes, cujas lutas, paixões, crimes e heroísmo, tecem uma narrativa que prende o leitor, pela fascinação dessas histórias ancestrais de que nós fizemos parte um dia.

A Terra das Araras Vermelhas
ROGER FERAUDY
Formato 14 x 21 cm • 352 p.

A Atlântida existiu.

Foi a Terra-Mãe de civilizações como a indú, a egípcia, a grega, os árias, os incas, maias e astecas, os peles-vermelhas americanos etc. E se ficássemos sabendo que legítimo sangue atlante original corre nas veias físicas e espirituais do povo brasileiro? E que povos da Atlântida se estabeleceram um dia no território brasileiro e terminaram originando nações que hoje conhecemos como culturas indígenas brasileiras?

Lendo diretamente os registros espirituais de tempos remotos, o autor desta fascinante história, verídica em todos os detalhes, levanta o véu da história não contada da terra brasileira, e nos leva a conhecer intimamente a vida da colônia atlante estabelecida há 40.000 anos no litoral do estado do Espírito Santo.

Uma narrativa intensa e vívida, tecida com os fios de vários dramas de fascinantes personagens que construíram o destino da Terra das Araras Vermelhas.

Uma história apaixonante, que irá seduzir o leitor pela riqueza de informações inéditas sobre a história remota e ignorada do Brasil, e a herança atlante que pode ser reconhecida em diversos caracteres psíquicos do povo brasileiro. E cativá-lo com a trama envolvente que reuniu muitos destinos num drama de amor e morte, espiritualidade e forças mágicas, paixões e intrigas, lutas de poder, generosidade e renúncia, heroísmo e grandeza.

A Terra das Araras Vermelhas é um romance ancestral e uma revelação inédita. Raras obras resultantes de pesquisa psíquica do passado podem igualar-se a riqueza, precisão e beleza dessa narrativa, que retrata a magia do povo atlante.

Terra dos Ay-Mhorés
MARIA TEODORA RIBEIRO GUIMARÃES
Formato 14 x 21 cm • 424 p.

Terra dos Ay-Mhorés é a continuação de *A Terra das Araras Vermelhas*, obra de Roger Feraudy que conta a história do esplendor e desaparecimento de uma colônia atlante instalada no litoral do Espírito Santo, há 40 mil anos atrás. Agora escrito por Maria Teodora Ribeiro Guimarães, autora que possui a mesma sensibilidade de seu mestre e amigo, este novo livro narra a saga dos últimos atlantes na mesma Terra das Estrelas (o Baratzil), onde se refugiaram quando o vale foi engolido pelas águas. Trata-se de uma trama envolvente e repleta de emoções, em que magos negros se aproveitam da ganância desmedida de sacerdotes inescrupulosos e armam sucessivas conspirações que culminam em batalhas, tragédias e mortes, mas também em aprendizado e crescimento espiritual dos envolvidos. *Terra dos Ay-Morés* é o resultado de um sério trabalho mediúnico possibilitado pela expansão da consciência no campo extra-físico, em que a autora discute e faz uma avaliação qüântica dos ciclos e desaparecimentos das civilizações como reflexo das consciências individuais, exatamente para onde pode caminhar mais uma vez a humanidade atual.

Ao acessar os registros ancestrais e verídicos desta saga, através de uma leitura psíquica, dra. Maria Teodora Guimarães acabou por presentear os leitores de Roger Feraudy com uma obra tão parecida com as de seu instrutor, em estilo e criatividade, que se pode considerá-la como o terceiro volume de uma história que provavelmente ainda continua.

UMBANDA UM NOVO OLHAR
foi confeccionado em impressão digital, em dezembro de 2024
Conhecimento Editorial Ltda
(19) 3451-5440 — conhecimento@edconhecimento.com.br
Impresso em Luxcream 70g, StoraEnso